SCORPIO

Dr. Dennis Rebelo

ERZÄHL MAL, WER DU BIST

So vermittelst du deine wahre
Persönlichkeit, deine Werte und Ziele

Aus dem amerikanischen Englisch
von Ursula Bischoff

SCORPIO

Meinen Studierenden in allen Altersgruppen und Lebensphasen gewidmet: Ohne euch wäre meine Geschichte weniger facettenreich – und buchstäblich nicht möglich.

INHALT

EINFÜHRUNG

»Erzähl mal, wer du bist.«

Ein Mensch, der so angesprochen wird, fühlt sich oft überrumpelt. Zögerlich gibt er Auskunft über seinen Bildungsweg, die bisherigen beruflichen Tätigkeiten und anvisierten Ziele. Es klingt ein bisschen so, als würde er eine Website verlesen, einen vorformulierten Text, gespickt mit Standardformulierungen – die 30-Sekunden-Präsentation eines Lebenslaufs, auswendig gelernt und jederzeit abruf- und abspulbar. Was fehlt, ist der Erzählfluss, das, was diesen Menschen wirklich ausmacht. Was er von sich erzählt, bleibt im Belanglosen stecken.

Eine totale Katastrophe ist es vielleicht nicht, aber er bringt die zeitlichen Abläufe durcheinander und ist sichtlich frustriert, wenn er merkt, dass sich die Zuhörenden abwenden und das Interesse verlieren. Eine unbehagliche Situation für alle Beteiligten.

Nach längerem Gestotter platzt er schließlich mit der Gegenfrage heraus: »Und was ist mit dir?«

Die andere Person reagiert auf Anhieb. Sie erklärt in wenigen Sätzen die wichtigsten Entscheidungen und Aktivitäten in ihrem Leben, schildert, welche Hindernisse sie überwunden, wie sie mit anderen zusammengearbeitet hat und wie sie an den Punkt gelangt ist, an dem sie heute steht, auf dem Weg zu ihrem nächsten Ziel. Alle hören gebannt zu. Sie sind aufmerksam, lassen sich von der Geschichte mitreißen und stellen eine emotionale Verbindung zu dem Erzählenden her.

Erstere Reaktion kennen wir vermutlich alle aus eigener Erfahrung. Wir spüren, dass man uns nicht wirklich zuhört. Und hinterher ärgern wir uns über uns selbst und denken: »Dies oder jenes hätte ich sagen sollen.« Oder: »Warum habe ich das nicht erwähnt?«

Aber so muss es nicht sein.

DAS GESPRÄCH LENKEN

Stell dir vor, du betrittst einen Raum, in dem zum Beispiel eine Konferenz, ein Vorstellungsgespräch oder eine Besprechung über die aktuelle Geschäftsentwicklung stattfindet. Vielleicht bist du auf diesem Gebiet die Top-Expertin. Oder du hältst nach einer Gelegenheit Ausschau, dich zu profilieren, dir einen Namen zu machen. Ungeachtet der Situation, für dich steht viel auf dem Spiel. Du möchtest unbedingt gehört werden, möchtest zeigen, was in dir steckt. Du bist gut vorbereitet und startklar. Und dann fragt irgendjemand – die Frage ist nahezu unvermeidlich – nach deinem Werdegang, nach deinem Hintergrund.

»Erzähl mal, wer du bist.«

Du hast nun die Chance, das Urteil zu beeinflussen, das sich die anderen über dich bilden. Die willst du dir nicht entgehen lassen. Eine banale Geschichte ist nicht nur schlecht erzählt, sondern stellt auch eine verpasste Gelegenheit dar.

In diesem Buch erfährst du, wie du die Chance ergreifst, deine PeakStory zu erzählen – dein ganz persönliches Narrativ, das nicht nur deine Qualitäten und Fähigkeiten zum Ausdruck bringt, sondern auch zeigt, was dich zu dem Menschen gemacht hat, der du heute bist, und wohin du von hier aus willst. Wir begeben uns auf eine Reise, in deren Verlauf du eine Menge über dich selbst, dein wahres Potenzial und deine Motivationen erfährst.

Mit der Aufforderung »Erzähl mal, wer du bist« ist in Wirklichkeit gemeint: »Erklär mir, wie du mein Leben bereichern kannst. Sag mir, warum ich dir zuhören sollte.«

Auch wenn jemand sagt: »Erzähl mir etwas über deine Firma«, bedeutet das im Klartext: »Erzähl mal, wer du bist – und warum ich mir etwas über deine Firma anhören sollte.«

Wir kennen alle die Situation. Mal sind wir selbst angesprochen, mal schauen wir zu, wie es anderen ergeht, wenn sie mit einem Mal im Fokus stehen. Früher oder später gerät jeder in Zugzwang, weil unser Gegenüber etwas über uns erfahren möchte, das nichts mit unserer Arbeit oder einem der von uns vermarkteten Produkte zu tun hat. Es geht plötzlich um *uns selbst*.

Es gibt nur einen Grund, warum wir ungestraft davonkommen, wenn wir immer wieder zu derselben alten Leier greifen: die Tatsache, dass die anderen es genauso machen.

Ob wir zu einer Konferenz, einem Vorstellungsgespräch, einer Verkaufstagung oder einer Orientierungsveranstaltung unserer künftigen Firma oder Bildungsinstitution erscheinen, die Menschen, denen wir dort begegnen, fragen sich: »Was für einen Beitrag kann diese Person für uns leisten? Was bringt sie in die Konferenz, die Schule oder Firma ein? Warum versucht sie, uns von diesem Produkt oder dieser Dienstleistung zu überzeugen?« Wenn Leute dir Fragen zu deiner Person stellen, kannst du ihnen an den Augen ablesen, dass sie etwas Positives über *dich* hören möchten – aber du greifst auf den Klassiker zurück:»Ich habe einen Hund und eine Katze namens Felix, die oft aneinandergeraten.« Oder:»Mir gefällt die Uni. Sie hat einen guten Ruf, und meine Tante hat hier auch schon studiert.« Oder:»Ich bin echt froh über meinen Job bei ABC Redlich, LLC Elementar, PQR, Z (oder bei welcher Firma auch immer … den Namen kannst du selbst einsetzen). Ich gehöre seit acht Jahren zur Belegschaft, das Betriebsklima ist super. Was soll ich sagen? Es gefällt mir echt gut hier.«

Wenn du so von dir erzählst, sagst du nicht das Geringste über dich aus, und deshalb erreichst du damit auch nicht das Geringste.

Heute redet alle Welt über Energieeffizienz. Wie viel verbrauchen wir? Wie viel fließt nach? Das Gleiche gilt für die Geschichten, die wir erzählen. Die Zuhörenden ziehen im Anschluss automatisch Bilanz: Entweder wir haben ihnen Energie abgezogen, oder wir haben einen positiven Input in den Raum gegeben. Niemand wird auf dem Heimweg sagen:»Übrigens, ich habe eben John kennengelernt. Keine Ahnung, ob er einen positiven oder negativen Eindruck bei mir hinterlassen hat. Ich bin da völlig neutral.«

STORYPATHING™

Deine Geschichte ist eine reich sprudelnde Energiequelle. Jedes Mal, wenn du sie erzählst, kannst du andere daraus speisen. Doch wie viel Energie fließt, leitet sich nicht allein aus dem Narrativ selbst ab. Es wird von der Frage bestimmt, welchen Beitrag die Zuhörenden meinen von dir erwarten zu können, ganz gleich, ob es sich um wirtschaftliche oder soziale Vorteile oder mehr persönliche Nähe zu dir als Freund handelt. Eine hohe Werterwartung bewirkt, dass man eher bereit ist, dir zuzuhören. Und genau das ist es, was wir uns alle wünschen und erhoffen: dass man uns zuhört, ganz gleich, ob im Rahmen eines Vorstellungsgesprächs, einer Verkaufstagung, einer Konferenz oder eines Seminars.

Wir möchten Gehör finden.

Was Menschen zum Zuhören veranlasst, ist die Gewissheit, dass das, was du gerade tust, absolut folgerichtig ist; die Gewissheit, dass du dich hundertprozentig mit deiner Geschichte identifizierst. Dass du genau da stehst, wo sie dich hingeführt hat.

Die Geschichte, die du erzählst, verankert dich nicht nur in deiner Vergangenheit, sondern ist zugleich Kompass für die Zukunft. Sie hat dich in deine aktuelle Realität geführt und weist dir den Weg nach »Irgendwo« zu deinem anvisierten Ziel. In der Psychologie spricht man hier von einer *einstweiligen Identitätskonstruktion*. Ich nenne es *Storypathing* – das Verfolgen des Wegs, der dich durch deine Geschichte führt.

Storypathing führt den Zuhörenden vor Augen: »Hier war ich. Hier bin ich. Hier möchte ich hin.«

Damit hast du das Terrain fürs Erste abgesteckt.

Und dann fährst du in diesem Sinne fort: »Das alles macht doch Sinn, nicht wahr? Ihr fühlt euch von mir bereichert. Wollt ihr mich nicht unterstützen? Dass ich all diese Qualitäten und Fähigkeiten habe, davon hat euch meine Geschichte überzeugt. Vielen Dank. Denn es ist meine Geschichte, ich habe lange über sie nachgedacht und sie ausagiert.«

Mit dem Storypathing zeigst du, dass es einen logischen Zusammenhang gibt zwischen dem, woher du kommst, und dem, wohin du gehst. Damit wird klar, dass du, wo immer du gerade stehst, dich noch stärker engagieren und einen noch größeren Beitrag leisten kannst, weil deine Geschichte dem entspricht, wer du wirklich bist.

Wenn ich begreife, dass das, was du gerade zu tun versuchst, sich folgerichtig aus deinem bisherigen Weg ergibt, werde ich dir eine Chance geben. Ich werde dir den Raum oder die Unterstützung gewähren, die du brauchst, um dein Potenzial voll auszuschöpfen. Ich werde dir neue Leute vorstellen. Die meisten von uns sind durchaus bereit, in Besprechungen den einen oder anderen zusätzlichen Punkt auf die Tagesordnung zu setzen oder auf andere Weise dazu beizutragen, dich auf deinem Weg voranzubringen, wenn er dir voll und ganz entspricht.

Wir sind von Haus aus geneigt, Leute zu unterstützen, die gut sind in dem, was sie tun. Wir kaufen Eintrittskarten, um ein besonderes Konzert zu hören; wir gehen ins Theater, um uns ein gutes Bühnenstück anzuschauen. Wenn du gut darin bist, deine eigene Geschichte zu erzählen, kaufen andere sie dir ab. Sie sehen nicht nur, dass du etwas von deinem Handwerk verstehst; du kannst belegen, wie gut du bist, weil der Nachweis in deiner Geschichte steckt.

Du redest nicht einfach daher. Du redest aus eigener Erfahrung, weil du den Weg selbst gegangen bist.

»SCHAFFE ICH DAS?«

Wenn du jetzt auf dein eigenes Leben schaust, machst du dir vielleicht Sorgen, dass es dir an geeigneten Erfahrungen für ein solches Storypathing fehlt. Falsch! Ob du seit zwölf oder zweiundneunzig Jahren auf unserem Planeten lebst, du kannst deine

Geschichte so erzählen, dass sie deinen Wert zum Vorschein bringt. Jeder kann das. Geschichten zu erzählen ist uns nicht fremd. In jungen Jahren taten wir es laufend. Mag sein, dass wir inzwischen ein wenig aus der Übung geraten sind, aus welchen Gründen auch immer, aber die Fähigkeit schlummert nach wie vor in uns. Es ist wie mit einem Muskel, der lange nicht benutzt wurde. Wir können jederzeit mit dem Aufbautraining beginnen.

Es geht nicht darum, irgendeine Geschichte zu erzählen, also etwa eine Anekdote zum Besten zu geben oder dich an einer Plauderei zu beteiligen. Es geht um mehr, als bei einem Meeting zu erscheinen und zu erklären, dass du wieder mal im Stau gestanden bist und deshalb zu spät kommst. Das sagt nichts über dich, über deine Person, aus.

Storypathing ist ein Akt, bei dem du selbst zum Autor deines Lebens wirst: eine Methode, um gelebte Erfahrungen wahrzunehmen und zu registrieren. Jeder kann durch ein »normales« Leben driften. Wer dies tut, bringt sich nicht in die Welt ein, und die Welt interessiert sich nicht wirklich für ihn. Beim Storypathing gewinnt die Welt an Sinn, weil du mehr Sinn in ihr siehst. (Glaub mir, alles hat einen Sinn!)

Storypathing trägt zu dem bei, was man in der Psychologie ein »phänomenales Leben« nennt, wobei »phänomenal« nicht etwa »fantastisch« bedeutet, sondern »von Phänomenen geprägt« – von Fakten, Ereignissen und äußeren Umständen. Die psychologische Strömung der Phänomenologie versteht unter einem phänomenalen Leben im Wesentlichen eines, das von Achtsamkeit gegenüber den eigenen Gefühlen und Zusammenhängen sowie deren Zustandekommen geprägt ist.

Mit anderen Worten, alles beginnt bei *dir*.

Storypathing ermöglicht dir, deine Geschichte bestmöglich zusammenzustellen und so zu strukturieren, dass daraus deine PeakStory entsteht.

PeakStorytelling ist eine Methode, spezielle Momente in unserem Leben aufzuspüren und auszuwählen, die wir mit anderen teilen möchten. Es geht darum, Schlüsselereignisse aufzuspüren, das heißt, prägende Augenblicke und Erfahrungen, die in unserem ganzen weiteren Leben einen Widerhall finden. Dies ermöglicht es uns, zwei der größten Hürden zu überwinden, die uns davon abhalten, unsere PeakStory zu erzählen.

Erstens stellen wir in unserem Leben eher selten zielgerichtete Überlegungen an, um den Ereignissen der Vergangenheit auf den Grund zu gehen und sie in einen sinnhaften Zusammenhang zu stellen. Auch wenn viele von uns im Rahmen von Therapien, spirituellen Praktiken oder Aufenthalten in der Natur Augenblicke der inneren Einkehr erleben, erfolgt die damit einhergehende Selbstreflexion nicht systematisch. Einzelne Augenblicke werden voneinander getrennt betrachtet, es wird keine Verbindung zwischen ihnen hergestellt. Das Erlebte kann deine Geschichte nicht im *Verlauf der Zeit* erzählen.

PeakStorytelling beginnt mit der *Selbstbesinnung.* Wir können uns nicht zum Ausdruck bringen, wenn wir nicht verstehen, wer wir wirklich sind. Sonst könnten wir gleich ein paar Bilder von uns auf Instagram posten, die so gut wie nichts über uns aussagen. Man kann niemanden anhand eines Fotos einschätzen: Was einen Menschen wirklich ausmacht, ist darauf nicht zu erkennen. Dennoch wählen wir diesen Weg, weil es einfacher ist, ein Bild hochzuladen, als eingehend über prägende Augenblicke in unserem Leben nachzudenken.

Eine systematische, zielgerichtete Selbstreflexion ist der Schlüssel zum PeakStorytelling. Wir müssen unsere Aufmerksamkeit erst nach innen richten, bevor wir sie nach außen wenden. Die Suche nach dir selbst ist die lohnendste Suche. Auch haben wir angesichts der allgemeinen Scheu, die eigene Geschichte zu erzählen, oft den Wunsch verloren, die unsere vorzutragen. Alle posten Fotos, und wir folgen dem Trend. Wir haben die Fähigkeit auf Eis gelegt, uns näher zu erklären. Uns in Worten darzustellen widerstrebt uns, weil niemand sonst es tut. Und es fehlt uns das Instrumentarium, um diesen inneren Widerstand auf vernünftige Weise zu durchbrechen. Deshalb müssen wir den Erzählmuskel trainieren, um ihn wieder beweglich zu machen.

Mithilfe des Storypathing, des bewussten Prozesses, deine Identität mit deinem Narrativ zusammenzuspannen, entwickelt sich im Verlauf der Zeit deine persönliche Geschichte. Storypathing bereitet den Boden, um für deine PeakStory die Komponenten deiner Geschichte so auszuwählen, dass andere sie sich anhören mögen, weil sie sich davon positiv angesprochen fühlen.

EIN SYSTEM AUFBAUEN

PeakStorytelling ist eine zielgerichtete, recherchegetriebene Methode, die es dir erlaubt, die Dinge in deinem Leben aufzuspüren, die für deine Geschichte wichtig sind. Die Methode entstand aus meiner Doktorarbeit, die zwei Fachgebiete vereinte: Humanistische Psychologie und Organisationssysteme. Beides zusammenzubringen förderte nicht nur mein Verständnis der Hirnstruktur, sondern zeigte mir auch, wie man die einzelnen

Mosaiksteine einer Lebensgeschichte auf sinnvolle Weise zusammenfügt, um sie im entscheidenden Moment abrufen zu können.

Einfach ausgedrückt: Es gibt Situationen, in denen es unbedingt darauf ankommt, anderen zu vermitteln, wer wir wirklich sind und welchen Beitrag wir leisten können – Situationen, in denen wir zu Meistererzählern werden müssen.

Als Menschen ist es uns allen gegeben, gelebte Erfahrungen abzuspeichern und zu sammeln. Diese Erfahrungen stellen das Rohmaterial auch deiner Geschichte dar.

Bei meinen Recherchen habe ich immer wieder erlebt, wie Leute die Chance erhalten, ihre Geschichte zu erzählen, und sie dann vermasseln. Oder sie erst gar nicht ergreifen.

Außer natürlich es handelte sich um Leute in Führungspositionen. Die nämlich finden immer einen Weg, ihre Geschichte zu erzählen. Wer würde so jemandem schon die Plattform verwehren, wo wir doch alle ihre oder seine Unterschrift auf dem Gehaltsscheck brauchen? Ich habe das PeakStorytelling nicht zuletzt deshalb entwickelt, weil ich immer wieder erlebt habe, wie Menschen in Machtpositionen Erzählprivilegien besitzen, während sie denjenigen verwehrt bleiben, die über die eigentliche Expertise verfügen oder die Arbeit wirklich tun.

Das ist für niemanden gut und auch nicht im Sinn von Unternehmen.

Ich habe mir unter anderem zum Ziel gesetzt, forschungsbasierte Daten ebenso wie meine eigenen Beobachtungen in ein praktisch nutzbares System zu bringen. Ein System ist reproduzierbar. Das macht es so wertvoll.

Whitney, eine meiner Coaching-Klientinnen, formulierte es vor Kurzem so: »Wenn du im Leben etwas Schönes siehst, lohnt es sich, es nachzumachen. Doch es muss dir jemand eine

Blaupause an die Hand geben, damit dir dieses Nachmachen gelingt.«

Und genau das mache ich. Diese »Blaupause« (aus der schließlich das PeakStorytelling entstand) wurde zu meiner großen Leidenschaft. Ich wurde extrem hellhörig, wenn es um menschliche Geschichten ging, und begann, Muster zu erkennen.

DREI ARTEN VON STORYS

Ich merkte, dass die Zuhörenden immer dann aufhorchten, wenn jemand eine starke Geschichte zu Themen der Selbsterhaltung oder Überwindung von Hindernissen erzählte. Diese Storys nenne ich Heldengeschichten.

Der Wert des Erzählenden erschließt sich in ihnen jedoch nur zum Teil, denn der Fokus liegt darin auf dem heldenmütigen Einzelkampf. Wir wollen aber immer auch spüren, dass jemand in der Lage ist, mit anderen zusammenzuarbeiten.

Deshalb begann ich, nach Storys Ausschau zu halten, die von einer gelungenen Zusammenarbeit erzählen; ich spreche hier von kollaborativen Geschichten.

Noch etwas fiel mir auf: Wenn Menschen ihre Helden- und kollaborativen Geschichten im Zusammenhang erzählten, erklärten sie nicht nur, wie sie an den aktuellen Punkt ihres Lebens gelangt waren; es erschlossen sich ihnen auch Möglichkeiten, eine bessere Version ihres inneren Selbst zu verwirklichen.

Diese Kombination bezeichne ich als Superselbst- oder virtuose Geschichten. Sie handeln von guten Werken, vom guten Leben.

Wenn wir in der Lage sind, Storys aus allen drei Kategorien im Kontext zu erzählen, gelangen die Zuhörenden zu folgenden Schlussfolgerungen:

- Du bist glaubwürdig (heldenhafter Moment)
- Du arbeitest gut mit anderen zusammen (kollaborativer Moment)
- Du befindest dich auf dem Weg hin zur besten Version deines Selbst (selbstaktualisierter Moment)

Außerdem stellst du durch den Vergangenheitsbezug deiner Geschichte eine stärkere emotionale Verbindung her, da du um die vielfältigen Zusammenhänge zwischen deinen Schlüsselerlebnissen weißt, die ja in der realen Welt und auf realen Erfahrungen wurzeln.

Ich sammelte solche Geschichten, und dabei wurde mir allmählich klar, wie man diese Erfahrungen in eine Geschichte mit mehreren Ebenen einbinden und zu einer PeakStory zusammenfassen kann. Dies erlaubte mir, das Storytelling noch nuancenreicher zu gestalten.

Wer eine herausfordernde Geschichte erzählt, in der andere sich wiederfinden, weckt deren Aufmerksamkeit und erzeugt in ihnen den Wunsch, näher ins Gespräch zu kommen. Es verleiht Wert und Authentizität und wirkt befreiend. Ich selbst fühlte mich nach dem Erzählen verwandelt. Und ich erlebte, wie sich auch in den anderen etwas veränderte.

Ich war mit dem Schreiben meiner Doktorarbeit beschäftigt, doch in meinen Rhetorikseminaren spielten diese Geschichten ständig eine Rolle. Irgendwann fing ich darum an, meine Ideen zum PeakStytelling grafisch umzusetzen und diese Charts in meine Kurse einzubauen. Die befreiende Wirkung war unübersehbar. Studierende, die sich zunächst gegen das Storypathing gesträubt hatten, lernten, auf ihre formativen Erfahrungen zuzugreifen, sie vorzutragen und dadurch eine emotionale Verbindung zu sich selbst und anderen herzustellen. Viele sagten: »Ich dachte, das sollte ein Rhetorikseminar sein, aber es hat mein ganzes Leben verändert.«

Auf diese Weise entstand die Methode des PeakStorytelling. Sie ist forschungsbasiert und stützt sich auf mehr als ein Jahrzehnt Lehr- und Beratungserfahrung aus Rhetorikseminaren und dem Coaching von Führungskräften zur Vorbereitung auf wichtige Gesprächssituationen. Ich bin Mitbegründer des Sports Mind Institute. Zu meiner Klientel gehören Topmanager der Profiliga im American Football (NFL), aber auch namhafte Unternehmen wie das deutsche Tontechnikunternehmen Sennheiser, Akademiker, die Polizei und Studierende. Ich habe an den verschiedensten Orten der Welt Lehrveranstaltungen durchgeführt. Für den Onlinehändler Zappo stand ich als Keynote-Speaker bei deren Downtown Community Program auf der Bühne. Ich unterrichte online Studierende auf Schiffen der US Navy und auf der anderen Seite des Globus.

Jetzt bist du an der Reihe. Aufgeregt? Das solltest du sein. Du weißt inzwischen ein bisschen mehr über mich, und jetzt werde ich dir helfen, dich selbst sehr viel besser kennenzulernen – und wie du dieses neue Ich anderen auch zeigen kannst.

Bist du bereit? Dann lass uns die gemeinsame Reise beginnen.

ÜBUNG: DEIN STORY-TAGEBUCH

Das PeakStorytelling ist eine Methode, also ein praktisches Werkzeug, um ein Ziel zu erreichen.

Und praktisch hat sehr viel mit Praxis zu tun. Was das heißt? Üben.

Wenn du also denkst, dies sei eine unterhaltsame Lektüre, die du dir im Schaukelstuhl oder auf der Couch zu Gemüte führen kannst, hast du dich getäuscht. Dieses Buch ist anders. Es führt dir Dinge vor Augen, zeigt sie dir, erklärt sie dir. Du wirst Papier und Stift oder deinen Laptop brauchen.

Auf diese Weise nutzt du das ganze Paket. Auch in meinen Präsenz- oder Onlineseminaren werden die Teilnehmenden durch Interaktionen eingebunden. Deshalb findest du am Ende jedes Kapitels eine Übung. Sie regt zum Nachdenken an und hilft dir, das Gelernte in der Praxis zu verankern und auch umzusetzen.

Du bist zu nichts verpflichtet. Wie die Methode funktioniert, kannst du hier lesen. Doch um das Potenzial des Buchs bestmöglich auszuschöpfen, solltest du bereit sein, ein wenig Arbeit zu investieren. Keine Sorge, es wird sich nicht wie Arbeit anfühlen. Es macht Spaß, weil du dich auf die Suche nach dir selbst begibst. Erkenntnisse über dich selbst gewinnen? Nichts einfacher als das!

Die Übungen bringen Theorie – das Denken – und Praxis – das Handeln – zusammen. Mag sein, dass du dich von ihnen bei der Lektüre ausgebremst fühlst. Vielleicht bist du frustriert, weil du sofort loslegen und deine persönliche PeakStory erzählen möchtest.

Mein Rat: Nimm dir Zeit. Ein Schritt nach dem anderen. Vertrau mir, es funktioniert.

Die erste Übung könnte nicht einfacher sein. Es ist nicht einmal eine richtige Übung.

Du brauchst ein Tagebuch, um deine Fortschritte zu dokumentieren und nachzuverfolgen. Egal, was es ist: Du kannst dir beim Schreibwarenhändler eins dieser hübschen Notizbücher kaufen oder deinen Schreibtisch nach einem alten, unbenutzten Schreibblock durchforsten. Ein paar lose Blätter zusammenzuheften tut's auch. Oder du legst einfach eine neue Datei in deinem Computer oder Tablet an. Du brauchst nur irgendeine Möglichkeit, um dir Notizen zu machen und die Übungen durchzuführen, sodass du später darauf zurückgreifen kannst.

Sobald du alles hast, was du brauchst, können wir mit dem Storypathing beginnen.

1. KAPITEL

EIN PLÄDOYER FÜR DAS STORYTELLING

»Vom Garten Eden
bis zu den Zweigen des Macintosh
war das Apfelpflücken stets mit hohen Kosten verbunden
iPod iMac iPhone iChat
Ich kann alles damit tun – ohne jeden Blickkontakt.«
MARSHALL DAVIS JONES,
AUS SEINEM GEDICHT »TOUCHSCREEN«

Wann hast du dich das letzte Mal von der Geschichte einer anderen Person *wirklich* angesprochen gefühlt?

Vermutlich ist das schon eine Weile her.

Überraschend ist das nicht. Geschichten zu erzählen liegt nicht mehr im Trend. Wir werden nur selten aufgefordert, von uns zu erzählen, und wenn doch, erwischt es uns eiskalt, und wir geraten ins Stottern: »Hm, ähm, also gut, mal sehen …«, weil wir aus der Übung sind.

Niemand hat Schuld daran. So läuft das nun mal im Leben. Aber gesund ist diese Entwicklung nicht. Wir büßen zunehmend die Fähigkeit ein, sinnvolle Beziehungen zu anderen zu knüpfen. Und das Schlimmste ist, dass wir ständig das gleiche Muster abspulen: Wir bekommen die Chance, etwas über uns selbst zu sagen, und lassen sie uns entgehen. Die Version von uns selbst, die wir den anderen zeigen, ist nicht unsere allerbeste. Dann geschieht, was man im systemischen Denken je nach Ergebnis als positiven oder negativen Schneeballeffekt bezeichnet:

Deine Geschichte nicht gut zu erzählen führt zu einem negativen Schneeballeffekt, weil du damit in eine Endlosschleife gerätst und das Ganze ständig genauso wiederholst. Und je häufiger du dies tust, desto träger wird dein Gehirn, und seine Neuroplastizität erlahmt, sprich die Fähigkeit, seinen Aufbau und seine Funktionsweise so zu verändern, dass es optimal auf neue Anforderungen und Einflüsse reagieren kann. Wie es aussieht, hat es nicht wirklich Lust auf Veränderung. Es zieht Vertrautheit und Bequemlichkeit vor. Wer verlässt schon gern seine Komfortzone in Situationen, in denen uns die Leute nicht kennen und viel auf dem Spiel steht? Wer wollte ausgerechnet dann etwas Neues ausprobieren?

Du erzählst also immer wieder dieselbe Geschichte, weil es bequem ist, auch wenn sie schon beim letzten oder vorletzten Mal niemanden interessiert hat. Doch Fakt ist, dass sich diese Bequemlichkeit weder für dich selbst noch für die, die dir zuhören, auszahlt.

So baust du keine zwischenmenschlichen Beziehungen auf.

RAUS AUS DER ROUTINE

Sherry Turkle, die als Professorin am Massachusetts Institute of Technology (MIT) unter anderem erforscht, welche psychologische Beziehung Menschen zu technischen Geräten unterhalten, ist zu dem Schluss gekommen: »Wir erwarten mehr von der Technologie und weniger voneinander.«

Ich finde, dass unsere Welt durch ein Übermaß an technologischer Vernetzung und einen Mangel an zwischenmenschlicher Verbundenheit gekennzeichnet ist.

Die Technologie erlaubt uns, mit jedem Menschen gleich wo auf der Erde in Kontakt zu sein. Mir persönlich ermöglicht sie zum Beispiel, meine Lehrveranstaltungen global abzuhalten. Natürlich begrüße ich dies, denke aber auch, dass wir alle irgendwann verzweifelt feststellen, wie sehr es unsere Fähigkeit beeinträchtigt, Dinge tiefgründig zu durchdenken oder echte emotionale Verbindungen einzugehen.

Unsere elektronischen Geräte verbinden uns mit jedem Ort, an dem wir mental sein möchten, ungeachtet unseres physischen Standorts. Das verleitet uns zu glauben, wir wären miteinander verbunden, doch das ist nicht der Fall. Die Technologie ist noch nicht weit genug fortgeschritten, um uns wieder menschlich zu machen, um meinen Freund Marshall Davis Jones zu zitieren. Sie entwickelt einen Sog, der uns von der Reflexion über uns selbst und andere ablenkt und somit auch voneinander entfernt. Unsere Gedanken sind, wenn wir ehrlich sind, nicht so tiefgründig, wie sie einmal waren oder sein könnten.

Wir verlieren die Fähigkeit, Beziehungen einzugehen, ausgerechnet zu einer Zeit, in der es einfacher als je zuvor ist, Kontakte herzustellen.

Die Technologie lenkt uns davon ab, über die Augenblicke in unserem Leben nachzudenken, die uns helfen könnten zu erkennen, wer wir sind – über unsere prägenden Schlüsselerlebnisse und darüber, in welchem Zusammenhang sie stehen. Setzen wir uns nicht mit ihnen auseinander, bleiben wir eine schwache statt einer voll ausgereiften Version unseres Selbst. Dann präsentieren wir uns anderen gegenüber als eine Art »hyperperfektes« Instagram-Foto, das weder den Kontext noch die tiefen Schichten unserer wahren Persönlichkeit erfasst.

Was wir von uns zeigen, ist bloß ein Ausschnitt des Bildes. Es ist, als würden wir uns in eine online angebotene Immobilie verlieben und bei der Besichtigung vor Ort feststellen, dass sich auf der gegenüberliegenden Straßenseite eine Ölraffinerie oder ein Steinbruch befindet. Vielleicht bist du dir aber auch unsicher, ob dir das Objekt gefällt, schaust es dir trotzdem an und entdeckst, dass es einen wundervollen Ausblick auf einen See oder unmittelbar angrenzenden Park bietet oder dass es sich in fußläufiger Nähe zum Bahnhof befindet. Manchmal deckt ein umfassenderes Bild Probleme auf, ein andermal offenbart sich ein zusätzlicher Wert.

HINDERNISSE

Um Beziehungen zu knüpfen, musst du etwas einzubringen haben, doch die, denen du davon erzählen möchtest, sind viel beschäftigt. Sie sind von ihrem eigenen technologiegetriebenen Leben abgelenkt. Es leidet nämlich nicht nur unsere Selbstreflexion; es bleibt auch weniger Zeit, um unsere Geschichte zu erzählen. Ebenfalls beeinträchtigt ist unsere Empathie und Fähigkeit, uns emotional auf die Menschen einzulassen, deren Geschichten wir hören – ein weiteres Feld, das wir zurückerobern müssen.

Die Technologie und der Mangel an Möglichkeiten zur sinnvollen Reflexion stellen nicht nur Hürden für ein sinnvolles Storytelling dar. Sie schaffen auch Gewohnheiten. Laut Charles

Duhigg, Journalist und Wissenschaftsautor, geht den meisten Interaktionsformen ein sozialer Stimulus oder Signalreiz voraus. Dieser löst eine Routinereaktion aus, und die wird belohnt. Ein sozialer Signalreiz wäre etwa, wenn man das Publikum am Ende einer Rede einlädt:»Vielen Dank für Ihre Aufmerksamkeit. Haben Sie noch Fragen?« Manchmal genügt auch nur ein Blick, oder die Person vor dir ist fertig mit dem Reden und du weißt, dass du jetzt an der Reihe bist. Doch die Chance, gehört zu werden, bietet sich nicht oft, und wenn doch, bewegt sich das, worum es geht, meist im Bereich der Routine.

Die meisten Gelegenheiten, außerhalb des üblichen Rahmens zu sprechen, sind den dominanten Führungspersönlichkeiten vorbehalten – den Leuten, die Anspruch auf das»Redeholz« erheben. Nur selten legen sie es in die Hände derer, die darauf aufmerksam machen möchten, dass sie auch etwas beizutragen haben.

Soziale Signalreize belohnen in der Regel die, die sich an das Erprobte und für gut Befundene halten, die Leute also, die mehr oder weniger sagen, was alle anderen sagen und bereits gesagt wurde. Du hast größere Chancen, zu Wort zu kommen, wenn du dich an das Rollenbuch hältst und es dir und anderen einfach und bequem machst.

Aber ist Bequemlichkeit wirklich das, was du willst? Ist dir nicht eher daran gelegen, anhand deiner persönlichen Qualitäten und Kompetenzen wahrgenommen zu werden? Was ist dir lieber – technologisch vermittelte Kontakte oder emotionale Verbundenheit mit anderen Menschen auf der Basis dessen, was dich wirklich ausmacht?

Es ist schwer, sich von der Bequemlichkeit zu verabschieden, deshalb dürfte es dir anfangs widerstreben, deine Geschichte zu erzählen. Die gute Nachricht ist: Das PeakStorytelling nimmt dir diese Scheu. Die Methode hat schon den unterschiedlichsten Menschen geholfen, diese Hürde zu nehmen, gleich ob vierzehn oder neunzig Jahre alt. Zerbrich dir also deswegen nicht den Kopf.

Entspanne dich, du schaffst das. Es besteht kein Grund zur Sorge.

BEREIT SEIN

Wenn der Augenblick kommt und die Leute den Blick von ihren elektronischen Geräten heben, musst du bereit sein wie der Batter beim Baseball, der den Ball zum Schlag erwartet.

»Warum bist du hier? Erzähl mir was von dir.« Du hast einen einzigen Schlag, und wenn du jetzt keinen Treffer landest, bist du raus – und schon richten alle ihren Blick wieder auf andere Dinge, die ihnen wichtiger sind.

Bei welcher Gelegenheit wirst du wohl das nächste Mal nach deiner Geschichte gefragt? Denk nach. Bei einem Gespräch über den Aufbau eines Programms zur Kundenbindung? Am ersten Arbeitstag in einem neuen Job? Beim Klassentreffen? Lädt man dich als Gastrednerin zu einer Tagung oder Zoom-Konferenz ein? Bist du in ein hochkarätiges Netzwerk eingebunden?

Du brauchst eine gute Geschichte, und die lässt sich nicht aus dem Ärmel schütteln. Weil dir nichts einfällt, was du sonst über dich sagen könntest, bringst du das Gleiche wie alle anderen. Du bläst in das gleiche Horn, folgst demselben ausgetretenen Pfad. Und du rufst damit die gleichen Reaktionen hervor. Es sei denn, du bist gut vorbereitet und kannst mit deiner Peak-Story zeigen, was wirklich in dir steckt.

EIN GENERATIVER DIALOG

Deine PeakStory lässt die Leute aufhorchen, und sie erhöht die Wahrscheinlichkeit, einen generativen Dialog in Gang zu setzen – einen Dialog also, bei dem es zu einem schöpferischen Austausch zwischen Sprechendem und Zuhörenden kommt. Er führt auf unbekanntes Terrain und eröffnet neue Wege.

Indem du Einblicke in deine persönliche Geschichte gibst, beginnst du, andere für dich einzunehmen. Und auf einmal fangen sie an, auch ihre eigenen wichtigen Momente zu teilen. Ob anhand ihrer Worte, der Körpersprache oder des Tonfalls, die Zeichen deuten darauf hin, dass sie dich verstehen; dass deine Botschaft ankommt.

Der wahre Kern des Storytellings besteht darin, diese Kommunikationsschleife zwischen Sprechendem und Zuhörenden zu schaffen. Selbst wenn du einen Vortrag vor einem großen Publikum hältst, kann sich ein dialogähnlicher Austausch ergeben. Während du redest, sollte sich das Gefühl einstellen, auf einer persönlicheren Ebene mit den Menschen im Saal verbunden und für sie persönlich relevant zu sein. Du erkennst es an der Art, wie sie auf deine Worte reagieren. Ist es der Fall, verleiht es dir Flügel.

Stell dir vor, du bist am Strand und gräbst mit dem Finger eine Furche in den Sand; jedes Mal, wenn du die alte, eingefahrene Geschichte wiederholst, gräbst du sie tiefer und tiefer. Wenn die nächste Welle ans Ufer schwappt – das heißt, wenn deine Zeit zum Reden gekommen ist –, fließt das Wasser in diese Furche hinein. Es folgt also immer dem gleichen Weg.

Dem falschen Weg.

Es ist Zeit, dir einen neuen Weg zu bahnen; Zeit, die Schlüsselelemente deiner Persönlichkeit nach einem neuen Muster zusammenzufügen, ob die dir zur Verfügung stehende Redezeit nun sechzig oder neunzig Sekunden, dreieinhalb oder acht Minuten oder gar eine halbe Stunde beträgt.

STORYTELLING – WOZU?

Ich habe oft beobachtet, welche tiefgreifenden Veränderungen eintreten, wenn jemand die eigene Geschichte erzählt. Selbst mich als Entwickler der Methode überrascht es immer wieder.

Nehmen wir Hannah, eine meiner Studentinnen, die als Einwanderin in die USA gekommen ist. Sie war Ringerin und trat auch gegen Männer an, war also bestimmt nicht schüchtern. Zu Beginn des Kurses, als ich das System einführte, hob sie die Hand:»Moment mal. Das muss ich mir erst in Ruhe durch den Kopf gehen lassen. Ich kann einfach nicht selbstbewusst vor andere Leute treten und eine Rede halten. Ich brauche ein *Gegenüber*, das ich ansprechen kann.«

Sie nahm sich Zeit und ging in sich. Und siehe da, ungefähr neun Wochen später, gegen Ende des Kurses, teilte sie mir beiläufig mit:»Hey, Doc. Ich habe meine Geschichte bei meinem Vorstellungsgespräch mit der Rhode Island Foundation erzählt und das Stipendium erhalten.«»Moment mal«, sagte ich.»Was hast du gemacht?«»Ich habe meine Geschichte erzählt, genauso, wie wir es hier im Kurs geübt haben.«

»Wow! Das muss ich erst mal sacken lassen. Hannah hat ihre Geschichte erzählt und ein Stipendium bekommen?! Wie viel?«»Zwanzigtausend Dollar«, erklärte sie.»Zwanzigtausend Dollar, weil du deine Geschichte erzählt hast?«»Ja, zwanzigtausend Dollar im Jahr, und ich kann mir die Uni aussuchen, an der ich studieren will.«»Warte mal. Sie zahlen das vier Jahre lang? Also sind es insgesamt achtzigtausend Dollar? Herzlichen Glückwunsch!«

»Es fühlt sich richtig gut an, ganz ich selbst zu sein und dafür belohnt zu werden«, sagte sie. »Jetzt würde ich mich gerne mit Ihnen darüber unterhalten, wie ich meine Geschichte am besten erzähle, wenn ich mich um den Praktikumsplatz bewerbe.«

»Willkommen im Klub der PeakStory-Junkies«, lachte ich.

Genau das kann mit der Methode passieren. Sie hilft, Probleme aus dem Weg zu räumen. Sie führt zu konkreten Resultaten.

DU BIST DER AUTOR DEINER GESCHICHTE

Zum PeakStory-Erzähler zu werden kostet dich ein bisschen was, aber was du opferst, ist nur deine eigene Zeit. Nimm sie dir, du verdienst es! Was du im Gegenzug erhältst? Ein Plus an Sinnhaftigkeit, einen besseren Zugang zu deinen Erinnerungen und ein Stück Nostalgie. Und du kannst dir das Drehbuch für deine eigene Netflix- oder Amazon-Prime-Serien schreiben und anfangen, die Episoden in deinem Leben genauso spannend zu gestalten. Du kannst mal leisere und mal lautere Töne anschlagen. Du bist Regisseur, Produzent und Herausgeber in einer Person – und alles mit dem »Material« deiner gelebten Momente.

Dabei wirst du feststellen, dass alle Ereignisse in deinem Leben einen Sinn haben, den du nach deinen Wünschen formen kannst. Du bist zufriedener mit dir selbst, bist mehr bei dir. Deine Körpersprache verändert sich, wenn du neue Leute kennenlernst, dich irgendwo vorstellst, Kundenentwicklungsgespräche führst oder in einer Führungsfunktion, als CEO oder Unternehmer eine Rede hältst. Deine Körpersprache verrät dich nicht mehr und untergräbt nicht mehr deine Glaubwürdigkeit. Deine Stimme klingt fester. Du bleibst gelassen und bist weniger nervös. Du blinzelst nicht ständig oder fuchtelst mit den Händen. Du erzählst deine eigene Geschichte, und das lässt dich in dir selbst ruhen.

Wenn du deine innere Abwehr nicht aufgibst und deine PeakStory nicht erzählst, folgst du wie alle anderen dem immer gleichen, ausgetretenen Pfad. Du weißt, dass du nicht wie sie bist, aber je öfter du die alte Leier wiederholst, desto tiefer gräbt sich die Furche ein. Deine gelebten Erfahrungen bleiben unbeachtet am Wegesrand liegen, verborgen unter einer dicken Schicht Staub, Laub und Gestrüpp, und du findest emotional nicht zu dir, weil du nicht sagst, wer du wirklich bist.

PEAKSTORY IM UNTERNEHMENSKONTEXT

Wenn andere deine PeakStory hören, nehmen sie mit einem Mal die menschliche Seite deines Narrativs wahr. Darüber hinaus aber wird ihnen auch bewusst, welches geschäftliche Potenzial in ihr steckt.

Unsere gelebten Erfahrungen sind mit denen anderer Menschen verbunden; unsere Geschichte ruft bei ihnen folglich eine Reaktion hervor, die nicht beim rein Rationalen stehen bleibt. Sie reicht über Fragen nach der Jahresbilanz oder der Investitionsrendite hinaus. Es entsteht eine unmittelbare menschliche Verbindung, die in den geschäftlichen Kontext eine menschlichere Note einbringt.

Ist es nicht das, was wir uns alle von wichtigen Vieraugengesprächen erhoffen, ob diese nun online oder live stattfinden?

Legen wir nicht alle Wert auf eine Arbeit, die in unserer menschlichen Natur verankert ist?

Mag sein, dass wir uns dies wünschen, aber die Frage ist: Wie konstruiere oder baue ich meine Geschichte entsprechend auf?

Als ich mit der Entwicklung des PeakStory-Modells begann, tauschte ich mich mit Howard Gardner, Professor für Kognition und Pädagogik an der Harvard Graduate School of Education, über die Einsatzmöglichkeiten des Storytellings im Businessbereich aus. Gardner wurde durch seine Theorie der multiplen Intelligenzen bekannt. Auf der Basis seiner Forschungen entwickelte er das Konzept der fünf Intelligenzen für die Zukunft, die wir seiner Meinung nach alle entwickeln müssen: das *disziplinorientierte Denken*, um mindestens einen Beruf zu erlernen; das *synthetisierende Denken*, um riesige Informationsmengen sinnvoll zu ordnen und zu verknüpfen; das *kreative Denken*, um neue Phänomene zu erforschen und Fragen auf den Grund zu gehen, die bisher nicht gestellt wurden; das *respektvolle Denken*, um Menschen in ihrer Unterschiedlichkeit wertzuschätzen; und das *ethische Denken*, um unsere staatsbürgerlichen Pflichten zu erfüllen.

Gardner erkannte sofort den praktischen Nutzen des Peak-Story-Modells, das sich damals noch in der Entwicklung befand, als Instrument, um den Firmen zu erlauben, nach außen hin ihre Unternehmensphilosophie zu vermitteln. Er schrieb: »Ich stimme zu, dass Unternehmerinnen und Unternehmer in die Lage versetzt werden müssen, die für sie so wichtige Firmenphilosophie nach außen hin zu kommunizieren. In der Pädagogik würde man sagen: Sie brauchen das pädagogische Wissen, um ihre Botschaft an Menschen zu vermitteln, die über einen unterschiedlichen Grad an Wissen oder Expertise verfügen.«

PeakStorytelling liefert genau das, was nach Gardners Ansicht notwendig ist: eine Landkarte, ein System und den Prozess, der es Mitarbeitenden auf allen Ebenen der Unternehmenshierarchie ermöglicht, ihre persönlichen Qualitäten auf den Punkt zu bringen und überzeugend zu präsentieren.

QUALITÄTEN UND FÄHIGKEITEN

Wenn du dich nicht auszudrücken weißt, hast du im Job schnell deine Chance verspielt. Niemand holt dich noch einmal ins Boot, wenn es siebzehn Vertreter braucht, um deine Geschichte zu verkaufen. Niemand sagt: »Das ist nicht besonders gut gelaufen, aber probiere einfach noch mal, mich zu überzeugen.« Niemand sagt: »Ein miserables Vorstellungsgespräch, aber kein Problem. Lassen Sie sich einfach einen neuen Termin geben. Ich schicke Ihnen gerne den Link zu meinem Terminkalender, dann können Sie noch mal fünf Stunden meiner Zeit blockieren. Ich hab ja nichts Besseres zu tun.«

Es geht also nicht nur darum, gut vorbereitet zu sein, um deiner eigenen Geschichte gerecht zu werden; du bist es auch den anderen schuldig, denen du sie vortragen willst. Verschwende nicht ihre Zeit. Zeig ihnen, was in dir steckt! Erzähl ihnen, was dich antreibt. Was sind deine spannendsten Momente: damals, gestern, heute und, wenn alles nach Plan läuft, morgen? Um sie geht es. Sie gehören in deine Geschichte.

Damit beginnst du, deinen Erzählmuskel zu reanimieren. Du wirst hypersensibel für die Momente, in denen du den Draht zu deiner Zukunft findest und auf einmal genau weißt, wohin dein Weg dich führen wird.

Wenn sich dein Blick schärft und du anfängst, einzelne Mosaiksteine zu entdecken, was automatisch geschehen wird, kannst du sie zu einem stimmigen Gesamtbild zusammensetzen, auch wenn dies eine Weile dauern wird. Bestimmt brennst du darauf, deine Geschichte jetzt sofort zu erzählen, aber es bedarf noch einiger Vorarbeit. Sobald du *live* auf Sendung gehst, gibt es keinen Ort mehr, an dem du dich verstecken könntest – also nimm dir die Zeit, dich gründlich vorzubereiten.

Halte fürs Erste Ausschau nach den Momenten in deinem Leben, die ein Schlaglicht auf deine Qualitäten und Fähigkeiten werfen, etwa indem du Hindernisse überwunden oder kreativ mit anderen zusammengearbeitet hast. Je genauer du hinschaust, desto mehr solcher Augenblicke wirst du entdecken. Es ist, als würdest du Schuhe einer bestimmten Machart kaufen und plötzlich feststellen, wie viele das gleiche Modell tragen. Oder nachdem du dir einen VW zugelegt hast, fällt dir auf, wie viele Leute einen Golf fahren.

Wenn wir feststellen, dass andere sich für das Gleiche entschieden haben, fühlen wir uns in unserer Wahl bestätigt. Es ist ein sich selbst bestätigender Kreislauf: Die erhöhte Achtsamkeit führt zur Fokussierung, und diese hat wiederum eine Belohnung zur Folge – in diesem Fall die Bestätigung, dass wir die richtige Entscheidung getroffen haben. Genau das geschieht bei der Arbeit an deiner PeakStory: Du fokussierst dich, präsentierst deine Geschichte und wirst belohnt.

AUF DEM BODEN DER TATSACHEN BLEIBEN

Im Fernsehen werden Geschichten am Fließband geliefert.

Warum bietet man uns auf Netflix oder anderen Streamingdiensten Trailer an? Damit wir einschätzen können, ob es sich lohnt, uns einen Film oder eine Serie anzusehen; damit wir uns ein Urteil über die Geschichte bilden können.

Interessant ist, wie schnell wir dabei vorgehen. Wir entscheiden anhand einer Vorschau von einer oder zwei Minuten Länge, ob uns etwas gefällt oder nicht. Auf diese Weise treffen wir Kaufentscheidungen und schätzen ein, ob uns ein Produkt überzeugt oder nicht.

Warum hast du dieses Buch gekauft? Vielleicht hat dich der Titel angezogen. Oder meine Vita auf der Rückseite und die Tatsache, dass ich mit Profisportlern und Spitzenathletinnen zusammengearbeitet habe. Irgendetwas ist dir aufgefallen und hat dich bewogen, das Buch zu kaufen und dich darauf einzulassen, grob gerechnet etwa fünfzigtausend Wörter zu lesen, obwohl du vorab nur … wie viele überflogen hast? Hundert? Zweihundert?

Übrigens, was glaubst du, wie viel Arbeit in die Titelfindung und die Formulierung der Biografie geflossen ist? Eine Menge. Denn nur sie geben mir die Chance, dich binnen kürzester Zeit zu überzeugen, dass dieses Buch es wert sein könnte, gelesen zu werden.

Mit einer Netflix-Preview verhält es sich genauso – und auch mit der Geschichte, die du erzählst. Im Grunde machst du andere damit aufmerksam, dass du etwas zu bieten hast. Dass es sich lohnt, Zeit, Geld oder beides in dich zu investieren; dass sie dich Leuten empfehlen sollten, die dich vielleicht einstellen oder deine Dienste in Anspruch nehmen könnten; dass es sich lohnen würde, dich mit jemandem in ihrem Unternehmen in Kontakt zu bringen, die dir auf irgendeine Weise weiterhelfen könnten. Du betreibst Lobbyarbeit in eigener Sache, denn mit dem, was du zu bieten hast, eröffnest du dir Chancen.

SINNVOLLER SELBSTAUSDRUCK

Eine Vielzahl von Studien belegt, wie wichtig es den Menschen ist, im Job Bestätigung zu erfahren. Auf der Wunschliste stehen heute eine sinnvolle Tätigkeit und Selbstverwirklichung ganz oben.

Wo lassen sich diese Bedürfnisse erfüllen? Wo gibt es in der modernen Arbeitswelt Möglichkeiten zum sinnvollen Selbstausdruck? In der Personalabteilung mit Sicherheit nicht. An den Universitäten wird zu dem Thema nichts gelehrt. Ein College, das seinen Studierenden einen Kurs im PeakStorytelling anbieten wollte, hatte nicht einmal Seminare zu Kommunikation oder Rhetorik im Programm.

Stell dir vor, welche Vorteile es dir bringt, wenn du deine PeakStory erzählen kannst. Wenn du nicht reden kannst, folgst du der Masse und hängst in der ewig gleichen Furche fest. Kannst du aber reden, eröffnest du dir Handlungsspielräume und aktivierst deinen freien Willen. Du wirst zum Autor deines Lebens und gestaltest es aktiv.

DIE SELBSTBESTIMMUNGSTHEORIE

Autor des eigenen Lebens zu sein steht aus psychologischer Sicht in perfektem Einklang mit der sogenannten Selbstbestimmungstheorie. Es geht dabei im Wesentlichen um die Fähigkeit, auf das Leben zuzugehen und einen Gewinn daraus zu ziehen.

Die Selbstbestimmungstheorie baut auf drei psychologischen Grundbedürfnissen auf: Autonomie, soziale Eingebundenheit und Kompetenz.

Aktuelle Studien, die auf bahnbrechenden Forschungen zur

Selbstbestimmungstheorie basieren, belegen das menschliche Streben danach, sich wohlzufühlen, sowohl im Hinblick auf die eigenen Motivationen und die persönliche Entwicklung als auch auf die körperlich-psychische Befindlichkeit. Auf grundlegender Ebene haben wir das Bedürfnis nach Autonomie, also dem Gefühl, unsere eigenen Entscheidungen treffen zu können. Wir müssen außerdem in der Lage sein, mit anderen in Beziehung zu treten. Und wir haben das Bedürfnis, zumindest eine Sache gut zu beherrschen.

Wie wir im nächsten Kapitel sehen werden, gelangst du mit deiner PeakStory an einen Punkt, an dem du diesen drei zentralen Bedürfnissen – Autonomie, soziale Eingebundenheit und Kompetenz – Rechnung trägst und im Gegenzug durch dein Narrativ Bestätigung erfährst.

ÜBUNG: BEOBACHTUNGEN EINES ALIENS

Dies ist unsere erste richtige Übung. Denk daran, es handelt sich hier nicht um eine lästige Pflicht. Dass sie ein wenig Mühe erfordert, liegt allein daran, dass es darum geht, bestimmte Dinge neu und anders zu denken. Mag sein, dass das etwas gewöhnungsbedürftig ist.

Ziel ist, achtsamer zu werden: Wie oft hast du die Gelegenheit genutzt, eine Geschichte von dir zu erzählen, und wie oft hast du dir die Geschichten von anderen angehört?

In dieser Übung schlüpfst du gewissermaßen in die Rolle eines Ethnologen, also eines Wissenschaftlers, der Menschen studiert. Lass dich von der akademischen Bezeichnung nicht abschrecken, denn besondere Qualifikationen sind nicht erforderlich. Stell dir einfach vor, du wärst ein Alien von einem anderen Planeten, würdest der Erde einen Besuch abstatten und versuchen, möglichst viel über deren Bewohner zu erfahren, indem du sie beobachtest – und ihnen *zuhörst.*

Als Erstes suchst du dir einen geeigneten »Lauschposten«. Vielleicht bist du gerade auf einer Tagung, oder du hast ein bisschen Zeit übrig und gehst in den Park, oder du wartest am Flughafen, dass dein Flug aufgerufen wird. Vielleicht sitzt du auch im Café und hast dir gerade einen Cappuccino bestellt. Oder du bist im Büro.

Zuzuhören ist natürlich schwieriger in öffentlichen Räumen, in denen die Regeln des Social Distancing gelten. Ideal wäre ein Ort, an dem du mithören kannst, wie sich Leute einander vorstellen oder Freunde sich gegenseitig auf den neuesten Stand bringen. Wenn sich im realen Leben keine Gelegenheit für deine Beobachtungen ergibt, kannst du dir auch Talkshows oder Interviews im Fernsehen oder Rundfunk anhören.

Achte darauf, was sich die Leute erzählen. Registriere, wo die Geschichten eingeflochten werden. Werden sie am Anfang eines Telefongesprächs erzählt? Sind sie Teil einer formalen Vorstellung oder fließen sie in eine Telefonkonferenz mit mehreren Teilnehmenden ein? Findet das Gespräch per Video statt oder ist es live?

Welche Arten von Storys oder spannenden Momenten innerhalb einer Erzählung fallen dir auf? An welchen Stellen klinkst du dich gedanklich aus?

Halte Ausschau nach Siegen und Niederlagen, Treffern und Fehlschlägen. Ist jemand dabei, der vollkommen am Ziel vorbeischießt?

Wenn du es noch spannender machen willst: Was verrät die Körpersprache über die Zuhörenden? Oder diejenigen, die reden? Entdeckst du Hinweise darauf, dass jemand mit seinen Gedanken woanders ist?

Denk über das nach, was du hörst und siehst. Was erfährst du dabei über diese fremde Spezies auf dem Planeten Erde? Welche Geschichten berühren und welche nicht? Erstelle eine Liste von beiden in deinem Tagebuch. Notiere alles, was dir auffällt.

Es geht darum, dein soziales Radar zu tunen – und damit zugleich dein *Story-Radar*.

2. KAPITEL

VERSTEHE DEINE GESCHICHTE UND DU VERSTEHST DICH SELBST

»Es ist eine paradoxe Gewohnheit von uns Menschen,
schneller zu laufen, wenn wir uns verlaufen haben.«

ROLLO MAY

Das Führen des Wortes war früher ausschließlich ein Privileg der Macht. Wenn man überlegt, wem damals die Bühne gehörte, waren es stets diejenigen, die eine Leitungsfunktion innehatten – Lehrer und Schulleiterinnen, Unternehmerinnen und Firmenchefs, Geschäftsbereichs- oder Institutsleiter, Politikerinnen, Prominente … Solange wir zurückdenken können, war das Recht der Rede den Menschen vorbehalten, die auch sonst das Sagen hatten. In Meetings geben sie bis heute den Ton an und legen fest, wann es beginnt, wann es endet und ob es kurz vor Feierabend angesetzt wird.

(Wogegen im Prinzip nichts einzuwenden ist, solange unser Gehalt pünktlich überwiesen wird.)

Doch es scheint, als würde diese alte Regel allmählich an Gewicht verlieren. Das globale Beratungsunternehmen Willis Towers Watson stellte in einer 2014 durchgeführten Studie zum Thema Mitarbeiterzufriedenheit fest, dass sich die Arbeitnehmer von heute ein qualitativ anderes Ergebnis wünschen als frühere Generationen. Sie sind nicht nur an der Höhe des Einkommens und Beförderungsmöglichkeiten interessiert. Sie legen vor allem Wert auf eine sinnvolle Tätigkeit.

So ändern sich die Zeiten.

Die Arbeitswelt teilt sich nicht mehr in Chefs und Untergebene ein. Heute sind alle Teil des Unternehmens, und jeder hat eine Stimme. Die Meinung von Studierenden und Schülerinnen und Schülern findet an Universitäten, in Schulen und anderen Bildungsinstitutionen Gehör. Arbeiternehmer haben in Betrieben ein Wort mitzureden. Wer früher keinerlei Redeprivilegien hatte, spricht inzwischen auf Augenhöhe mit den einstmals Mächtigen – und oft hat ihr Wort sogar noch mehr Gewicht.

JEDE GESCHICHTE ZÄHLT

Auch wenn heute jeder eine Stimme und eine Geschichte zu erzählen hat, wertet das dein Narrativ nicht ab. Ganz im Gegenteil. Wenn jede Stimme zählt, zählt auch jede Geschichte.

In dem Maße, wie die Top-down-Hierarchie mehr und mehr in der Versenkung verschwindet, wachsen die Chancen des Einzelnen, sich mit seiner Geschichte einzubringen. In der Welt des Turbowandels wird jeder zum Leader.

Der vor ein paar Jahren verstorbene Warren Bennis, Professor of Leadership und Vorreiter der Arbeits- und Organisationspsychologie, erklärte:»Zum Leader werden heißt, du selbst zu werden; so einfach ist das, und zugleich so schwierig.« Nun, wir werden das Ganze vereinfachen.

Warum ich dieses Zitat liebe? Weil jeder, der andere beeinflussen kann, zur Leitfigur – zum Leader – wird. Führerschaft zu erlangen heißt also nichts anderes, als Menschen beeinflussen zu lernen. Und das geschieht ausschließlich auf einem Weg: über die Kommunikation. Was bedeutet, dass du auch zu dir selbst finden kannst, indem du lernst, so zu kommunizieren, dass du andere beeinflusst (was selbstverständlich nicht ohne ein gewisses Maß an Arbeit gelingt).

Und genau das geschieht beim Storytelling. Es hilft uns, zu uns selbst zu finden. Es ermöglicht uns, die uralte Frage zu beantworten:»Wer bin ich?«

Und gleich weiterzufragen:»Erzähl mal, wer du bist.«

PeakStorytelling zeigt uns, wie wir unsere Stimme zurückgewinnen können, um unsere Geschichte zu erzählen. Es führt uns vor Augen, wie unsere Identitätserfahrung die Art und Weise prägt, in der wir uns der Außenwelt präsentieren – und wie die Außenwelt auf uns reagiert.

Identität kann mit den Mitteln der Rhetorik sichtbar gemacht werden, womit ich keine fein geschliffene Vortragskunst oder raffinierte Inszenierung meine. Rhetorik bedeutet hier nichts weiter, als das gesprochene Wort mithilfe einer Methode – dem PeakStorytelling – in Form zu gießen.

ES GEHT AUSSCHLIESSLICH UM DICH

Es ist seit Jahrzehnten bekannt, dass wir uns selbst besser verstehen, wenn wir unsere Geschichte erzählen. Namhafte Psychologen wie Abraham Maslow und Rollo May haben im Verlauf ihrer Karriere immer wieder beschrieben, wie die Möglichkeit zum Selbstausdruck Menschen aus ihrem Käfig befreit.

Im Kern dieses Ansatzes, der grob gesagt unter dem Begriff der humanistischen Psychologie gefasst wird, steht die These, dass Selbsterkenntnis den positiven Eigennutz fördert: dass wir sie also nutzen können, um die eigenen Ziele bestmöglich zu erreichen, natürlich immer mit Achtsamkeit gegenüber anderen Menschen und sozialen Beziehungen. Positiver Eigennutz ermutigt uns zu fragen: »Wie kann ich mich besser kennenlernen, um das Ziel zu erreichen, das ich mir gesteckt habe – den Arbeitsplatz, das Vorstellungsgespräch, die Schule, die Beförderung, die Aufgabe?«

Um nicht zu sehr ins Detail zu gehen, werde ich hier nicht im Einzelnen auf die Forschungen eingehen.

Einfach ausgedrückt lautet das Ergebnis: »Hey, du bist wichtig.«

Du warst immer wichtig. Ich weiß das. Doch in der Welt des Turbowandels findet diese Botschaft mittlerweile breitere Akzeptanz. Die Allgemeinheit findet es in Ordnung, dass du wichtig bist.

Denken wir nur an die sozialen Medien. Mit ihrem Aufstieg steht jedem eine Plattform zur Verfügung, und alle Welt ist eifrig damit beschäftigt, die eigene Geschichte mithilfe des idealen Fotos oder Posts zu erzählen. Jeder sucht nach Möglichkeiten, um die Botschaft zu vermitteln: »Ich bin die Person ... (auf diesem Instagram-Foto, in diesem Facebook-Beitrag, diesem Tweet, diesem TED-Talk-Video ... oder was auch immer gerade angesagt sein mag).«

Man nutzt die sozialen Medien, um eine Version des eigenen Selbst zu projizieren. Psychologen bezeichnen das, wie bereits erwähnt, als einstweilige Identitätsbehauptung – der Versuch, bei denen, die das Foto oder Posting sehen, einen bestimmten Eindruck zu erwecken. »Einstweilig« deshalb, weil sich dieser Eindruck ändern kann, wenn die anderen mehr über dich erfahren oder dich persönlich kennenlernen. Eine einstweilige Identitätsbehauptung erzählt nicht deine ganze Geschichte. Sie sagt in Wirklichkeit nur: »Das Bild, das ich zeige, finde ich irgendwie cool.«

Schau dir einmal die Beiträge deiner Instagram-Freunde an. Sagen sie je etwas aus, das darüber hinausgeht? Es ist so, als würde man jemanden fragen, etwas über sich zu erzählen, und er sagt: »Hm. Am Dienstag war ich surfen. Die Sonne ging gerade auf, das war echt mega. Es war ganz früh am Morgen.« Mit Storytelling hat das nichts zu tun. Es ist ein Bericht. Es sagt nichts über dich aus.

SCHLÜSSELERLEBNISSE IM ZUSAMMENHANG BETRACHTEN

PeakStory stellt einen Zusammenhang zwischen den Schlüsselerlebnissen unseres Lebens her.

Kein Grund zur Panik, wenn du mit dem Begriff zunächst nichts anzufangen weißt. Als Schlüsselerlebnis bezeichne ich prägende Momente im Leben, die wir in einem bestimmten Kontext und so erleben, dass sie unseren weiteren Weg beeinflussen. Ergeben sich Verbindungen zwischen diesen Schlüsselerlebnissen, zeigt dies also, dass uns etwas wichtig ist oder in dem Augenblick wichtig war. Solche prägenden Momente begegnen uns in allen möglichen Bereichen: bei der Arbeit, in der Familie oder in der Begegnung mit Freunden, während der Freizeit oder im spirituellen Kontext. Um in deiner PeakStory zum Ausdruck zu bringen, wer du bist, gilt es, dich selbst zu beobachten, die Verbindungen zwischen deinen Schlüsselerlebnissen aufzuspüren und ihre tiefere Bedeutung zu ergründen.

Wir haben alle gelernt, die roten Fäden, die sich durch unser Leben ziehen, getrennt zu betrachten. Wir vermeiden es, die Spur zu wechseln. Vermutlich haben uns das schon unsere Eltern beigebracht (und solange wir die Füße zu Hause unter den Tisch stellten, galten deren Regeln). Deine PeakStory erlaubt dir, jederzeit die Spur zu wechseln; deine Identität ist nicht festgeschrieben. Die Führungspersönlichkeiten dieser Welt tun es andauernd, um die jeweils beste Version ihrer selbst zu erschaffen.

Spurenhopping zu betreiben ist heutzutage längst nicht mehr den CEOs vorbehalten. Mit der Demokratisierung des Rederechts können wir es alle.

DIE EIGENE MACHTPOSITION STÄRKEN

Wenn Führungsqualitäten zu entwickeln heißt, sich selbst zu finden, bedeutet das im Umkehrschluss: Ganz wir selbst zu sein macht uns zum Leader. Anders ausgedrückt: Es stärkt unsere Machtposition. Es gibt verschiedene Arten von Macht. Sie kann mit einem Titel oder einer bestimmten Position einhergehen, zum Beispiel in einem Unternehmen. Als Zwangsgewalt verleiht sie einem Menschen die Befugnis, andere zu bestrafen, wenn sie gegen die Regeln verstoßen, oder sie zu belohnen, wenn sie sich daran halten.

Nicht alle Formen von Macht sind uns zugänglich, eine aber ist es *ausnahmslos:* die Expertenmacht. Jeder kann seine Expertise in die eigene Geschichte einbringen, wobei einige Strategien wirksamer sind als andere. Und sobald du diese effizient beherrschst, kannst du dir die Macht durch Identifikation erschließen, die sich aus deiner Beliebtheit bei anderen und deiner Fähigkeit herleitet, gute Beziehungen knüpfen und pflegen zu können. Als Leader und Kommunikator stehen dir die beiden besten Machtquellen zur Verfügung. Einen Autoritätsanspruch von einem Titel abzuleiten oder mit Zuckerbrot und Peitsche zu regieren. Auf diese Weise will heute niemand mehr geführt werden.

Bloß »Ich habe studiert« zu sagen, klingt reichlich hohl. »Ich habe einen Doktortitel plus einen Abschluss in Betriebswirtschaft«, »Ich war auf einer Fachakademie« oder »Ich bin zertifizierte Finanzplanerin« ebenso. Statt auf ein Diplom der technischen Hochschule ABC zu verweisen, um wie viel besser wäre es zu erzählen, dass du in das Möbelbauen und -entwerfen über deinen Großvater hineingewachsen bist, der Kunstschreiner und Restaurator war. Mit dieser Story unterstreichst du auf liebenswürdige Weise deinen Anspruch auf Expertise. Sie veranschaulicht, wie du eine Form von Macht demonstrieren kannst, die man in den Leuten sucht, denen man vertrauen will.

Du kannst dir diese Macht eröffnen. Es ist nicht kompliziert. Womöglich hast du inzwischen auch schon eine erste Idee, wie du deiner Erzählung eine neue Wendung geben und ihr mehr Kraft verleihen könntest. Und vielleicht kannst du es kaum abwarten, sofort da rauszugehen und es auszuprobieren.

Tu's nicht!

Du bist noch nicht so weit, um loszustürmen und der Welt zu sagen, warum sie gerade auf dich gewartet hat. Erst die Arbeit, dann das Vergnügen!

Bevor du anfangen kannst, nach Zusammenhängen zwischen deinen Schlüsselerlebnissen zu suchen, musst du erst herausfinden, welche von ihnen wichtig sind. Es gilt, Rückschau zu halten und dich zu fragen: »Wer bin ich?«

DIE MAGISCHE NEUN

Die Zusammenhänge zwischen Schlüsselerlebnissen sind nicht immer leicht zu erkennen, weil wir in unserem Leben meist auf der Schnellspur unterwegs sind. Du hast vermutlich Hunderte oder Tausende solcher prägenden Momente erlebt. Das Peak-Storytelling hilft dir, einige davon aufzuspüren.

Wie viele? Neun. Das reicht. Wenn du neun Erfahrungen finden kannst, bist du im Spiel. Es geht ums Ganze: Zu gewinnen ist die Aufmerksamkeit der anderen; dass sie dir zuhören werden. Du sammelst Punkte, indem du sie von deinen Qualitäten und Fähigkeiten überzeugst.

Sobald du deine Schlüsselerlebnisse gefunden hast, erkläre ich dir, wie du sie analysierst, ausformulierst und einen Titel für sie findest, der ihren Inhalt widerspiegelt. Welche besondere Kompetenz oder Stärke hat sich in einer Situation offenbart? Was hat dich dabei motiviert? Welche »Macht des Ortes« ging von dem Umfeld des Geschehens aus? Welche Menschen waren beteiligt?

Atme ruhig weiter. Es geht hier nicht um eine wissenschaftliche Abhandlung, sondern allein darum, einmal etwas anders auf dein Leben zurückzublicken.

DEINE PERSÖNLICHEN HIGHLIGHTS

Meistens sind wir so in unserem Trott gefangen, dass wir nicht groß überlegen, wenn wir etwas erzählen:»Am Dienstag war ich surfen, das war mega.« Aber hinter dieser Oberfläche warten andere Erlebnisse darauf, ans Licht gebracht zu werden und ihren Platz in unserer Story zu finden. Dies sind die spannenden Highlights, die die Botschaft vermitteln:»*Diesen* Film muss ich mir unbedingt ansehen.« Wir müssen also die Begebenheiten herausfiltern, die Interesse wecken und dir Aufmerksamkeit sichern. Mit ihnen verschaffst du dir Gehör. Wäre ein Hund dein Publikum, würde er den Kopf zur Seite neigen und dich von schräg unten fixieren.

Deine Geschichte kann natürlich, muss aber nicht völlig unerwartet sein; sie sollte jedoch genug Aufmerksamkeit wecken, um die Zuhörenden aus dem Halbschlaf zu reißen. Sie muss den Eindruck vermitteln, dass du sie auch verstanden hast, denn verstehst du die Story, verstehst du dich selbst. Dieses Verständnis schwingt in den Momenten mit, die die anderen in deiner Erzählung nicht erwarten. Womit sie rechnen, sind Informationen zu deinem Werdegang, deinem Wohnort, der Anzahl deiner Kinder oder womit auch immer – mit dem Standardrepertoire eben. Stattdessen gibst du ihnen das Echte, Wahre. Das schreckt sie auf. Das rüttelt sie wach.

Schon stehen sie wie der Hund mit geneigtem Kopf vor dir.

Der Mensch verfügt über ein großartiges soziales Radar. Wir mögen die meiste Zeit im Halbschlaf vor uns hin dämmern, aber wenn jemand von der Standardgeschichte abweicht, sind wir schlagartig wach.

Warum gehen manche Videos viral? Weil sie authentisch und klar sind. Darum erregen sie Aufmerksamkeit.

DAS GELEBTE LEBEN ERFORSCHEN

Wenn du deine Schlüsselerlebnisse ausgewählt hast, entscheidest du, welchen Nutzen sie für deine Erzählung haben, und bringst sie in eine entsprechende Rangfolge: Dies Erlebnis hier bekommt volle neun Punkte, das hier eher fünf – vorläufig zumindest. Du überlegst noch mal. Das hier verdient höchstens zwei, vielleicht streichst du es besser ganz von der Liste, aber immerhin hat es dir geholfen, diesen einen Aspekt von dir zu verstehen.

Lass die Schlüsselerlebnisse auf deiner Liste immer wieder Revue passieren, überleg, was sie für dich bedeuten. Denk nach. Und überdenke, was du gedacht hast.

Die Phänomenologie versteht unter dem Begriff *Phänomen* jedes Ereignis, das für dein Leben von Belang ist. Edmund Husserl, der die phänomenologische Strömung Anfang des zwanzigsten Jahrhunderts begründete, war der Überzeugung, dass Menschen, die ihr Leben immer wieder überdenken, eine erhöhte Achtsamkeit für ihre Erfahrungen entwickeln. Ich wollte meine Methode ursprünglich nicht als PeakStorytelling, sondern als *phänomenologisches Storytelling* bezeichnen, weil sie auf diesem Ansatz beruht. Erstmals begegnet ist mir die Phänomenologie während meines Graduiertenstudiums, wo ich sie als sozialwissenschaftliche Forschungsmethode nutzte, um die Qualität gelebter Erfahrungen zu untersuchen.

Aus akademischer Sicht fand ich sie echt cool und aus der praktischen Perspektive noch viel cooler. Das Ganze machte einfach Sinn.

Vielleicht wendest du jetzt ein: »Na ja, ich habe auch vorher schon über die eine oder andere Erfahrung in meinem Leben nachgedacht.« Klar, davon ist auszugehen. Schließlich ist es dein Leben.

Aber hast du drei, vier oder fünf Mal über deine Erlebnisse nachgedacht? Hast du sie in einem Tagebuch beschrieben? Hast du sie in einzelne Elemente zerlegt? Hast du über die Menschen und Orte, die darin eine Rolle spielen, die angesprochenen mentalen Muskeln und deine Motivationen nachgedacht? Hast du deine Führungsqualitäten, deine Kreativität, deine Anpassungsfähigkeit und deine analytischen Fähigkeiten genutzt? Hast du deine Kompetenzen miteinander kombiniert und dich dadurch als echter Leader erwiesen? War irgendein Trigger Auslöser für dein Erlebnis oder bist du aus eigenem Antrieb hineingegangen?

Solche Fragen lernst du dir zu stellen, wenn du mit deiner Selbsterforschung beginnst. Du erfährst, wie du deine Erfahrungen und Erlebnisse einordnen und bewerten kannst, welche universellen Kompetenzen darin zum Ausdruck kommen und welche positive Energie sie freisetzen.

IDENTITÄTSINHALT

Entscheidend für deine Geschichte ist ihr Identitätsinhalt. Inwiefern trägt eine Erfahrung zur Identitätsbildung bei?

Jane Dutton, die Identitätsprozesse aus der psychologischen Warte erforscht, und ihre Kolleginnen und Kollegen sind dieser Frage 2010 nachgegangen. Sie kamen zu dem Schluss, dass diejenigen Menschen die besten Chancen haben, ihren Anspruch auf positive Identität bestätigt zu bekommen, die sich mit einer der folgenden sechs positiven Eigenschaften identifizieren: rechtschaffen, wohlwollend, fortschrittlich, anpassungsfähig, ausgeglichen und höflich – Tugenden, die übrigens auch Elemente einer PeakStory sein können.

Die Feststellung schien auf der Hand zu liegen, führte mich aber zu der Frage: Wie bezieht man die sich daraus ergebenden gelebten Erfahrungen strukturiert in die eigene Geschichte ein?

Mir wurde klar, dass es hier um Inhalte geht, also um den Informationsgehalt der Identitätsbehauptung. Wir möchten andere Menschen und ihre Qualitäten und Fähigkeiten verstehen, und es ist uns wichtig, dass der Identitätsinhalt durch entsprechende Nachweise untermauert wird.

Betrachten wir es einmal aus dieser Perspektive: Gute Anwälte zitieren Präzedenzfälle, um Richterinnen von ihrem Standpunkt zu überzeugen. Mag sein, dass du kein begnadeter Redner bist, wie du sie aus TV-Gerichtssendungen kennst, doch du kannst in aller Bescheidenheit deine gelebten Erfahrungen in deine Geschichte einbetten – und auch sie können dein Plädoyer untermauern.

Deshalb machen wir uns die Mühe, darüber nachzudenken, welche Absicht du verfolgst, damit du mit Blick auf deine jeweilige Zielgruppe die richtigen Erfahrungen aus deinem Leben auswählen kannst und im Gegenzug von diesen Leuten das Gewünschte bekommst.

Bei dieser Methode spielt die Selbsterforschung eine wesentliche Rolle. Die Suche nach dir selbst ist die lohnendste Suche (weil sie die Wahrheit ans Licht bringt, füge ich gern hinzu). Auch wenn du das PeakStorytelling nur anwendest, um deine Geschichte strukturiert aufzubauen, nimmst du dich selbst aufmerksamer wahr. Sobald du dich dazu entschließt, deine Geschichte zu erzählen, fließen dir mehr Eingebungen zu. Du wirst sensibler für zwischenmenschliche Beziehungen. Zusammenhänge erschließen sich dir schneller, weil du den Kontext besser verstehst, in dem du deine Geschichte zu einem bestimmten Zeitpunkt, an einem bestimmten Ort einer bestimmten Person oder Gruppe erzählst – ohne je deine Absicht aus dem Blick zu verlieren.

NEGATIVE BEZÜGE MEIDEN

Reden wir darüber, was alles schiefgehen kann.

Schauen wir uns an, wie alle anderen ihre Geschichte erzählen; welche Sprache sie wählen. »Ich bin für meine Expertise auf diesem Gebiet bekannt.« »Ich habe vor Jahren meinen CFA gemacht.« »Ich habe für Lehman Brothers gearbeitet.« »Edward Jones, der Partner von Charles Dow, war ein Freund meines Großvaters.«

Soll ich dir was sagen? Wenn du es mir so sagst, ist es mir egal. Es interessiert mich nicht. Es interessiert niemanden.

Mit einem derartigen Neunzig-Sekunden-Spot aktivierst du im Gehirn der Zuhörenden das, was man in der Psychologie ein *negatives kognitives Skript* nennt – eine Art unerwünschte Reaktion, die du in ihrem Kopf auslöst. Sie bringt die Leute dazu, dich und dein Verhalten unbewusst negativ zu beurteilen.

Anders ausgedrückt: »Du langweilst mich zu Tode. Ich klinke mich aus.«

Wenn sich Menschen begegnen, die im gleichen Fachbereich tätig sind, benutzen sie die gleichen Sprachmuster – eine Wiederholung, die ein negatives kognitives Skript erzeugt. So zu reden wirkt einschläfernd auf die Zuhörenden. Und schlimmer noch, es treibt manch einen ins innere Exil oder in die Flucht. Er schaltet mental auf Durchzug und blendet dich aus.

Die Frage lautet also: Hast du die notwendige Selbsterforschung/Suche nach dir selbst durchgeführt, um eine Geschichte zu erzählen, die andere interessiert, oder willst du die Macht aus der Hand geben und es ihnen überlassen, sich ein Urteil über dich zu bilden?

Hier ein Beispiel für die Wirkung von negativen kognitiven Skripts, damit du auch wirklich verstehst, was sich hinter dem Begriff verbirgt: Angenommen, du möchtest dir ein Auto kaufen, einen Toyota Camry, einem BMW oder was auch immer. Du hast dir online Dutzende, Hunderte, ja vielleicht Tausende solcher Autos angeschaut, aber wenn du ins Autohaus gehst und ein Verkäufer kommt auf dich zu und fragt: »Kann ich Ihnen helfen?«, antwortest du: »Nein danke, ich schaue mich nur um.«

So ein Unsinn! Natürlich kann er dir helfen. Deshalb bist du ja in zu dem Händler gegangen.

Stattdessen lügst du dieser Person etwas vor, die früher vielleicht wer weiß was war – Lehrer, Polizistin, Elitestudent. Warum? Weil du die Frage »Kann ich Ihnen helfen?« im Kontext des Autohandels, der schon immer mit negativen Assoziationen behaftet war, unbewusst als negativ wahrnimmst.

Autoverkäufer tun mir leid. Viele sind absolut ehrlich und rechtschaffen, und trotzdem begegnet man ihnen mit Ablehnung, weil das negative Skript so stark ist. Keiner will wirklich wissen, warum sie Autos verkaufen. Es ist uns egal. Wir hören nicht zu.

Auf diese Weise kann eine berufliche Rollenzuschreibung eine auf Vorurteilen beruhende, massive Fehleinschätzung eines Menschen bewirken.

DER FALSCHE AUSSCHNITT

Buchautor Malcolm Gladwell spricht vom Konzept des »Thin-Slicing« – der menschlichen Neigung, bei der ersten Begegnung mit einem Fremden nur einen kleinen Ausschnitt von ihm wahrzunehmen. Wir schauen also jemanden an und sehen nicht das Gesamtbild, sondern nur einzelne Aspekte – und noch dazu die falschen. Statt Menschen korrekt einzuschätzen, bewerten wir sie falsch auf der Grundlage falscher Indizien.

Genauso ergeht es dir, wenn du deine Story nicht gut vorbereitet hast. Jemand gibt dir die Möglichkeit, dich vorzustellen oder einen wichtigen Kontakt zu knüpfen, und du fängst zu reden an.

Aber in deiner Erzählung geht es so gut wie ausschließlich um deine physischen Besonderheiten, charakteristischen Eigenschaften und Rollenidentitäten. Was dich wirklich ausmacht, wird verschüttet. Du zeigst denen, die dir zuhören, den falschen Ausschnitt.

Und wenn du nur sagst, was alle anderen auch sagen, bestätigst du damit die bereits bestehende negative oder nicht positive Bewertung.

Du hättest deine Chance gehabt, aber du hast sie versiebt.

DIE BLAUEN PUNKTE

Du musst deine Hausaufgaben machen. Und die erste Aufgabe besteht darin, die Zusammenhänge zwischen deinen Schlüsselerlebnissen und formativen Erfahrungen zu erforschen.

Ich bezeichne sie als »blaue Punkte«. Als ich auf einem Whiteboard das erste Diagramm zum PeakStorytelling entwarf, zeichnete ich diese prägenden Momente im Leben mit einem blauen Marker ein. Dabei ist es geblieben. Blau hellt meine Stimmung auf. Es erinnert mich an Tage mit strahlendem Himmel, an denen man plötzlich alles klarer sieht. Das Leben ist schön. Und so kam es, dass meine Studierenden auch von blauen Punkten zu reden begannen.

Und genau so werden wir sie von nun an nennen.

Mag sein, dass dir hundert Blaue-Punkte-Momente einfallen, aber unsere Erfahrung zeigt, dass es gut ist, sich auf neun zu fokussieren. Aus diesen neun wählst du drei aus. Später kannst du vielleicht auch die übrigen näher in Augenschein nehmen, sie spielen also durchaus ebenfalls eine Rolle, aber fürs Erste konzentrierst du dich auf drei.

DIE PUNKTE VERBINDEN

Gut möglich, dass du deine blauen Punkte im Augenblick noch nicht benennen kannst. Kein Grund zur Sorge, ich helfe dir dabei. Sage dir einfach, dass die drei, mit denen wir arbeiten wollen, schon auftauchen werden. Und dass du selbst sie wählen wirst. Vorhersehen lassen sie sich nicht.

Um welche Momente es sich handelt, hängt davon ab, wann und wo du deine Geschichte erzählst.

Storytelling orientiert sich an der jeweiligen Situation. Es ist zielgruppenspezifisch. Wie bei einem auf einen Kunden zugeschnittenen Video-Streaming-Format zeigt es eine bestimmte Figur zu einem bestimmten Zeitpunkt ihres Lebens. Ob ich beispielsweise mit einem Vertreter der US Navy oder einem kunstsinnigen Menschen rede, der Projekte im Umfeld des Massachusetts Museum of Contemporary Art entwickelt und von

Technik keine Ahnung hat, hat Einfluss darauf, welche Akzente ich in meiner Erzählung von meiner Zeit an der LaSalle-Militärakademie setze. Ich wähle womöglich eine ganz andere formative Erfahrung.

Du musst nicht für all deine Geschichten stets dieselben Punkte wählen. Aber wenn du es tust, ist das auch kein Problem. Zu deiner Beruhigung: Deine Geschichte hat ein solides Fundament und kann darum ein gewisses Maß an Wiederholung vertragen.

Denk darüber nach. Wenn du eine persönliche Geschichte mehrmals hörst, sagst du nicht:»Oh, das kenne ich schon.« Wenn jemand positive Dinge wie seine berufliche Position oder eine bestimmte Qualifikation mehrfach hervorhebt, prägen sie sich besser ein. Durch die Wiederholung von gelebten Erfahrungen stärkst du damit also letztlich deine Verbindung zu deinem eigenen Narrativ.

ENTSCHEIDEN, WAS DU BEWIRKEN WILLST

Schau dir die folgende Grafik an.

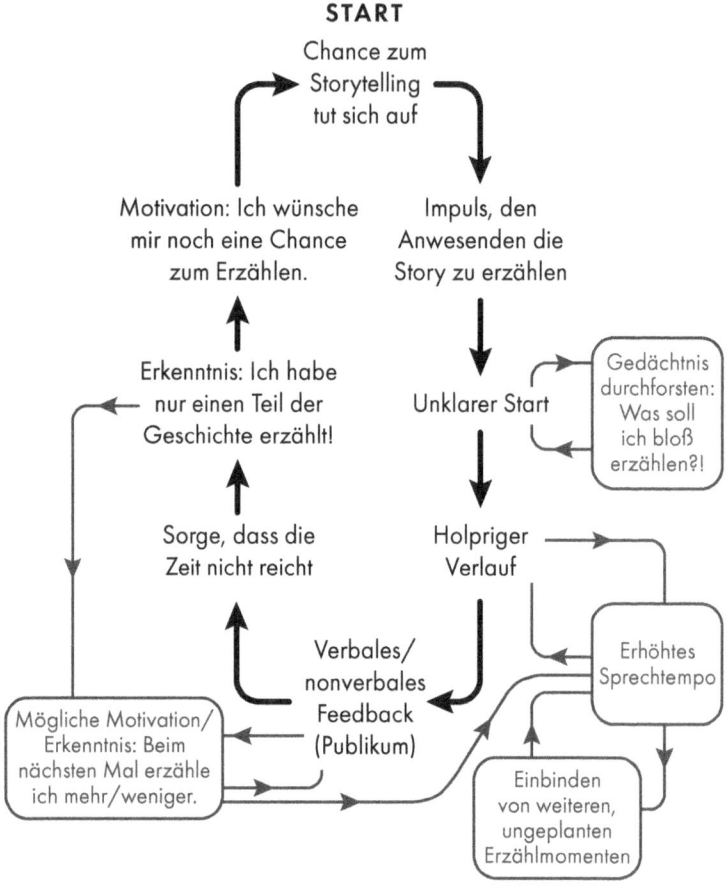

Diese Grafik habe ich erstmals auf einer internationalen Tagung an der Oxford University präsentiert. Sie veranschaulicht, nach welchem Schema der Versuch abläuft, die eigene Geschichte vorzutragen. Besonders zu beachten ist der Punkt »Gedächtnis durchforsten« und was dieser mit einem unklaren Erzählstart zu tun hat.

Die Grafik zeigt im Wesentlichen, warum es Menschen schwerfällt, sich anderen vorzustellen. Ich habe meine Studierenden nach den Gründen gefragt. »Ihr wusstet, dass ihr an diesem Kurs teilnehmen würdet. Ihr wusstet, dass er Teil des Leadership Development Programms ist.«

Und dann habe ich ihnen diese Grafik gezeigt. Der Schlüssel zum Verständnis liegt in dem Punkt: »Gedächtnis durchforsten: Was soll ich bloß erzählen?!«. Wenn du bereits Rückschau gehalten hast und weißt, wie deine Erfahrungen dich an den aktuellen Punkt in deinem Leben gebracht haben, brauchst du dir beim Erzählen keine Sorgen mehr zu machen. Du könntest fast auf Autopilot schalten. (Später werden wir noch sehen, wie du deine Geschichte so strukturierst, dass dir Raum bleibt, um während des Erzählens emotional bei der Sache zu bleiben.)

Es muss nicht sein, dass deine Geschichte einen unklaren Start und holprigen Verlauf nimmt. Das sollte sie auch nicht, sonst hättest du am Ende nichts gewonnen.

Lass einfach zu, dass sich die Geschichte entfaltet, und achte auf die Reaktion der Leute. Du brauchst nur von Punkt zu Punkt zu gehen, weil du ja weißt, wie sich deine Geschichte nach oben schraubt: von der heldenhaften über die kollaborative zur virtuosen Version von dir selbst.

Diese drei Punkte bilden deine PeakStory.

Sie besagen: »Meine Qualitäten und Fähigkeiten, liebe Zuhörende, entsprechen genau dem, was ihr in diesem Augenblick sucht. Ich kann jetzt, in diesem Moment, einen wertvollen Beitrag leisten, und ihr könnt das auch sehen. Schaut mich an. In meiner Geschichte hat alles einen Sinn. Wollt ihr euch weiter mit mir unterhalten oder mehr über mich erfahren? Mich engagieren? Mich in eure Schule, euer Programm oder euer Institut aufnehmen? Ihr seht doch, dass ich genau die Person bin, nach der ihr sucht.«

Das ist deine PeakStory.

ÜBUNG: ZURÜCK IN DIE ZUKUNFT

Storypathing bedeutet, Ereignisse oder Momente in deinem Leben darauf abzuklopfen, welchen Beitrag sie leisten können, um eine insgesamt stimmige Geschichte zu erzählen. Keine Sorge! Das macht man automatisch. Wir alle tun es. Wir reden nur nicht darüber.

Geschichten erzählst du auch dir selbst. Die sogenannte Selbstnarration ist eine Sprachleistung, die in der Wahrheit verankert ist und eine Wertaussage erzeugt. Du möchtest deine Geschichte so erzählen, dass alle danach denken: »Wow, das war mega. Das ist mal ein Mensch, der was zu bieten hat!«

Auch mit diesem Phänomen bist du bereits vertraut. Warum sonst würde dir auffallen, wenn dir jemand auf deine Social-Media-Posts ein positives Feedback gibt. Deshalb fühlt sich ein Like gut an.

Und was ist mit dir? Erkennst du deine eigenen Qualitäten und Fähigkeiten an?

Wirf noch einmal einen Blick zurück und schau dir zum Beispiel den Jahresrückblick an, den du vor einem Jahr oder vor fünf Jahren auf Facebook oder Instagram erstellt hast. Oder, wenn du »Old School« bist, schau dir ein altes Fotoalbum an.

Worum es geht, ist zu verstehen, wie dein Gehirn in einem bestimmten Augenblick der Vergangenheit ein Ereignis gewertet hat, das für deine Geschichte wichtig sein könnte.

Suche nach einem oder zwei Fotos, die sich positiv von allen anderen abheben oder für eine bestimmte Lebensphase stehen und dich besonders ansprechen.

Warum hast du diese beiden Fotos gewählt? Inwiefern kommt darin deine wahre Identität zum Ausdruck?

Analysiere jedes der Fotos in deinem Tagebuch. Und gehe dabei wirklich in die Tiefe.

Frage dich:

- Auf welche Weise erfasst dieses Foto meine Identität? Liegt es an dem Ort, an dem es aufgenommen wurde? Oder daran, was du gerade getan oder woran du gearbeitet hast oder mit wem du zusammen warst?
- Zeigt es dich an einem Wendepunkt in deiner Karriere, deinem Studium oder deiner Schulzeit?
- Warst du einfach unbeschwert und hattest Spaß zu einer Zeit, in der du ansonsten total auf deine Pflichten fokussiert warst? Fängt das Foto einen Moment ein, in dem du loslassen konntest? Oder warst du damit beschäftigt, etwas Neues zu erforschen oder aufzubauen?
- Warst du allein oder Teil eines Teams?
- Bist du selbst ein Risiko eingegangen oder hast du jemand anderes unterstützt, es zu tun?

Fotos auf diese Weise zu analysieren ist der erste Schritt, um nach den Momenten in deinem Leben zu suchen, die du für deine Geschichte nutzen könntest und die beeinflussen werden, wie du sie anderen präsentierst.

3. KAPITEL

ERZÄHL MAL, WER DU BIST

»Kommunikation schafft Gemeinschaft, das heißt Verständnis, Vertrautheit und gegenseitige Wertschätzung.«

ROLLO MAY

Die eigene Geschichte vorzutragen ist nicht so einfach, wie es auf den ersten Blick erscheinen mag. Wir müssen unsere persönliche Identität mit unserem beruflichen Background in Einklang bringen, was eine echte Herausforderung darstellt. Doch die gute Nachricht ist, dass sich die Mühe am Ende lohnt. Sobald du diese Phase geschafft hast, kannst du mit dem Aufbau deiner Story beginnen.

Herauszufinden, was für eine Geschichte du zu erzählen hast, ist nur ein Teil des Prozesses. Sie gut vorzutragen ist der andere. Ohne Arbeit gelingt das nicht. Wie gute Drehbuchautoren eine Serienfolge entwickeln, musst auch du reflektieren und planen, deine Zielgruppe studieren und die einzelnen Mosaiksteine deines Plots zusammenfügen.

Was es bedeutet, die eigene Geschichte zu erzählen, kann von Mensch zu Mensch völlig unterschiedlich sein. Aber keine Sorge! PeakStorytelling ist eine Methode, die bei jedem funktioniert. Wir helfen dir, die Schlüsselelemente deiner Geschichte aufzuspüren und so auszuarbeiten, dass du sie parat hast, sobald sich eine Gelegenheit zum Erzählen ergibt.

IDENTITÄTSGERANGEL

Noch eine gute Nachricht: Gelingt es dir, auf die Frage »Wer bist du?« sofort ins Erzählen zu kommen, statt den Satz vorwegzuschicken, dass du *jetzt eine Geschichte erzählen willst*, hast du gute Chancen, die Aufmerksamkeit der anderen zu gewinnen.

Ich rede hier vom Identitätsgerangel, weil es schon immer unterschiedliche Auffassungen von Identität gegeben hat. An einem Ende des Kontinuums gilt sie als festgelegt; am anderen wird sie als ein Konstrukt betrachtet, das sich fortwährend weiterentwickelt. Obwohl jeder Mensch nachweislich über eine spezifische neurologische Grundstruktur verfügt – ein bestimmtes Temperament und bestimmte Basiskompetenzen oder Denkmuster –, ist auch belegt, dass sich manches im Verlauf des Lebens verändert.

Unsere soziale Identität oder Selbstidentität ist mit Sicherheit das Ergebnis eines Wechselspiels zwischen beidem: wie wir geboren wurden und wie wir uns verändern. Manche Leute behaupten: »So bin ich nun mal.«

Aber das stimmt vermutlich nicht.

Das Großartige aber ist, dass du von nun an das Heft in der Hand hast. Du hast den Stift bzw. die Computertastatur, um das Drehbuch zu schreiben. Du hältst das Megafon, denn du bist der Regisseur deiner Geschichte. Und du entscheidest, wie viel oder wie wenig du den anderen erzählst.

Du könntest zum Beispiel sagen: Ich bin in einem bestimmten sozialen Umfeld geboren und aufgewachsen, mit diesen oder jenen Neigungen und Motivationen. Vielleicht habe ich als Kind nicht die Aufmerksamkeit erhalten, die ich gebraucht hätte. Deshalb habe ich mich zu einer Art Performancekünstler entwickelt und gelernt, meine Kommunikationsfähigkeit, Kreativität und Führungsqualitäten zu nutzen. Aufmerksamkeit brauche ich noch heute. Ich muss nach wie vor das Gefühl haben, auf einem Gebiet wirklich gut zu sein, aber ich bin jetzt in der Lage, bei der Umsetzung dieser Bedürfnisse andere Wege zu gehen, weil ich jetzt über die entsprechende Entscheidungsfreiheit und Autonomie verfüge.

Richtest du deinen Blick von der Vergangenheit in die Gegenwart und von dort aus in die Zukunft, kannst du mitunter Möglichkeiten entdecken, wie du dir in diesem nächsten Kapitel dein Leben gestalten, wie du arbeiten und wie oder wer du sein willst. Mag sein, dass du einige Optionen auf Anhieb vor dir siehst. Manch anderes schält sich vielleicht erst allmählich heraus, und du musst erst eine Vision von deiner Zukunft entwickeln. Womöglich musst du eine Reihe von Varianten durchspielen, bevor du dir sie wirklich vorstellen kannst, statt dich auf ein abstraktes, festgefügtes »Demnächst« zu fokussieren. Eine gute Möglichkeit ist, viele denkbare Szenarien zu visualisieren: dass du in einem bestimmten Viertel oder an diesem oder jenem Ort lebst; deine Freizeit anders gestaltest, zum Beispiel dass du wandern oder an den Strand gehst; dass du Pferde züchtest oder unterrichtest oder dich in einer gemeinnützigen Organisation engagierst. Schreib dir eine Liste mit den verschiedensten Möglichkeiten. Notiere dir zu jeder ein paar Stichpunkte.

In der Phänomenologie spricht man hier von *imaginierten Variationen.*

Warum? Weil du dir die möglichen Zukunftsmomente, die dir plausibel und erstrebenswert erscheinen, (manchmal) bildlich ausmalen oder sie entwickeln musst. (Du bist schließlich Autor deines Drehbuchs!) Dies ist nur von Vorteil. Inzwischen verstehst du ja bestimmt schon etwas besser, was dich innerlich antreibt, welche Kompetenzen, Menschen und Orte du dir für die Gestaltung deines Berufs- und Privatlebens wünschst.

Natürlich betreiben wir hier kein sozialwissenschaftliches Experiment. Es geht um dein Leben. Doch das Arbeiten mit imaginierten Variationen hilft dir, eine Vorstellung davon zu gewinnen, was sein könnte. Deshalb lohnt es sich, ausgehend von der Gegenwart, dem fast noch Gegenwärtigen, der nahen und fernen Vergangenheit Variationen dessen zu entwerfen, wie sich dein Weg logisch fortsetzen könnte, um deiner Geschichte Relevanz, Prägnanz und Plausibilität zu verleihen.

EINE FALLSTUDIE

Einer meiner Klienten beschloss während seines vormedizinischen Semesters, in einen MBA-Studiengang zu wechseln. Heute ist er Topmanager in einem Pharmakonzern.

Als wir an seiner Geschichte zu arbeiten begannen, erklärte er: »Ich habe keine Ahnung, wie ich zur Sprache bringen soll, dass mein Vater Arzt war. Es würde doch so klingen, als würde ich der ganzen Ärzteschaft die Füße küssen.«

Er hatte also bisher allen Ärztinnen und Ärzten, mit denen er zu tun hatte, den Beruf seines Vaters verschwiegen, weil er nicht wusste, wie er diese Information an die Frau und an den

Mann bringen sollte. Er war nicht in der Lage, sie in eine relevante, prägnante und plausible Geschichte einzubauen. Welche Bedeutung hatte sie überhaupt für seine Story? Er hatte schließlich das Medizinstudium aufgegeben und war in die Pharmabranche gewechselt, aber wie und warum das eine zum anderen führte, war ihm nicht bewusst.

Ihm war klar, dass irgendeine Verbindung zwischen seiner aktuellen beruflichen Tätigkeit und dem medizinischen Background seiner Familie bestand, aber ihm fehlten die Tools, um herauszufinden, worin diese bestehen könnte.

Deshalb gingen wir den Ablauf noch einmal zusammen durch. Dabei kam er zu dem Schluss: »Okay, jetzt wird mir klar, dass ich die Herausforderung liebe, schnelle Problemlösungen zu finden und Ergebnisse zu liefern. Bist du Arzt, dauert es ziemlich lang, bis du am Ziel bist. Es gefällt mir, dass ich aufgrund meines MBA-Studiums in der Lage bin, Impulse in der Medizin zu setzen. In meinem Job kann ich weiterhin mit Leuten zusammenzuarbeiten, die von ihrem Denken her meinem Vater gleichen, kann aber als Führungskraft bei einem Arzneimittelhersteller direktere Resultate bewirken. Dass ich die Möglichkeit habe, Medikamente zeitnah auf den Markt zu bringen, entspricht wohl eher meiner Neigung. Meine Motivation ist also, Führungs- und Organisationsqualitäten in meine Arbeit einzubringen.

»Ich verstehe die sachlichen Zusammenhänge und kann mit meiner Arbeit jeden Tag etwas voranbringen. Gleichzeitig unterstütze ich die Forschung mit klinischen Studien, um neue Präparate auf den Markt zu bringen, denn hier sind meine Organisations- und Führungsfähigkeiten gefragt.«

Nachdem er diesen Zusammenhang in seiner Geschichte herausstellte, zeigten sich die Leute auf einmal beeindruckt. Sie wussten jetzt, dass er über medizinisches Fachwissen verfügte und aus einer Medizinerfamilie stammt. Er hatte gelernt, sich im Vorstellungsgespräch gut zu verkaufen, und zog schließlich seinen Wunsch-Job an Land. Er ist heute für ein Start-up-Unternehmen im Pharmabereich tätig, das für Veränderungen und raschen Wandel steht. Arbeit als reinen Broterwerb zu betrachten ist für ihn definitiv vorbei.

AUF DER FALSCHEN SEITE DES GESETZES

Das PeakStorytelling zielt unter anderem darauf ab, bestimmte Teile deines Lebens, die zunächst nicht zusammenzuhängen scheinen, so logisch in deine Geschichte einzufügen, dass diese an Relevanz, Prägnanz und Plausibilität gewinnt.

Hier ein anderes Beispiel: Ich hatte einen Studenten, der eine Gefängnisstrafe verbüßt hatte. An einem Abend – er hatte seinen Collegeabschluss gerade in der Tasche – gönnte er sich ein paar Cocktails zu viel und beschloss, einen Streifenwagen umzuparken. Keine gute Idee, schon gar nicht für einen Schwarzen einer überwiegend weißen Stadt in Neuengland.

Eine echte Schnapsidee.

Und nun wollte dieser junge Mann ausgerechnet einen Job haben, in dem er andere Leute beraten und unterstützen sollte, noch dazu am College.

Wie sollte er das in seiner Story unterbringen?

Als wir seine Geschichte systematisch durchgingen, stellte sich heraus, dass er eine Forschernatur war und in seiner Neugier oft zu weit ging. Es fehlten ihm die Leitplanken, um ihn auf Kurs zu halten. Durch unseren Prozess gelangte er zu der Erkenntnis:»Mein Drang, an meine Grenzen zu gehen, hat mir eine Menge Ärger eingebracht. Und das nur, weil ich das Prinzip des Rüttelstreifens nicht begriffen hatte. Er warnt dich, wenn du von der Bahn abkommst. Und genau das tat ich: Ich kam von der Bahn ab.«

Nachdem er diese Lektion begriffen hatte und seine Geschichte dementsprechend erzählen konnte, öffneten sich ihm die Türen. Heute setzt er sich auf nationaler Ebene für die Rechte von Häftlingen ein und hilft ihnen dabei, sich ihre beruflichen Qualifikationen zertifizieren zu lassen, etwa im Bereich Physiotherapie oder Gesundheitsvorsorge. In einem von der Strafvollzugsbehörde von Rhode Island in Zusammenarbeit mit der Roger Williams University veranstalteten Reintegrationskurs mit dem Titel *Pivot the Hustle* unterrichtet er außerdem bestimmte Techniken des Storypathing.

Er ist also genau da gelandet, wo er hinwollte: im Bildungssektor. Er steht jetzt tatsächlich als Lehrer vorne am Pult und weist anderen den Weg, wie er es sich immer gewünscht hat.

Übrigens habe ich diesen Kurs früher selbst geleitet, und bei der Gelegenheit haben wir uns kennengelernt.

Das Storypathing hat ihm nicht nur selbst den Weg geebnet, um vor Publikum zu reden, sondern ihm auch geholfen, in sich zu gehen und Bilanz seines Narrativs zu ziehen, einschließlich jener Momente, in denen ihn seine Kompetenzen in die Grenzüberschreitung trieben und aus der Bahn warfen.

Wenn die Kraft, die dich antreibt, dich im Graben landen lässt, musst du lernen, sie zu zügeln. Genau das hat er getan.

Die Arbeit an der eigenen PeakStory hat sich für Menschen in Haftanstalten als besonders effektiv erwiesen. Mein Kollege James Monteiro rief mit Fördergeldern einer gemeinnützigen Organisation, die von dem US-Sänger John Legend unterstützt wird, das *Reentry Campus Program* ins Leben. Mit Bildungsangeboten und Berufsberatung hilft es Häftlingen, sich fürs College oder eine berufliche Laufbahn zu qualifizieren. Das Peak-Storytelling erlaubt ihnen, ihr eigenes Narrativ und ihre formativen Erfahrungen zu verstehen – ihre heldenhaften, kollaborativen und virtuosen Momente. Auf dieses Weise lernen sie, nach ihrem eigenen Drehbuch zu leben, statt den aus den Geschichten anderer geborgten Motivationen zu folgen. Peak-Storytelling ist eine Methode, um in die Kraft der eigenen Geschichte zu finden und sich diese ein für alle Mal zu eigen zu machen. So wird es möglich, Bilanz der eigenen Fähigkeiten zu ziehen und diese gezielt einzusetzen, um wieder erfolgreich Fuß fassen zu können.

GAMECHANGER

Ob Topmanager in der Pharmaindustrie, Häftling, Schüler mit fremder Muttersprache oder Elite-Student – jeder, der das Programm bisher absolviert hat, konnte eine Möglichkeit finden, durch das Erzählen seiner Geschichte die eigene Identität in der realen Welt zum Ausdruck zu bringen.

Auch wenn es sich um einen inneren Prozess handelt, hat er auch Folgen im Außen.

Das Großartige ist, dass die Suche nach dem Zugang zur eigenen Erzählung nicht vom Zufall geleitet ist. Ganz im Gegenteil, sie erfolgt mit Methode. Das heißt, man kann sie lernen und weitervermitteln. Wir können auch dir zeigen, wie es geht.

Und genau das ist der Gamechanger – und zwar einer, der dir Türen öffnet: Plötzlich fließen Fördergelder für deine gemeinnützige Organisation, oder du bekommst den heiß ersehnten Job oder Studienplatz an deiner Wunsch-Uni. Übertragen auf die Welt der Stand-up-Comedy ist er entscheidend dafür, ob du die erste Reihe deines Publikums oder den ganzen Saal zum Lachen bringst. Der Schlüssel liegt in der emotionalen Verbindung, und die ist gegeben, wenn du alle mit deiner Botschaft erreichst.

SPONTANES FEEDBACK

Wenn du deine PeakStory erzählst, erlebst du plötzlich, was eine Feedbackschleife ist. Wer dir zuhört, reagiert unmittelbar.

Das mag für dich zunächst ungewohnt sein. Du kennst ein solches spontanes Feedback nicht, weil deine bisherigen Geschichten eher trocken waren und negative kognitive Skripte aktivierten. Sie klangen nicht viel anders als alle anderen Storys, die man sich in deinem Umfeld erzählt. Darum hielten sich die Reaktionen in Grenzen, weil wohl kaum einer dir ins Gesicht sagen würde: »Mm, nicht besonders interessant. Schon tausendmal gehört.«

Wenn du deiner Story dagegen deine ganz persönliche Note verleihst, gibst du ihr eine ganz eigene Prägung: Du drückst ihr deinen narrativen Stempel auf. Du trägst sie locker, souverän und mit einer Würde vor, die sich aus dem Bewusstsein speist, dass sie auf authentischen Erfahrungen und selbst erlebten Momenten basiert. Und diese realen Erlebnisse erweckst du zum Leben, indem du sie erst vom Kopf aufs Papier transferierst und sie dir schriftlich erarbeitest, bevor du damit vor dein Publikum trittst.

BEI DER WAHRHEIT BLEIBEN

Manche Aspekte unserer formativen Erfahrungen lassen uns womöglich nicht im besten Licht erscheinen. Besser nicht darüber reden, oder?

Lügen ist keine Option. Deine PeakStory erzählt die wahre Geschichte. Darum können andere sie ruhig hinterfragen, und du kannst sie aufrechten Hauptes vertreten. Statt Dinge zu vertuschen, kannst du den Ball flach halten. Bereiche, die nicht mit den Interessen deiner Zielgruppe übereinstimmen oder sich nicht gut in deine Story einfügen, hebst du einfach nicht hervor. Wenn ein Aspekt zu viel Gewicht gewinnt, frage dich, ob er in deiner positiven Identitätsbehauptung womöglich eher stört. Erinnerst du dich an einen Moment in deinem Leben, der wirklich spannend ist, aber auch seine Schattenseiten hat, kann es ratsam sein, nicht alle Details davon offenzulegen.

Kommen wir noch einmal auf das Beispiel meines Klienten zurück, der meinte, einen Streifenwagen umparken zu müssen. Er könnte sagen: »In meinem Leben hat es eine kurze Zeit gegeben, in der ich aus der Spur geraten bin und meine Grenzen ausgetestet habe. Ich habe mich ans Steuer eines Autos gesetzt, das mir nicht gehörte. Ich wollte mir nur einen Spaß erlauben und sehen, wie weit ich gehen konnte. Ich habe damals ziemlichen Ärger bekommen, weil keiner außer mir es lustig fand.« Er muss nicht unbedingt erklären, dass es sich um ein Polizeifahrzeug handelte, wenn er an einem hochkarätigen Meeting in Washington, D. C., teilnimmt, aber bei einem Vortrag vor Häftlingen könnte er es durchaus bringen. Das sind zwei völlig verschiedene Situationen.

Es geht also darum, zu erkennen, wann es angemessen ist, bestimmte blaue Punkte in unserer Erzählung hervorzuheben oder auszubauen, und wann wir den Ball eher flach halten sollten.

MOSAIKSTEINE ZUSAMMENFÜGEN

Wo wir gerade von blauen Punkten reden – vielleicht denkst du gerade: »Es gibt da etwas in meinem Leben, das ich gern erzählen würde, aber ich weiß nicht, ob es überhaupt in meine Geschichte passt.«

Nehmen wir eins meiner eigenen Beispiele: Wie kann ich die Tatsache, dass ich als Kind ständig auf dem BMX-Rad unterwegs war, unter einen Hut mit dem Fakt bringen, dass ich heute Professor bin. Ich muss also überlegen, ob zwischen beidem ein Zusammenhang besteht und inwiefern dieser heute noch relevant ist. Sobald ich den gefunden habe und anderen erklären kann, wird er akzeptiert.

In meinem Fall hat mein blauer »BMX-Punkt« mit Kreativität, dem Austesten von Grenzen und proaktivem Handeln zu tun – dem Wagen von Sprüngen. In meinem jetzigen Leben zeige ich anderen, wie man den Absprung schafft. Ich habe erkannt, dass ich darum schon als Kind Lehrer werden wollte. Wenn ich anderen diese Geschichte erzähle, zucken sie mit den Achseln, drehen die Handflächen nach oben und sagen: »Das ist mal wieder typisch für ihn. Er hat schon als kleiner Junge anderen Kindern das Fahrradfahren beigebracht.«

Jetzt bist du dran: Rufe dir eine Erfahrung ins Gedächtnis, die ganz eindeutig wichtig für dich war, einen blauen Punkt in deinem Leben. Und nun bringe sie in Verbindung mit deiner aktuellen Situation oder der nahen Zukunft – deinem Gipfel, deinem Peak.

Wenn wir unser Leben nach prägenden Erfahrungen durchforsten, werden wir je nach der Phase, in der wir uns gerade befinden, unterschiedliche Dinge entdecken. Aus unserer heutigen Perspektive verstehen wir das Geschehen wahrscheinlich in allen Nuancen, doch wir werden daraus auf unserem weiteren Weg noch mal andere Schlüsse und anderen Nutzen ziehen.

Kommen wir noch einmal zu meinem Beispiel mit dem Fahrradfahren zurück. Ich erzähle das Ganze *heute* nicht mehr so wie *früher.* Sage ich, dass es mir damals darum ging, mich mit meinen Freunden zu messen? Nein. Ich erwähne es nicht, weil mir dieser Aspekt aus heutiger Sicht unwichtig erscheint, da ich das Ganze inzwischen anders bewerte. Damals ging es mir darum, Pokale zu gewinnen. Jetzt geht es mir darum, anderen etwas beizubringen und zu den Ersten zu gehören, die etwas Neues schaffen oder wagen. Professor und Pionier, von Kindesbeinen an.

LERNVERWEIGERUNG

Es dauerte Jahrzehnte, bis mir aufgrund hautnaher Erfahrung als Lehrer in der betrieblichen Weiterbildung klar wurde, dass es in Unternehmen tatsächlich Mitarbeitende gibt, die kein Interesse haben, etwas Neues zu lernen. Sie wollen nur eins: ihre vorgeschriebene Stundenzahl absitzen, ihr Gehalt kassieren und dann schnellstmöglich ab nach Hause aufs Sofa.

Wirklich überraschend ist das nicht. Unternehmen und andere größere Organisationen sind Orte, an denen Menschen Funktionsbereichen zugeteilt sind. Sie erfüllen diese Funktionen, und irgendwann wird ihnen ihre Tätigkeit zur Routine. Vielleich würden sie sich gern stärker einbringen, werden aber nicht zu den Meetings eingeladen, in denen darüber entschieden wird, weil diese nicht in ihren Fachbereich fallen. Was völlig absurd ist für all jene, die motiviert sind und einen Beitrag leisten wollen. Wie im letzten Kapitel erwähnt, rangiert in der jüngeren Generation die Möglichkeit, sich persönlich einzubringen, auf der

Liste der Motivationsfaktoren vor der Höhe des Gehalts – doch bei vielen Unternehmen ist diese Botschaft nicht angekommen. Manche Firmen legen eine steile Lernkurve hin, die meisten aber nicht.

Organisationsstrukturen basieren heute immer noch überwiegend auf Aufgabenteilung und Segmentierung. Sie wurden in den Fünfziger- und Sechzigerjahren des vorigen Jahrhunderts eingeführt und haben sich bis heute erhalten. Bleibt zu hoffen, dass die Lektionen, die wir im Verlauf der COVID-Pandemie über Möglichkeiten des Fernlernens und Motivationstheorie gelernt haben, eine Veränderung bewirken. Wir werden sehen.

Aber alle Menschen wünschen sich die Gelegenheit zum Selbstausdruck und zum Aufbau sozialer Beziehungen. Wir streben nach Zugehörigkeit, Autonomie und Kompetenz.

Und wir möchten am Arbeitsplatz einen sinnvollen Beitrag leisten und dafür Anerkennung erhalten. Studien belegen, dass die meisten Mitarbeitenden während der ersten hundert Tage in einer neuen Stellung eine Möglichkeit finden, sinnvolle Aufgaben zu übernehmen. Aber dann war's das. Danach ist ihre Rolle im Unternehmen festgeschrieben. Ein Wechsel ist zwar immer noch möglich, aber es kostet viel mehr Mühe, die Rolle und das Bild zu verändern, das andere sich von einem nach den ersten hundert Tagen im Unternehmen gemacht haben.

DU BIST DRAN

Viele Menschen landen in einem sozialen Umfeld, in dem sie nie aufgefordert werden, ihre Geschichte zu erzählen, oder die Chance zur positiven Selbstdarstellung erhalten. Es gibt keine Signale, die ihnen sagen würden: »Jetzt bist du dran.«

Du brauchst nicht zu warten, bis du eingeladen wirst. Alle fragen sich schon lange, wer du bist. Die Leute, mit denen du zusammenarbeitest. Die Leute, denen du zum ersten Mal begegnest. In allen Begegnungen schwingt die Einladung mit: »Erzähl mal, wer du bist.« Wenn andere dir also zubilligen, ein bisschen was von dir zu erzählen, warum tust du es nicht? Klinke dich nicht aus. Klinke dich ein.

Ich weiß, dass du in der Lage bist, die Schlüsselmomente deines Lebens zu identifizieren und zu deuten. Du brauchst keinen Abschluss in Phänomenologie, Psychologie, Sozialwissenschaften, Philosophie oder was auch immer zu haben. Ja, du brauchst noch nicht einmal mich, sobald ich dir gezeigt habe, wie es geht.

Ich weiß es, weil ich miterlebt habe, wie es funktioniert. Immer wieder war ich dabei, wie Leute auf einen Schlüsselmoment in ihrem Leben stießen und sich Gedanken darüber machten und anfingen, sich die entscheidenden Fragen zu stellen. Bis sie schließlich sagten: »Ach deshalb taucht dieses Thema immer wieder bei mir auf. Ich habe es bisher nie begriffen.«

Aber jetzt begreifen sie es.

Und genau um diesen Prozess geht es im nächsten Kapitel. Wie wichtig das Erzählen ist und welche hervorragenden Ergebnisse man mit der eigenen PeakStory erzielt, haben wir gesehen. Nun ist es Zeit, die Methode Schritt für Schritt unter die Lupe zu nehmen.

Würden wir in einem Rennwagen sitzen, würden wir jetzt den 5-Punkt-Sicherheitsgurt anlegen. Wir werden manchmal abseits von befestigten Straßen fahren, aber keine Angst, es kann dir nichts passieren. PeakStory ist geländetauglich. Dein Schreibzeug hast du parat? Jetzt wird's ernst.

Auf die Plätze, fertig, los.

ÜBUNG: EIN SYMBOL AUSPACKEN

In dieser Übung geht es darum, deine Geschichte aus der Warte des symbolischen Interaktionismus zu betrachten.

Interaktionismus ist die wissenschaftliche Bezeichnung für etwas, das wir alle ganz automatisch tun. Wir weisen Objekten, die in Verbindung mit bestimmten Ereignissen oder Phasen unseres Lebens stehen, eine bestimmte Bedeutung zu, zum Beispiel einem Souvenir, das wir von einer Reise mitgebracht haben, oder dem Softball, den wir seit der zweiten Schulklasse aufbewahren. Wir geben diesen Dingen eine Bedeutung, die eng mit unserer Identität verknüpft ist.

Und das üben wir nun.

Sieh dich dort um, wo du gerade sitzt und liest. Vielleicht in deinem Arbeitszimmer, einem Wartezimmer oder öffentlichen Verkehrsmittel.

Wähle einen Gegenstand aus, der dich mehr anspricht als alle anderen ringsum. Ich weiß, dass es sich um ein lebloses Objekt handelt. Keine Sorge, ich werde dich hier nicht auffordern, ihm eine Stimme zu geben. Du sollst dich nur umsehen und nach einem Objekt Ausschau halten, das deine Identität repräsentieren könnte. Überwinde deinen inneren Widerstand und lass dich auf diese Interaktion ein.

Vielleicht fällt es dir leicht. Vielleicht musst du dir selbst erst etwas zureden. Bleib dran. Gib nicht auf.

Wähle ein Objekt aus. Ist es ein Ventilator? Ein Mikrofon, eine Armbanduhr, eine Lampe, das Bild eines Manns, der einen Fisch am Haken hält, ein Sportgerät, eine Post-it-Notiz?

Ein Plakat? Ein eingerahmtes Diplom? Ein Drucker im Büro? Ein Lautsprecher? Ein Glas? Ein Kaffeebecher? Ein Rucksack? Ein Schlips? Ein Schlüsselanhänger? Eine alte Autozeitschrift?

Super. Du hast es gefunden. Siehst du, wie einfach das war? Jetzt gehen wir einen Schritt weiter.

Lass deine Gedanken wandern an irgendeinen Ort außerhalb des Raumes, in dem du dich befindest. Schließe die Augen und wähle ein Objekt aus, das dich in deiner Identität repräsentiert und mit einer wichtigen Phase deines Lebens verknüpft ist, sagen wir zwischen null und dreizehn Jahren. (Okay, an dein nulltes Lebensjahr kannst du dich vermutlich nicht erinnern.) Entscheide dich für einen Gegenstand, der allen Leserinnen und Lesern dieses Buchs verrät, wer du wirklich bist.

Was andere bei dieser Übung gewählt haben: einen Ball, Wanderschuhe, ein Schach- oder Dame-Brett, ein Kartenspiel. Für mich ist das Fahrrad ein wichtiges Symbol, weil es mir meine Freiheit schenkte. Ich konnte aus dem Haus. Ich konnte auf Forschungstour gehen. Ich konnte mich mit anderen messen und Leuten, die größer waren als ich, zeigen, was ich draufhatte.

Vielleicht fallen dir mehrere Dinge ein, aber beschränke dich auf eines. Sei nett zu dir, mach es dir leicht.

Und jetzt packst du dein Symbol aus. Frage dich, warum du es ausgewählt hast. Was hat dich dazu bewogen? Welche Assoziationen ruft es wach? Wofür steht es? Kannst du dich an eine Zeit erinnern, zu der es mehr Bedeutung für dich besaß und enger mit deinem Leben verknüpft war? Wann hast du begonnen, dieses Objekt als Teil deines Lebens zu betrachten? Wann hast du es das erste Mal bewusst wahrgenommen? Wenn du dich in die Vergangenheit dieses Objekts zurückversetzt, was siehst du? Inwieweit ist das heute noch relevant?

Bingo! Geschafft. Die Übung ist einfach, weil wir in einer physischen Welt leben und Symbole uns helfen, Erinnerungen in uns wachzurufen. Gegenstände, Objekte und Symbole hat es schon gegeben, bevor es Worte gab, und sie erleichtern es uns, uns bedeutsame Erfahrungen und Möglichkeiten des Selbstausdrucks ins Gedächtnis zu rufen.

Notiere in deinem Tagebuch, welches Symbol du gewählt hast. Manche zeichnen oder beschreiben es und halten danach die Fragen und ihre Antworten darauf schriftlich fest.

In unserer heutigen schnelllebigen haben wir oft nur einen losen Bezug zu den Dingen, die wichtig für uns sind. Erst wenn wir einen Gang zurückschalten, erkennen wir, in welcher Verbindung sie zu den Ereignissen stehen, die zu unserem Identitätsgefühl beigetragen haben. Wenn du genauer hinschaust, könntest du hier wertvolle Anregungen für deine PeakStory finden.

Und schon hast du dich ein Stück geöffnet. Danke fürs Mitmachen!

4. KAPITEL

PEAKSTORY – ERZÄHLEN MIT METHODE

»Die Erfahrung an sich ist keine Wissenschaft.«

EDMUND HUSSERL

Wenn wir plötzlich aufgefordert werden, von uns zu erzählen, zögern wir oft. Wir spüren, wie wir innerlich über eine Schwelle stolpern, und merken, wie unser Hirn auf Hochtouren nach passenden Erinnerungen sucht. Wir versuchen, eine davon zu greifen zu bekommen, die für unser Gegenüber relevant sein könnte, aber der Druck ist einfach zu groß. Zwar kennst du dein Leben in- und auswendig – es ist schließlich *dein* Leben –, aber du hast dir nie die Zeit genommen, die Momente herauszufiltern, die am aussagekräftigsten sind. Dein Gehirn erleidet eine Art Kernschmelze, wenn du so unvermittelt auf den Plan treten und dein ganzes Leben in kürzester Zeit auf den Punkt bringen sollst.

PeakStorytelling kann dich aus dieser Zwickmühle befreien.

Die Methode bereitet dich optimal vor, sodass du, wenn es darauf ankommt, eine gute Geschichte zu erzählen hast, die zeigt, wer du in diesem Augenblick bist oder demnächst sein wirst.

WAS IST ERZÄHLENSWERT?

Es ist wichtig zu wissen, dass es eine bestimmte Hierarchie der Erfahrungen gibt, denn manche haben mehr, andere weniger Gewicht. Gelingt es dir, die entscheidenden Momente in deinem Leben zu identifizieren, zu erforschen und miteinander zu verbinden, wird daraus eine aussagekräftige Geschichte, die bei entsprechender Präsentation – und genau das ist ja das Ziel: sie dort draußen in der realen Welt zu erzählen – ein überzeugendes Bild von dir zeichnet. Und was du vorträgst, klingt für dich als Erzählenden ebenso lebendig wie für die, die dir zuhören.

Es gibt so viele Geschichten. Wie sollen wir die alle in eine hierarchische Ordnung bringen?

Die gute Nachricht: Es gibt seit den 1940er-Jahren ein Modell, das uns hier wertvolle Hilfe leistet.

DIE MASLOWSCHE BEDÜRFNISHIERARCHIE

Wer je einen Psychologiekurs besucht hat, kennt den Namen Maslow. Für alle, die ihn nicht kennen: Der Mann hat die menschlichen Bedürfnisse und Motivationen erforscht und sein Lebenswerk in einem Modell auf den Punkt gebracht, dem er seine Berühmtheit verdankt – der maslowschen Bedürfnispyramide.

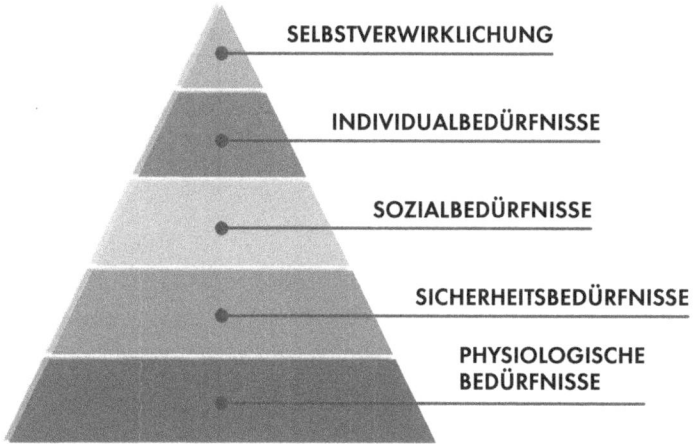

BEDÜRFNISHIERARCHIE
nach Abraham Maslow

SELBSTVERWIRKLICHUNG

INDIVIDUALBEDÜRFNISSE

SOZIALBEDÜRFNISSE

SICHERHEITSBEDÜRFNISSE

PHYSIOLOGISCHE
BEDÜRFNISSE

Nach Maslow ist der Mensch von der Motivation getrieben, in seinem Handeln und Fühlen Mensch zu sein. Er hat fünf Ebenen von Bedürfnissen definiert, die sich der Einzelne erfüllen muss, um zufrieden zu sein, von grundsätzlichen Dingen wie dem Bedürfnis nach Nahrung und Obdach, die die unterste Ebene der Pyramide bilden, hin zu den höheren Bedürfnissen, etwa nach Selbstverwirklichung.

Stell dir vor, man würde dich mitten in der Wildnis auf unbekanntem Terrain absetzen, wie es den Teilnehmerinnen und Teilnehmern mancher TV-Reality-Shows ergeht. Dein erster Gedanke wäre mit Sicherheit nicht, Freundschaften zu schließen. Du würdest nach Nahrung und Wasser suchen. Das sind die physiologischen Bedürfnisse an der Basis der maslowschen Pyramide: essen, trinken usw. Danach folgen diverse Sicherheitsbedürfnisse: ein Dach über dem Kopf, Schlaf und Sicherheit. Du brauchst Schutz vor den Elementen. Du brauchst Ruhe. Du brauchst das Gefühl, sicher und geborgen zu sein.

Auf Maslows dritter Stufe sind die Sozialbedürfnisse angesiedelt. Vielleicht erinnerst du dich daran, wie du während deiner Schulzeit einmal das Gefühl hattest, nicht dazuzugehören; oder als du eine neue Stelle angetreten oder zum ersten Mal den Uni-Campus betreten hast. Kein gutes Gefühl, alleine und noch nicht Teil der Gruppe zu sein.

Nach Maslow nehmen wir erst dann die externalisierten, sprich nach außen verlagerten Sozialbedürfnisse in den Blick, beispielsweise das Bedürfnis nach Zugehörigkeit, wenn unsere grundlegenden physiologischen Bedürfnisse erfüllt sind. Nach dem Zugehörigkeitsbedürfnis kommen internalisierte, das heißt innere Bedürfnisse, zum Beispiel nach Selbstachtung und Selbstrespekt. An der Spitze der Pyramide, auf der fünften Ebene, steht die intellektuelle Befriedigung, bei der es im Wesentlichen darum geht, unser Potenzial voll auszuschöpfen, oft durch Moralität, Spiritualität und Kreativität.

DIE PEAKSTORY-ERZÄHLHIERARCHIE

Maslows Modell lässt die unterschiedlichsten Auslegungen zu, aber drei der von ihm genannten Ebenen erscheinen mir wesentlich: die physiologischen und Sicherheitsbedürfnisse, die Sozialbedürfnisse und die Selbstverwirklichung.

Sie bilden die Grundlage für die PeakStory-Erzählhierarchie. Du kennst sie bereits: Heldenmoment, kollaborativer Moment und virtuoser Moment.

Bei der Rückschau auf dein Leben lernst du – nicht wir, nicht ich, nicht Dr. Irgendwer, sondern *du selbst* –, dir aus jeder dieser drei Ebenen Erfahrungen herauszugreifen, die für einen bestimmten Aspekt deiner Geschichte von Belang sind. In der Übung am Ende dieses Kapitels wirst du diese Momente auswählen, die ich – du erinnerst dich – als *blaue Punkte* bezeichne.

DIE PEAKSTORY-MAP

Schauen wir uns nun die PeakStory-Map an. Sie dient dir als Landkarte und zeigt nicht nur die drei Hierarchieebenen, sondern ist in vier Felder unterteilt, die den verschiedenen Rollen entsprechen, die du im Leben einnimmst:

- im Bereich von Arbeit und Ausbildung: Studierender, Firmenchefin, Teamleiter
- im Bereich von Familie und Freundeskreis: Vater/Mutter, Kümmerer und Betreuer, Partner/Partnerin
- im Bereich Freizeit und Hobbys: Sportlerin, Sammler, Künstlerin
- im Bereich Spiritualität und Natur: Mediatorin, Denker, Gläubige

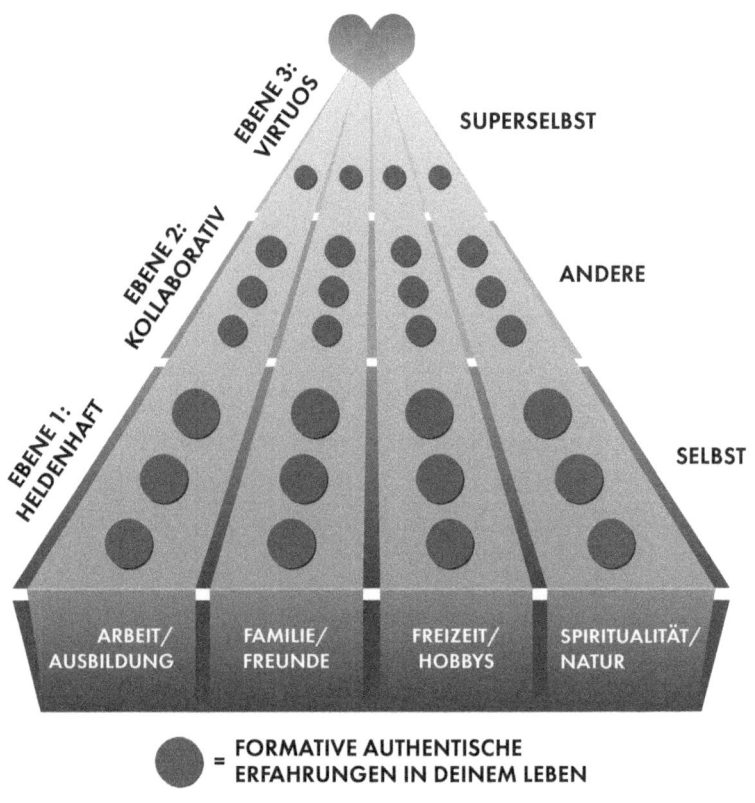

EBENE 3:
VIRTUOS

EBENE 2:
KOLLABORATIV

EBENE 1:
HELDENHAFT

SUPERSELBST

ANDERE

SELBST

| ARBEIT/ AUSBILDUNG | FAMILIE/ FREUNDE | FREIZEIT/ HOBBYS | SPIRITUALITÄT/ NATUR |

● = **FORMATIVE AUTHENTISCHE ERFAHRUNGEN IN DEINEM LEBEN**

Die PeakStory-Map dient dazu, dir beim Identifizieren und Sortieren deiner blauen Punkte zu helfen – der Momente in deinem Leben, von denen du in deiner Geschichte erzählst. Wie du sie findest, erfährst du in der Übung am Ende dieses Kapitels, also hab noch etwas Geduld. Lass mich zuerst erklären, wie sie aneinandergefügt werden, sodass sich daraus deine Peak-Story ergibt.

Jedes Mal, wenn du einen blauen Punkt findest, ordnest du ihn der entsprechenden Ebene und den Feldern zu. Die Peak-Story-Map bildet dein Leben schematisch in seiner Vielschichtigkeit ab, und so nutzen wir sie auch zur Einordnung der blauen Punkte. Zerbrich dir nicht den Kopf darüber, wie viele Momente es sein sollten; suche einfach nach Erfahrungen, die dich geprägt haben. Mach dir auch keinen Stress damit, welchem Feld du sie zuweist – Arbeit/Ausbildung, Familie/Freunde, Freizeit/Hobbys oder Spiritualität/Natur. Du kannst später immer noch darauf zurückkommen und sie so kombinieren, dass du zu gegebener Zeit eine überzeugende, relevante Geschichte zu erzählen hast.

Alles, was du an Erlebnissen und Erfahrungen sammelst, in ein Gesamtbild einzufügen – darum geht es in diesem Prozess. Manchmal kann deine Rolle als Vater viel über dich aussagen, wenn du als Führungskraft dafür zuständig bist, neue Mitarbeitende im Unternehmen unter deine Fittiche zu nehmen und einzuarbeiten. Was du während eines Campingurlaubs erlebt hast, kann, wenn du in einer Großstadt studierst, darüber Aufschluss geben, was Gemeinschaft und Zusammenarbeit für dich bedeuten. Auch wenn die Map in verschiedene Felder gegliedert ist, bedeutet das nicht, dass du deine Geschichte auf einen bestimmten Zweck hin zuschneiden würdest.

GESCHICHTEN EINORDNEN

Früher war ich sowohl als Unternehmensberater und Karrierecoach als auch in der wissenschaftlichen Forschung tätig, und es gab Überschneidungen zwischen diesen Bereichen. Ich beriet Studierende und Klienten gleich welchen Alters, und mir fielen immer wieder die Querverbindungen auf, die es zwischen ihren in den verschiedenen Rollen erlebten Erfahrungen gab – so wie bei mir ein Zusammenhang bestand zwischen meinen Erfahrungen als Jugendlichem, der anderen Kunststücke auf dem

BMX-Rad beibringt, und meiner späteren Lehrtätigkeit an der Uni. Ich suchte darum nach Möglichkeiten, um diese gelebten Erfahrungen besser zu verstehen und in einen Gesamtkontext zu stellen, und dabei kristallisierten sich drei Kategorien von Storys heraus: Heldengeschichten, kollaborative Geschichten und virtuose Geschichten.

HELDENGESCHICHTEN

In meiner Beratungsarbeit half ich meinen Klientinnen und Klienten, von Momenten zu erzählen, in denen es ihnen gelungen war, Hindernisse zu überwinden. die Protagonisten dieser Geschichten hatten alle etwas Heldenhaftes. Ich hatte das Gefühl, dass es sich hier um die Storys aller Storys handelte, die jeder von uns gerne hört und selbst erzählen möchte, weil jeder früher oder später selbst einen solchen Moment erlebt und sie von der menschlichen Fähigkeit zeugen, schwierige Situationen zu bewältigen und durchzustehen. Sie repräsentieren Stärke, Charakterfestigkeit und Durchhaltevermögen. Sie verleihen einer Person Glaubwürdigkeit.

Eine Heldengeschichte legt Zeugnis von deinem Leben auf der Erde ab – von dir als einem Individuum, das in allererster Linie für seinen Selbsterhalt verantwortlich ist. Auch du wirst zur Heldin, zum Helden, wenn du ein Hindernis überwindest. Es ist nicht unbedingt nötig, dass du dabei einen anderen zu retten versuchst. Der Mythologie-Experte Joseph Campbell weist darauf hin, dass die herausragenden Geschichten der Literatur üblicherweise als Heldenreise aufgebaut sind, aber man muss weder literarische noch Filmfigur sein, um zur Heldin, zum Helden zu werden.

Hier ein paar Beispiele für Heldengeschichten:

- Wie du einen Unfall mit schmerzhaften Folgen bewältigst.
- Wie du eine fachliche Kompetenz erwirbst.
- Wie du ins Ausland gehst und gezwungen bist, zum Beispiel Japanisch zu lernen.
- Wie du eine Scheidung überwindest.
- Wie du mutig die Wahrheit sagst, während alle anderen schweigen.
- Wie du dich mit einem neuen Lebensumfeld arrangierst.
- Wie du einen körperlichen Kraftakt vollbringst.
- Wie du dich gegen Mobbing wehrst.
- Wie du loslässt, statt dich am Status quo festzuklammern.

Fühlt sich ein Mensch in den grundlegenden Elementen seiner Existenz bedroht, wächst er über sich selbst hinaus, um sein Überleben zu sichern. Heldengeschichten werden folglich der untersten Ebene der PeakStory-Map zugeordnet, entsprechend der untersten Stufe der maslowschen Hierarchie.

KOLLABORATIVE GESCHICHTEN

Wenn wir uns nie als heldenhaft erweisen, ist die Wahrscheinlichkeit geringer, zu einer kollaborativen Erfahrung eingeladen zu werden. Ohne einen Nachweis von Charakterfestigkeit, Durchhaltevermögen und Mut will keiner mit uns zusammenarbeiten. Trotzdem bringen manche gleich eine kollaborative Geschichte, ohne vorher eine Heldengeschichte zu teilen. Das ist so, als würde man Maslows erste und zweite Ebene überspringen und gleich zur dritten kommen.

Wenn du sofort mit der kollaborativen Geschichte beginnst, fehlt ihr das Fundament. »Oh ja, ich habe Erfahrung im Finanzmanagement. Wir waren ein super Team.« Das sind bloße Worte. Es geht ihnen die Glaubwürdigkeit ab. Deshalb ist es wichtig, immer mit einer Heldengeschichte anzufangen.

Wenn du zuerst beschreibst, wie du am College Finanzwesen studiert oder jeden Abend nach Geschäftsschluss im Laden deiner Eltern die Tageseinnahmen abgerechnet hast, fällt mein Urteil ganz anders aus: »Das ist mal ein Mensch, der Biss und Durchhaltevermögen hat. Er kann sich an unterschiedliche Arbeitsumgebungen anpassen und hat bewiesen, dass er mit anderen zusammenarbeiten kann. Der hat wirklich was zu bieten.«

In meinen Forschungen hat sich immer wieder bestätigt, dass kollaborative Geschichten eine Hierarchieebene über den Heldengeschichten anzusiedeln sind, was bei Maslow der Ebene der Sozialbedürfnisse entspricht. Es besteht jedoch ein Unterschied zwischen dem Gefühl der Zugehörigkeit, das bei Maslow im Vordergrund steht, und einer kollaborativen Zusammenarbeit. Wenn jemand sagt: »Ich arbeite bei Firma XY. Wir sind mit unserem Produkt oder unserer Dienstleistung marktführend«, sagt das noch nichts über die Qualität der Zusammenarbeit aus. Um daraus eine kollaborative Geschichte zu machen, braucht es eine Gabe zur Kommunikation und Organisation sowie eine Form von Offenheit, die anderen zeigt, was du denkst, und sie zum Zuhören bringt.

Wenn jemand keine Ahnung von den fachlichen Zusammenhängen hat, es ihm an Organisationstalent mangelt oder er anderen im Team auf die Zehen tritt oder sie zu kontrollieren versucht, ist sein Verhalten nicht kollaborativ, sondern aggressiv.

Die Phase der Zugehörigkeit und kollaborativen Zusammenarbeit, also die mittlere Ebene der PeakStory-Map, erfordert ein aktives Zugehen auf andere, um gemeinsam mit ihnen ein Ziel zu realisieren, ob es sich um ein schulisches Projekt, die Aufstellung eines Business- oder Marketingplans oder die Entwicklung einer Strategie für eine gemeinnützige Organisation handelt. Vielleicht geht es auch einfach nur darum, die bestmögliche Betreuung für deine betagten Eltern zu finden, statt einfach zu sagen: »Wieso ich? Darum kümmert sich doch meine große Schwester.«

Kollaborative Erfahrungen rücken die Menschen stärker in unser Bewusstsein, mit denen wir gern zusammenarbeiten – und selbst im Umgang mit jenen, mit denen wir weniger gern zu tun haben, lernen wir, wie Zusammenarbeit funktioniert. Wie wir in der Vergangenheit mit anderen zusammengearbeitet haben, dient denen, die in Zukunft mit uns zusammenarbeiten oder Projekte mit uns durchführen möchten, als Bewertungsmaßstab. Und wir spüren dabei auch, an welchen Stellen sich unsere Fähigkeiten noch verbessern ließen.

VIRTUOSE GESCHICHTEN

Blaue Punkte auf der kollaborativen Ebene ebnen uns den Weg zur Spitze der PeakStory-Map. Wenn sich Heldenmoment, kollaborativer Moment und ein potenzieller künftiger Moment verbinden, schauen wir später gern zurück und denken: *»Ich liebe diesen Aspekt meiner Arbeit, diese Aktivität, diese Begegnung. Das hat sich super angefühlt! Wenn es mir bloß möglich wäre, genau das immer wieder zu tun, könnte ich mehr ich selbst sein.«* Meist ist dieses Gefühl ebenso flüchtig wie der Duft von Kaffee am Morgen.

Für einen kleinen Augenblick flackert das Bild der besten Version von uns selbst vor uns auf oder von dem Ort, an dem wir gern leben würden, auch wenn der vorerst noch nicht in greifbarer Nähe ist.

Andererseits machen uns solche Momente aber auch bewusst, was wir eben nicht tun wollen, sodass wir uns freier fühlen, uns für das zu entscheiden, was uns wirklich interessiert.

Die Punkte auf deiner PeakStory-Map zeigen, welche Hindernisse du auf der untersten Ebene überwinden musstest, um zur Heldin, zum Helden deiner Geschichte zu werden. Die dabei bewiesene Fähigkeit, Herausforderungen zu meistern, hat dir Gelegenheiten zu fruchtbaren oder auch schwierigen Kooperationen eröffnet und dir ein Gefühl von Zugehörigkeit zu anderen Menschen gegeben. Dadurch hast du dir die Möglichkeit erschlossen, deine Fühler in die Zukunft auszustrecken und deinen virtuosen Moment zu erleben – dein Gipfel- oder Peak-Erlebnis.

Wie bei Maslow sind die einzelnen Ebenen auch hier hierarchisch angeordnet: Selbst. Andere. Superselbst.

DER WEG NACH OBEN

PeakStorytelling hilft uns, die Momente in unserem Leben zu identifizieren, die uns an die Spitze der Pyramide bringen, hin zur virtuosen Ebene, die für die beste zu verwirklichende und ethisch höchste Version von uns selbst steht. Wir verleihen unserer Kommunikation eine ganz persönliche Note, um die wahre Geschichte unseres Lebens erzählen und auch im beruflichen Kontext mehr wir selbst sein zu können. Allein die Tatsache, dass wir über die einzelnen Stationen unserer Peak-

Story bis zu dem Ort gegangen sind, an dem wir momentan stehen, zeigt dem Zuhörenden, wozu wir fähig sind und was wir leisten können und dass wir über eine gewisse Expertise verfügen.

Deine PeakStory erklärt, wie du aufgrund von bewussten, willentlichen, frei getroffenen Entscheidungen exakt an die Stelle gelangt bist, wo du gerade bist, sei es an einem Ort, in einem Job oder bestimmten Studienfach. Oder dass du zumindest in einer imaginierten Variation deiner Geschichte dorthin gelangen wirst.

Deine PeakStory beschreibt einen Prozess, der sich allmählich entfaltet. Der Heldenmoment ereignete sich in der Vergangenheit, meist vor dem dreizehnten Lebensjahr. Der kollaborative Moment liegt, je nachdem, wie alt du bist, in der jüngeren oder ferneren Vergangenheit bzw. der aktiven Gegenwart. Der virtuose Moment weist in die nahe Zukunft und beschreibt das imaginierte Ziel deiner Reise. In einem Buch wäre es das Kapitel mit der Überschrift »Ausblick«; man könnte auch sagen, die kommende Staffel von Episoden aus deinem privaten oder beruflichen Leben.

DIE VIER FELDER

Werfen wir noch mal einen Blick auf die PeakStory-Map und schauen wir uns die vier Felder an, in die wir unsere Erfahrungen je nach Bereich einordnen werden: Arbeit/Ausbildung, Familie/Freunde, Freizeit/Hobbys, Spiritualität/Natur. Unser Spektrum an Erfahrungen ist breit gefächert. Die vier Felder bieten die Möglichkeit, sie in eine überschaubare Ordnung zu bringen. Sie helfen dir, dich auf deinen virtuosen Moment hin auszurichten, in dem du mehr Zeit mit Aktivitäten verbringst, die du liebst.

Denn wäre es nicht ein Jammer, nicht das Leben zu leben, das du liebst?

Nach ultimativer Erfüllung oder Virtuosität im Leben zu streben heißt nicht, dass du deinen Job an den Nagel hängen musst, aber vielleicht entdeckst du, dass eine kleine Verschiebung in deinem jeweiligen Umfeld zur transformierenden Kraft werden kann, die deine Art zu fühlen, arbeiten und leben verändert. Und dieser Wandel wirkt sich auf die Art und Weise aus, wie du deine Geschichte erzählst.

Die Felder erinnern uns daran, dass es hier um Entwicklungsprozesse geht, die sowohl dein privates als auch dein berufliches Leben betreffen. Auch darum, dass du deine rhetorischen Fähigkeiten verbesserst. Die Methode bietet die verschiedensten Anwendungsmöglichkeiten in ganz unterschiedlichsten Bereichen, etwa im Vertrieb oder Verkauf, beim Aufbau von Führungskompetenz oder einer beruflichen Neuorientierung, um nur einige wenige Beispiele zu nennen. Auch ermöglicht sie dir, deine Erfahrungen über alle vier Felder hinweg im Blick zu behalten, sodass ein einzelnes Erlebnis nicht mehr so belastend erscheint.

Beginnen wir mit einem Moment in deinem Leben, in dem du eine Hürde genommen hast. Vielleicht musstest du − so wie ich früher − in der Schule ein Referat über eine Projektarbeit halten. Ich bin in einer katholischen, irischen Familie aufgewachsen − mit einem portugiesischen Vater. Die Kritik, die mir entgegenschlug, und die Strafen, die ich erhielt, standen oft in keinem Verhältnis zum Ausmaß meiner kindlichen Verfehlungen, zumindest nach meinem Empfinden. Die Angst, etwas falsch zu machen, begleitete mich auf Schritt und Tritt. Meinen

Beitrag zur Physik bei der Science Fair überzeugend zu präsentieren kam einer Mutprobe gleich. Heute sehe ich, dass nicht das Projekt selbst mich zum Helden meiner Geschichte machte. Es war vielmehr die Bereitschaft, über meinen Schatten zu springen und herauszufinden, wie man den Code knackt, um mit Erwachsenen zu kommunizieren und eine Rede vor Publikum zu halten, ohne zu stottern oder das Gefühl zu haben, nicht zu genügen.

Ich landete mit meinem Projekt auf dem ersten Platz und durfte meinen Bundesstaat in jenem Sommer im National Laboratory in Brookhaven im Rahmen eines Programms vertreten, das vom US-Energieministerium ins Leben gerufen worden war. Im darauffolgenden Jahr gewann ich noch einmal den ersten Preis und verbrachte einen Großteil des Sommers in West Virginia, wo ich an einem National Youth Science Camp teilnahm. Die Naturwissenschaften brachten mich zwar auf meinem Weg voran, aber als Beruf kamen sie für mich nicht infrage. Für mich dienten sie in erster Linie als Kommunikationsinstrument, mit dem ich ein breit gefächertes Publikum erreichen konnte. Wie dem auch sei, mein heroischer Moment führte zu vielen kollaborativen Momenten.

EIN PRAXISTAUGLICHES MODELL

Sowohl in meiner Forschungsarbeit als auch im Rahmen meiner beratenden Tätigkeit hat sich die PeakStory-Map als praxistaugliches Modell bewährt, um zu erklären, wie man in einer Erzählsituation einen heldenhaften Moment teilt, zu einem kollaborativen Moment überleitet und von dort zum Peak-Moment gelangt. Wie auch immer die einzelnen blauen

Punkte ausformuliert werden, aus ihrer von Ebene zu Ebene aufsteigenden Aneinanderreihung – also von heldenhaft über kollaborativ zu virtuos – entsteht am Ende immer eine Peak-Story.

Machen wir uns nichts vor: Wenn Leute erzählen, was sie vorhaben, oder der Aufforderung nachkommen, zu erzählen, wer sie sind, sollten sie eine Geschichte präsentieren können, mit der sie sich voll identifizieren. Ansonsten vergeuden sie unsere Zeit, weil sie uns nicht überzeugen können, dass sie wirklich hinter dem stehen, was sie tun.

Wenn du etwas tust, was dir Spaß macht, und es als Zwischenstation auf dem Weg zu deinem wahren Ziel betrachtest, kannst du das anderen mit ziemlicher Sicherheit vermitteln. Du zeigst damit, dass du über dein Leben nachgedacht hast – eine Selbstreflektiertheit, die von emotionaler Intelligenz zeugt und mich glauben lässt, dass du dir deine Entscheidungen gut überlegst und auf der Basis eigener Erfahrungen triffst. Und deshalb betrachte ich dich unbewusst als jemanden, der seinen Kurs selbst bestimmt.

Das macht dich zum Autor deines Lebens, ganz gleich, wie dein Heldenmoment verlaufen ist. Vielleicht ist er nicht wirklich gut ausgegangen, und was geschehen ist, war nicht unbedingt positiv. Und doch hat er etwas Positives bewirkt: Du hast erkannt, dass du die Fähigkeit besitzt, selbstbestimmt zu agieren und eine Szene zu kommunizieren oder zu analysieren.

Wenn ich selbst mich irgendwo vorstellen musste, habe ich immer zuerst einen heldenhaften und einen kollaborativen Moment beschrieben, bevor ich dazu kam, was ich heute tue oder in nächster Zeit tun werde. Ich konnte spüren, wie man mir deshalb aufmerksamer zuhörte. Und ich identifizierte mich selbst stärker mit dem, was ich tat und zu tun plante.

Das überzeugte mich von der Praxistauglichkeit dieses Modells. Es hat zwar eine wissenschaftliche Basis, aber es flossen darin auch Erkenntnisse aus meiner praktischen Coachingarbeit zum Storytelling, dem Aufbau von Führungskompetenz und der Rhetorik ein. Eins fügt sich ins andere. Ich ging von einem theoretischen Modell aus und stellte in der Praxis fest, dass es funktioniert.

Auch du kannst deine Geschichte mithilfe der PeakStory-Map strukturieren. Arbeite mit den drei Ebenen und ordne ihnen deine blauen Punkte zu. Wie wir im nächsten Kapitel sehen werden, sind ihre Komponenten immer sehr ähnlich: Motivationen, Kompetenzen, beteiligte Personen und Orte. Doch schauen wir uns zunächst deine eigenen blauen Punkte und ihre Bedeutung etwas genauer an.

ÜBUNG: PUNKTE SAMMELN

Nun ist es Zeit, dir deine eigenen Schlüsselerlebnisse ins Gedächtnis zu rufen und zu schauen, wie sie miteinander zusammenhängen. Welches sind deine blauen Punkte?

Wirf noch einmal einen Blick auf die PeakStory-Map.

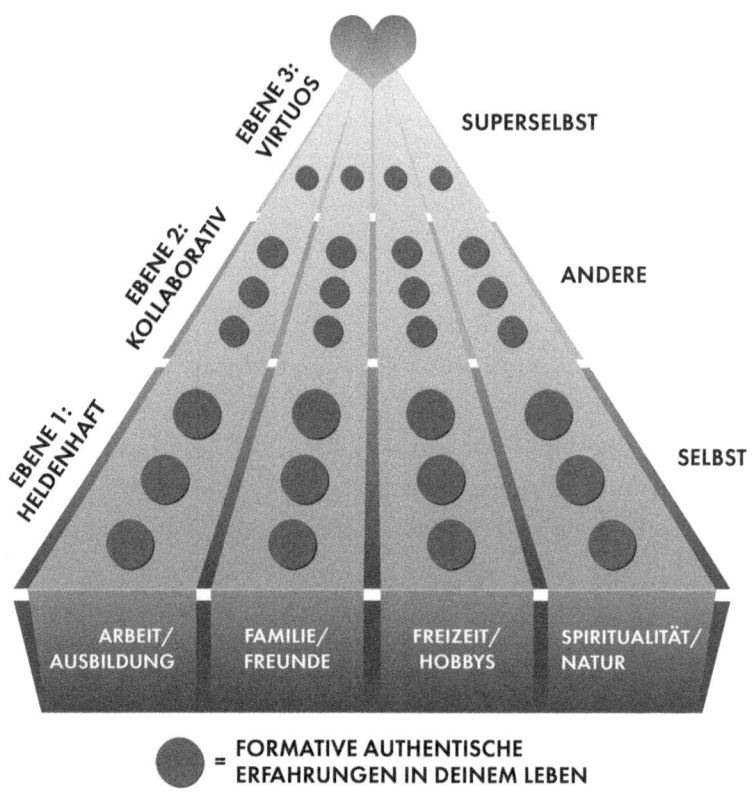

Es gibt drei Ebenen: Heldengeschichten, kollaborative Geschichten und virtuose Geschichten. Und es gibt vier Felder: Arbeit/Ausbildung, Familie/Freunde, Freizeit/Hobbys sowie Spiritualität/Natur.

Zur Erinnerung noch einmal ein Überblick über die drei Arten von Geschichten:

Heldengeschichten: Du hast ein Hindernis bewältigt und dir damit im Leben ein Fundament geschaffen. Sie bilden die unterste Ebene deiner Pyramide.

Kollaborative Geschichten: Du hast konstruktiv mit anderen zusammengearbeitet, um etwas zu realisieren – ein bestimmtes Ergebnis, einen Plan, eine Lösung.

Virtuose Geschichten: Du hast in deinem Tun innegehalten und erkannt: Das hier ist genau das, was ich am allerliebsten mache. Es kann sich um einen Moment in der fernen oder unmittelbaren Vergangenheit handeln, wahrscheinlich aber entsteht er mit Blick auf die Zukunft. Es muss keine umfassende Vorstellung deines Zukunftstraums sein; vielleicht ist es nur ein kurzes Aufblitzen einer Vision, oder es tut sich dir plötzlich eine neue Variante deiner Idee für die Zukunft auf.

Das Modell ist dir jetzt vertraut, und so ist es nun an der Zeit, dich auf die Suche nach deinen Helden-, kollaborativen und virtuosen Momenten zu begeben. Ziel ist, dir je drei davon pro Kategorie ins Gedächtnis zu rufen, wobei das Feld keine Rolle spielt.

Wenn dir vier oder fünf einfallen, ist das auch in Ordnung. Für eine Eins mit Sternchen dürfen es auch sieben sein. Aber drei bis fünf reichen völlig, und wie so oft im Leben ist weniger manchmal mehr. Also bleiben wir bei drei.

Um deinem Gedächtnis auf die Sprünge zu helfen, listest du am besten erst mal alles auf, was dir einfällt, und fängst dann zu streichen an. Mag sein, dass du zwischendrin eine Pause brauchst und dir deine Liste später noch einmal vornimmst. Die Geschichten müssen nicht unbedingt alle positiv sein. Irgendetwas Positives für deine weitere Entwicklung steckt in jeder, aber es geht nicht darum, gezielt nach den allerpositivsten Momenten in deinem Leben zu suchen. Um die Liste auf drei zu reduzieren, hilft es, die Storys immer wieder zu checken. Verändert sich die Erzählebene, die du ursprünglich gewählt hast? War es wirklich ein Heldenmoment? Tatsächlich ein kollaborativer? Ein virtuoser?

Am Ende bleiben die drei wichtigsten Geschichten jeder Kategorie übrig.

An dieser Stelle rate ich immer, die Zuordnung der Geschichten noch einmal zu prüfen. Sie muss unbedingt stimmen. Doppelt genäht hält besser. Ist die Zuordnung korrekt, spürst du, wie deine Heldengeschichten den zündenden Funken für kollaborative Erfahrungen geben, die ihrerseits die Aufwärtsspirale hin einem virtuosen Moment in Gang setzen. Es ist, als würdest du dir deinen Weg zum Gipfel ebnen. Du beginnst, Zusammenhänge zu erkennen, vielleicht im Beruf, vielleicht in der Familie.

Du hast jetzt also deine neun blauen Punkte gefunden. Schlage eine neue Seite in deinem Tagebuch auf und beschreibe sie. Beim Aufbau deiner PeakStory werden wir praktisch damit arbeiten.

Ich garantiere dir, dass du viel Spaß dabei haben wirst.

5. KAPITEL

STORY-STECKBRIEFE SCHREIBEN

»Ich muss ein inneres Zeitbewusstsein entwickeln.«

EDMUND HUSSERL

Du hast inzwischen deine blauen Punkte identifiziert, die formativen Erfahrungen, die das Fundament deiner PeakStory bilden. Du bist zufrieden mit dem Ergebnis. Im Gesamtkontext scheinen sie im Moment noch keine tiefere Bedeutung zu haben. In welchem Zusammenhang stehen sie also zueinander?

Zeit, nach dem Seziermesser zu greifen und deine blauen Punkte in ihre Grundkomponenten zu zerlegen. Es handelt sich hier nämlich nicht um Einzelereignisse. Vielmehr enthalten sie alle bestimmte Elemente, die sich im Rahmen einer gründlichen Selbsterforschung systematisch erfassen lassen.

STORY-STECKBRIEFE

Im Folgenden stelle ich dir ein Tool vor, mit dessen Hilfe du deine blauen Punkte systematisch analysieren kannst: den Story-Steckbrief. Er bietet nach meiner Erfahrung die effizienteste Möglichkeit zu bewerten, welchen Nutzen ein Einzelereignis für deine Geschichte insgesamt hat.

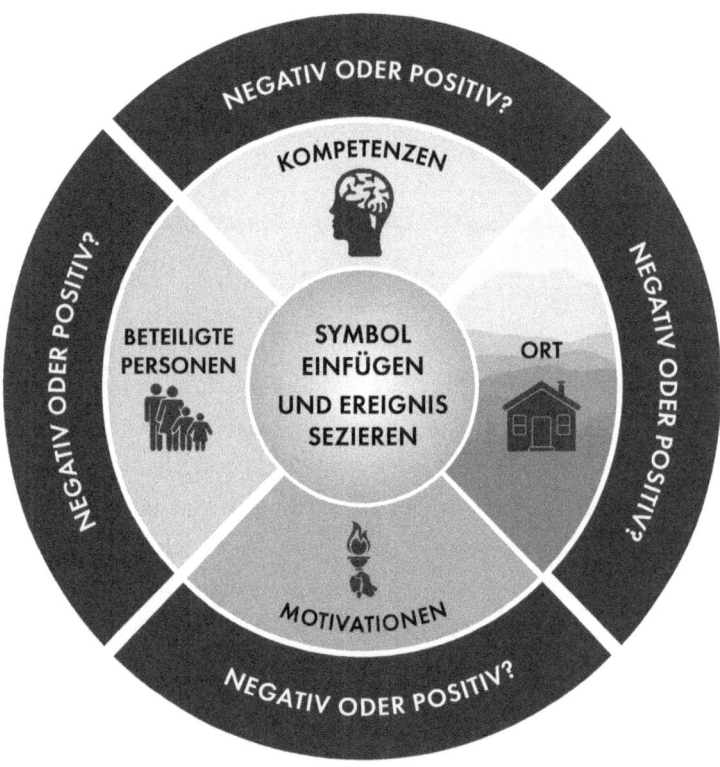

Wie du siehst, ist das Tool in vier Segmente unterteilt. Du fragst dich vielleicht, wie diese den unendlich vielen Geschichten, einzigartigen Begebenheiten und individuellen Erzählweisen Rechnung tragen sollen. Ist nicht die Vielfalt grenzenlos? Ja, das stimmt! Doch jede einzelne dieser Geschichten lässt sich auf vier Grundkomponenten herunterbrechen:

- **Kompetenzen:** Die Stärken oder Fähigkeiten, die während einer bestimmten gelebten Erfahrung im Gehirn eines Menschen aktiviert werden.
- **Motivationen:** Die Beweggründe, die das menschliche Handeln in diesem Moment leiten. Es kann mehr als eine Handlungsmotivation geben.
- **Beteiligte Personen:** Dritte, die in der Geschichte eine Rolle spielen.
- **Ort:** Der Schauplatz des Geschehens.

Was mit Motivationen, beteiligten Personen und Ort gemeint ist, ist selbsterklärend. Unter »Kompetenzen« ist Folgendes zu verstehen:

KOMPETENZEN

Das menschliche Gehirn lässt sich mit dem Hauptprozessor eines Computers vergleichen. Je nach Situation ruft es die unterschiedlichsten jeweils benötigten Stärken, Fähigkeiten, spezifischen Eigenschaften und Kompetenzen ab. Ich rede hier von mentalen Muskeln, aber du kannst das Ganze natürlich auch anders bezeichnen. Wie physische Muskeln erledigen sie ihre Aufgabe im Wesentlichen alle auf die gleiche Weise, doch wie im physischen Pendant hat auch jeder mentale Muskel seine spezielle Funktion.

Das Gehirn ist unendlich komplex. Der Einfachheit halber

unterteile ich die mentalen Muskelfunktionen für unsere Zwecke in acht Kompetenzbereiche. Mein Freund Roy Horan, der an der Polytechnischen Universität in Hongkong geforscht hat, schlug vor, diese Kompetenzen als Gegensatzpaare zu betrachten (wobei sie sich in der Realität oft eher an beiden Enden eines Kontinuums befinden).

- **Führungsfähigkeit/Aufnahmebereitschaft:** Führungsfähigkeit ist die Kunst, andere von eigenen Vorschlägen zu überzeugen und sich selbst den Kurs vorzugeben. Ihr Gegenpol ist die Aufnahmebereitschaft; sie schließt Empathie, Offenheit für Neues und kontextuelle Bewusstheit mit ein.

- **Anpassungsfähigkeit/Unterscheidungsvermögen:** Anpassungsfähigkeit heißt, loslassen zu können; sie erfordert ein gesundes Maß an Flexibilität sowie die Fähigkeit, die Dinge im Gleichgewicht zu halten und sich auf Veränderungen einzustellen. Ihr gegenüber steht das Unterscheidungsvermögen, also die Fähigkeit, analytisch zu denken, auf kleine Details zu achten und Differenzierungen vorzunehmen, was der Flexibilität im Wege stehen kann.

- **Kommunikationsfähigkeit/Organisiertheit:** Bei der Kommunikationsfähigkeit geht es darum, Ideen auszutauschen und Botschaften so zu vermitteln, dass sie bei der jeweiligen Zielgruppe ankommen. Sie unterscheidet sich von der Organisiertheit insofern, als Erstere nach außen und auf den zwischenmenschlichen Austausch gerichtet ist, während Letztere sich nach innen wendet. Gut organisiert sein heißt, in der Lage zu sein, Dinge zu koordinieren und den Überblick zu behalten, zum Beispiel wenn es um Termine, ein Projekt, ein Team, ein Unternehmen geht – oder um eine ganze Volkswirtschaft.

- **Forschungsgeist / Kreativität:** Forschungsgeist meint die Freude, den Dingen auf den Grund zu gehen, die eigene Komfortzone zu verlassen, Neuland zu erkunden und nachzudenken, ohne einem Plan zu folgen. Kreativität bedeutet hingegen, etwas hervorzubringen oder zu erschaffen, zum Beispiel einen Fahrplan für dein weiteres Handeln, oder etwas Neues auf die Beine zu stellen.

Über deine mentalen Muskeln bist du permanent mit den Geschehnissen in der Außenwelt verbunden, und du kannst über sie jederzeit auf eine oder mehrere der acht Kompetenzen zugreifen. Welche das in der jeweiligen Geschichte sind, kannst du mithilfe der Story-Steckbriefe herausfinden. Auch die anderen Grundkomponenten deiner Erzählung lassen sich damit einordnen.

DAS TOOL ANWENDEN

»Das war keine gute Zeit in meinem Leben, aber ich bin irgendwie darüber hinweggekommen!« Bestimmt hast du ein Statement wie dieses schon einmal gehört.

Die Formulierung ist pessimistisch. Auch sagt sie nichts über den aus, der es sagt, schon gar nicht darüber, welche positiven Qualitäten er oder sie der Welt insgesamt bietet. Was soll das heißen: »Ich bin irgendwie darüber hinweggekommen?« Was genau ist passiert? Hast du losgelassen und dich angepasst? Oder hast du eine Möglichkeit gefunden, andere zu überzeugen, in eine neue Richtung zu gehen, was von deiner Kommunikations- und Führungsfähigkeit zeugt?

Wenn du beim Nachdenken über eine Erfahrung ganz bestimmte Formulierungen benutzt, gelingt es dir leichter, sie sachlich in ihre Grundkomponenten zu zerlegen und zu ergründen, was sie zu deinem Leben beigetragen hat.

Das Gleiche gilt für deine Motivationen. Geld, Status oder das Bedürfnis nach Aufmerksamkeit mögen ausschlaggebende Faktoren gewesen sein. Vielleicht bist du auch aufgefordert worden. Oder du hast Verantwortung übernommen, weil dir dein Pflichtgefühl oder dein Gewissen gesagt hat, dass du es tun solltest. Was es auch war, es gibt hier kleine Unterschiede.

Von den beteiligten Personen und dem Ort des Geschehens zu sprechen verleiht deiner Erfahrung Kontext und Farbe. Wer war außer dir involviert? Jemand aus der Familie? Aus dem Freundes- oder Kollegenkreis? Waren es viele oder nur einer oder zwei? Und wo hast du das Ganze erlebt? Innen oder im Freien? War der Raum beengt oder gab es ein Gefühl von Weite, etwa am Meer, in den Bergen oder in der Wüste? Fand das Ganze auf einem Schulhof statt oder auf einem Basketballplatz?

Einen Story-Steckbrief zu schreiben hilft dir, deine Erfahrungen präzise in ihre Grundkomponenten zu zerlegen. Je sachlicher du dabei vorgehst, desto mehr Nutzen kannst du aus deinen blauen Punkten ziehen und desto mehr brauchbares Material liefern sie dir für deine PeakStory.

DAS BÖSE ERWACHEN

Nehmen wir als Beispiel etwas, das ich als Kind, genauer gesagt an meinem ersten Schultag, erlebt habe. Ich hatte es kaum erwarten können, bis es endlich so weit war, aber wie sich herausstellte, landete ich in einer Klasse für Kinder, deren Muttersprache nicht Englisch war, vermutlich wegen meines portugiesischen Familiennamens (obwohl mein Portugiesisch ziemlich dürftig war, wie meine Großmutter jederzeit bezeugen würde). Deshalb dachte man wohl, dass ich kein Englisch beherrsche. Meine Kenntnisse reichten aber durchaus, um zu verstehen, dass sich die Lehrerin abfällig über Amerikas portugiesischstämmige Bevölkerung äußerte. Über *meine* Landsleute also. Sie dachte, ich würde kein Wort von alledem verstehen.

Mit einem Schlag war es mit der Vorfreude vorbei. Es war verstörend und schmerzhaft. Eine negative Erfahrung also.

Ich wollte niemandem zeigen, wie aufgewühlt ich war, denn ich wollte mir dadurch nicht meinen ersten Schultag verderben lassen. Außerdem würde diese Frau ein ganzes Jahr lang meine Lehrerin sein. Das waren meine Motivationen. Wenn diese Begebenheit zu etwas gut war, dann trieb sie mich an, noch eifriger zu lernen.

Was die Kompetenzen anbelangt, nahm ich mich wohl in meiner Führungsfähigkeit zurück und verlegte mich mehr auf das analytische Denken, um das Geschehene zu begreifen, und auf meinen Forschergeist, der mir riet, mich auf das Lernen zu konzentrieren, um allen zu zeigen, dass ich dazugehörte.

Waren noch andere Personen beteiligt? Natürlich gab es damals noch andere Lehrer und nicht zu vergessen meine Eltern und viele Verwandte der älteren Generation, die in unserer Familie großen Respekt genießen. Vielleicht wühlte mich die Kritik der Lehrerin an portugiesischstämmigen Amerikanerinnen und Amerikanern deshalb so auf, weil ich unter ihnen lebte. Und der Ort, an dem ich die Erfahrung machte, war meine Schule oder, um ganz spezifisch zu sein, mein Klassenzimmer.

POSITIV ODER NEGATIV?

Werfen wir noch einmal einen Blick auf den Steckbrief: Der äußere Ring, der die vier Segmente im mittleren Kreis umschließt, dient der Einordnung eines Erlebnisses in negativ oder positiv, wobei jede der vier Grundkomponenten je nach Zeitpunkt der Betrachtung das eine oder das andere sein kann. Im Wesentlichen geht es darum zu entscheiden, ob eine Erfahrung dir Energie gegeben oder dir Energie abgezogen hat.

Man könnte also sagen, mich am ersten Schultag mit den Vorurteilen meiner Lehrerin konfrontiert zu sehen, war einerseits negativ, weil ich es als schmerzhaft empfand und es mir eigentlich hätte erspart bleiben sollen. Andererseits hatte es aber auch sein Gutes, denn es spornte mich noch stärker zum Lernen an. Ich begann sogar, den portugiesischstämmigen Kindern zu helfen, die viel schlechter Englisch sprachen als ich. Die Erfahrung erwies sich also im Nachhinein als positiv, obwohl die Begebenheit an sich negativ war.

Mag sein, dass du beim Schreiben eines Story-Steckbriefs erkennst, dass ein bestimmter Mensch negativ, die Erfahrung insgesamt aber positiv war, weil dabei deine Offenheit und Aufnahmebereitschaft zum Zuge kommen konnten. Sie ließen dich spüren, dass jemand ausgegrenzt wurde, und du hast den Mut aufgebracht, darauf hinzuweisen, wie unangemessen es ist, einen anderen so zu behandeln.

Das war also die Geburtsstunde deiner kämpferisch-fürsorglichen, heldenhaft-fürsorglichen oder streitbaren Persona, die sich für das Gute im Menschen einsetzt. Vielleicht ist das ein Hinweis auf ein Thema, das sich durch deine ganze Geschichte zieht. Ist das nicht besser, als zu sagen: »Das war keine gute Zeit in meinem Leben, aber ich bin irgendwie darüber hinweggekommen«?

Doch Achtung! Dies ist nur eine von vielen Begebenheiten, verliere dich also nicht in Erinnerungen. Denn obwohl du das alles selbst erlebt hast, wissen wir noch nicht, wohin die Reise geht. Deine bisherigen Erfahrungen haben nämlich eine unterschwellige Bedeutungsebene, die du dir mit deiner investigativen Arbeit noch nicht ganz erschlossen hast.

Ich betone es noch einmal: Dies hier ist der echte Discovery Channel! Wir begeben uns auf Abenteuerreise und wagen uns in die unerforschten Tiefen deiner Innenwelt.

Du übernimmst die Rolle des objektiven Beobachters. Natürlich helfen dir dein Gespür und Wissen über dich selbst, dich zu orientieren, aber erst der Einsatz des Analysetools – des Story-Steckbriefs – erlaubt es dir, eine möglichst sachliche, objektive Perspektive einzunehmen. Das macht dich zum besseren Geschichtenschreiber und irgendwann zum besseren Geschichtenerzähler.

Eine kleine Warnung vorweg: Nicht alle blauen Punkte sind geeignet, um sie in deine PeakStory einzubauen. Der Story-Steckbrief hilft dir auch, die Spreu vom Weizen zu trennen und zu entscheiden: Ist es nun ein blauer Punkt oder nicht? Angenommen, während deiner Jugend war Surfen oder Angeln dein großes Hobby. Das mag aufschlussreich sein, aber es ist kein blauer Punkt, sondern eine Freizeitbeschäftigung, der du in einer bestimmten Phase deines Lebens nachgegangen bist. Ein blauer Punkt ist eine formative Erfahrung, ein spezifischer Moment auf der Zeitachse.

Achte also darauf, dass du Punkte und nicht Lebensphasen wählst. Wonach wir suchen, ist ein ganz bestimmter Moment, der sich, ganz gleich was du gerade tust, aus dem Geschehen hervorhebt. Und wir fragen uns, warum das wohl so ist.

DAS PHÄNOMENALE AN DER PHÄNOMENOLOGIE

Diese Art der Selbsterkenntnis auf der Grundlage subjektiver, gelebter Erfahrungen geht auf die phänomenologische Methode von Dr. Amedeo Giorgi zurück, der während meines Graduiertenstudiums mein Mentor war. Je länger ich damit arbeitete, desto mehr wurde mir bewusst, dass jeder deren Instrumente nutzen konnte, um Daten über sein eigenes Leben zusammenzutragen. Die Phänomenologie erlaubt uns, tiefgründig und stringent über uns selbst nachzudenken. Und man braucht keinen Doktortitel, um sie zu verstehen.

Die Phänomenologie hilft uns zu schauen, welche Komponenten eine Erfahrung im Einzelnen aufweist. Jeder von uns ist in der Lage, diese zu rekonstruieren und genau so zu studieren, wie es eine ausgebildete Sozialwissenschaftlerin oder ein Spezialist für phänomenologische Zusammenhänge tun würde. Man muss keinen Lehrstuhl innehaben oder Artikel in akademischen Fachzeitschriften veröffentlichen, um von diesem Ansatz zu profitieren.

Die Phänomenologie erlaubt dir, den Rucksack, den du von Kindesbeinen an mit Erfahrungen gefüllt hast, abzusetzen und aufzuschnüren. Und was er für Goodies enthält! Die kannst du nun durchstöbern und schauen, welche Kompetenzen oder mentalen Muskeln du jeweils entfaltet hast, welche Motivationen dich angetrieben haben und welche Wirkmacht vom jeweiligen Ort oder den beteiligten Personen ausging. Du kannst dir sagen: »Okay, da ist einiges an Positivem dabei gewesen. Jetzt weiß ich, warum ich damals so gehandelt habe. Ich begreife, wie ich es gemacht habe. Ich kenne die Leute, die auch mit dabei waren. Und ich weiß, warum der Schauplatz des Geschehens eine Rolle spielte.«

NOSTALGISCHE MOMENTE

Alles, was geschieht, findet in einem physischen Raum oder an einem physischen Ort statt. Menschen treffen Entscheidungen aufgrund räumlicher Gegebenheiten. Vielleicht ahnen sie, dass sie sich in einem Bürogebäude nicht wohlfühlen und sich lieber draußen in der Natur aufhalten. Ich vermute, dass sie, wenn sie es reflektieren würden, ihr Bedürfnis, im Freien zu sein, darauf zurückführen könnten, dass sie als Kind gern draußen spielten, oder, wenn ihnen dies verwehrt blieb, es ihren eigenen Kindern ermöglichen möchten.

Du weißt, dass das stimmt. Auch du hast schon auf Vergangenes zurückgegriffen. Warum würde sich jemand einen Oldtimer kaufen, wenn nicht im Gedenken daran, wie er mit dem Vater im 1969er Ford Thunderbird oder 1974er Alfa Romeo durch die Gegend kurvte?

Warum sammeln und erzählen sich Leute Geschichten von alten Zeiten? Zum Teil, weil diese Dinge *damals* für sie wichtig waren, etwa das Zusammensein mit Freunden und wie man zum Beispiel während einer Autofahrt über ein bestimmtes Thema gesprochen, sich Gedanken zu irgendeiner politischen Konstellation gemacht oder über Ereignisse diskutiert hat, die weltweit in den Schlagzeilen waren. Aber dieses Zurückschauen auf Vergangenes bringt auch etwas für das *Hier und Jetzt:* Es fördert das Gefühl der Zugehörigkeit und Zusammengehörigkeit, weil sich andere in ihren Geschichten wiederfinden und die beschriebene Stimmung, Energie oder Grundthematik aus eigener Erfahrung kennen.

Es hat seinen Grund, warum manch einer jeden Preis bezahlt, um Oldtimer, alte Uhren oder Vintage-Kleidung zu sammeln. Eine unbewusste Nostalgie schwingt darin mit. Und indem wir unser Verhalten analysieren, uns Zeit zum Nachdenken nehmen und davon erzählen, machen wir das Unbewusste bewusst.

EIN NEUTRALER RAUM

Um erfolgreich mit den Steckbriefen arbeiten zu können, ist es wichtig, dass du dich an einen möglichst neutralen Raum zurückziehst. Manche haben mir erzählt, dass sie Instrumentalmusik dabei hören oder mit ihrem PeakStory-Tagebuch spazieren gehen, um sich unterwegs Notizen machen zu können. Obwohl auch wir mit digitalen Tools und Onlinekursen arbeiten, empfinden viele es hilfreich, hierfür eine Zeit lang offline zu gehen.

Erinnerst du dich an Marshall Davis Jones und sein Gedicht vom Übermaß an technischen Verbindungen und dem Mangel an menschlicher Verbundenheit? Wir müssen uns gelegentlich ausklinken können. Manchmal reicht es, uns eine ruhige Ecke im Büro zu suchen oder uns einfach auf einen anderen Stuhl zu setzen. Aber du brauchst einen Ort, an dem du nachdenken kannst.

Ich weiß, dass das Schreiben der Steckbriefe Arbeit bedeutet, aber es macht auch Spaß. Es ist, als würden wir uns einen Krimi anschauen. Wir sind neugierig, welchen Spuren die Ermittler nachgehen und welche Geheimnisse sie dabei aufdecken. Wir lieben es, Dinge herauszufinden, ganz gleich, ob wir selbst es tun oder anderen dabei zuschauen. Und genau darum geht es hier. Du greifst auf eine der universellen Kompetenzen zu, über die jeder von uns verfügt: den Forscherdrang.

Story-Steckbriefe liefern dir den Rahmen, um deine Erfahrungen einzuordnen. Sie haben eine wissenschaftliche Basis und bieten eine strukturierte Möglichkeit, um mittels Analyse eine Geschichte aufzubauen. Topmanager von Fortune-500-Unternehmen, Geschäftsentwicklungsexpertinnen, Akademiker und Firmengründerinnen haben erfolgreich damit gearbeitet. Auch du kannst sie nutzen, sei also offen dafür.

EINE BERÜHMTE PEAKSTORY

Nachdem ich die Methode des PeakStorytelling entwickelt hatte, stellte sich heraus, dass die besten Reden tatsächlich nach diesem Prinzip aufgebaut sind. Eines der anschaulichsten Beispiele hierfür liefert die Rede, die der Apple-Gründer Steve Jobs, damals CEO des Computer-Trickfilmstudios Apple Computer and Pixar Animation, am 12. Juni 2005 vor Absolventinnen und Absolventen der Stanford-Universität gehalten hat.

In seiner ersten Geschichte, so Jobs wörtlich, gehe es darum, »die Punkte zu verbinden«.

Wie oft reden wir von der Notwendigkeit, Punkte zu verbinden oder Dinge in Zusammenhang zu bringen, aber sind wir uns wirklich bewusst, was damit gemeint ist? Für manche schwingt ein Gefühl der Zufälligkeit in der Formulierung mit. In Wirklichkeit aber geht es darum, aus der Zufälligkeit herauszukommen, so wie wir es hier tun. Wenn du magst, kannst du Jobs' Stanford-Rede unter https://news.stanford.edu/2005/06/14/jobs-061505 nachlesen oder dir das Video anschauen. Du wirst darin auf Anhieb die Helden-, kollaborative und virtuose Geschichte erkennen.

In der ersten Story erzählt Jobs, wie er nach sechs Monaten sein Studium am Reed College abbrach. Er blieb aber weitere achtzehn Monate dort, besuchte aber nur die Vorlesungen, die ihn wirklich interessierten, statt sich Dinge anzuhören, mit denen er nichts anzufangen wusste. Das war eine heldenhafte Entscheidung, denn er war als Baby adoptiert worden, und seine Adoptiveltern, die beide nicht aufs College gegangen waren, hatten seiner leiblichen Mutter versprechen müssen, ihn später einmal studieren zu lassen. Ohne diese Zusage hätte sie die Adoptionspapiere nicht unterschrieben.

Siebzehn Jahre später besucht Jobs wirklich ein College, sucht sich in seiner Naivität aber eines aus, das beinahe ebenso teuer wie Stanford ist. Es kostete seine Adoptiveltern, die aus der Arbeiterschicht stammten, nahezu ihre gesamten Ersparnisse, ihm das Studium zu ermöglichen, aber sie hielten ihr Versprechen ein. Man stelle sich den Druck vor, unter dem Jobs stand: Heldenhaft zu sein bedeutete für ihn, am College zu bleiben, um nicht das schwer verdiente Geld seiner Adoptiveltern sinnlos zu vergeuden. Er sah aber für sich keinen Sinn in dem Studium und wusste zunächst nicht, was er tun sollte. Er entschloss sich zu bleiben, aber von nun an seine eigenen Wege zu gehen. Er ließ sich von seiner Offenheit und seinem Forschergeist leiten und fing an zu entdecken, worum es ihm eigentlich ging.

Dabei litt er unter ziemlichen Ängsten, und er hatte keinerlei Geld. Er übernachtete bei Freunden auf dem Fußboden. Er sammelte Coca-Cola-Flaschen, um sich von den fünf Cent Essen zu kaufen. Er lief jeden Sonntag einmal quer durch die Stadt, um sich im Hare-Krishna-Zentrum eine kostenlose Mahlzeit abzuholen.

Irgendwann fand er den Weg in einen Kalligrafiekurs, und das Thema fing an, ihn zu interessieren. Er lernte verschiedene Schriftarten kennen und erfuhr, wie man beim Kombinieren unterschiedlicher Buchstaben die Abstände variiert. Es hatte zunächst nicht den Anschein, als würde er dieses Wissen je praktisch nutzen können, aber zehn Jahre später bei der Entwicklung des ersten Macintosh-Computers erwies es sich doch als wertvoll: Er setzte es ein, um das Aussehen von Computerschriften zu revolutionieren und den ersten PC mit einer optisch ansprechenden Typografie auf den Markt zu bringen.

Seine kollaborative Geschichte begann, als er gemeinsam mit Steve Wozniak in der Garage seines Elternhauses eine Firma namens Apple gründete. Zehn Jahre später war das Unternehmen zwei Milliarden Dollar wert. Und dann kam der negative kollaborative Moment: Jobs wurde von Apple gefeuert – von dem Unternehmen, das er selbst gegründet hatte. Im Nachhinein aber sollte sich diese Erfahrung als das Beste erweisen, was ihm passieren konnte. Die Last des Erfolgs, sagte er, sei durch die Leichtigkeit ersetzt worden, noch einmal als Anfänger bei null zu beginnen.

Jobs' virtuoser Moment lag in der Gründung eines neuen Unternehmens: Pixar. Dieses brachte den ersten computeranimierten Spielfilm der Welt heraus: *Toy Story*. Vielleicht kennst du ihn oder hast schon davon gehört. Pixar ist eine der größten Erfolgsgeschichten, die je geschrieben wurden. Und wie das Leben so spielt, wendete sich das Blatt erneut, und er landete infolge eines Firmenzusammenschlusses wieder als CEO bei Apple. Unter seiner Führung erlebte das Unternehmen eine Renaissance, und die von ihm entwickelte Technologie bildet bis heute das Herzstück des Konzerns.

Jobs stellt in seiner Rede noch weitere Zusammenhänge her, verbindet also noch mehr Punkte, aber dies waren die wichtigsten. Er sprach auch offen von seiner Krebserkrankung. Er hatte Jahre vor seiner Rede begriffen, dass du jeden Tag leben solltest, als sei es dein letzter. Und eines Tages wird es dein letzter sein. Deshalb hatte er sich dreiunddreißig Jahre lang jeden Tag im Spiegel angeschaut und sich gefragt: »Will ich das, was ich heute vorhabe, wirklich tun?«

Wenn die Antwort an mehreren Tagen hintereinander Nein lautete, wusste er, dass er sich verändern musste.

EIN SINNERFÜLLTES LEBEN

Als ich auf diese Rede stieß, kamen mir die Tränen, so glücklich war ich über die großartige Bestätigung meiner Methode (ja, es war ein blauer Punkt für mich!). Es war so offensichtlich, dass Jobs durch das Aneinanderreihen von blauen Punkten seiner Lebensgeschichte den Spannungsbogen gab. Und er zeigte, wer er wirklich war – nicht nur der skrupellose Geschäftemacher, sondern auch der Entwickler und Pionier. Ein schöpferischer Geist und Wegbereiter, der sich immer und immer wieder auf unbekanntes Terrain vorwagte, bis er in die Bereiche vorgedrungen war, in denen sich die großen Chancen ergeben.

Als Jobs seine Rede hielt, hatte er die ihm von den Ärzten prognostizierte Lebenserwartung bereits um sechs Monate überschritten. Er dachte in völlig anderer Weise über sich und seine Existenz nach, jetzt, wo ihm der Tod über die Schulter schaute. Doch in seiner Stanford-Rede geht es nicht ums Sterben. Es geht darum, ein sinnerfülltes, zielorientiertes Leben zu leben – obwohl sein eigenes einmal alles andere als das erschien.

Schauen wir also, wie wir die hier beschriebenen Tools zur Gestaltung des Lebens einsetzen können. Es ist fast so, als würde Jobs uns mit seiner Rede aufrufen, uns an die Arbeit zu machen.

BEWEGLICHE ZIELE

Vielleicht fängt dir langsam zu dämmern an, wie die Methode funktioniert. Jetzt bist du an der Reihe, die für dich relevanten Momente hervorzukramen und vom Staub zu befreien, also zum Archäologen deines Lebens zu werden. Mag sein, dass die Grabung manchmal größer scheint, als sie ist, aber keine Sorge. Das, wonach du suchst, liegt wahrscheinlich dicht unter der Oberfläche. Dies ist kein therapeutischer Prozess, obwohl ich von vielen gehört habe, dass er eine therapeutische Wirkung entfaltet. Wenn du deine persönliche Geschichte erzählst, fühlst du dich mit einem Mal ganzheitlicher; du siehst klarer, als hättest du dir die Brille geputzt. Du erkennst den Weg, der vor dir liegt, deinen Weg. Er führt zum Gipfel, deinem Peak. Denk daran, dass es sich bei deinem Gipfel um ein bewegliches Ziel handelt. Nichts ist endgültig. Der Wandel ist eine Konstante, die im Prozess enthalten ist.

Es ist wie im Sport. Dein erstes Ziel besteht vielleicht darin, zwei Kilometer zu laufen, aber sobald du es erreicht hast, steckst du es ein Stück höher, auf fünf, zehn oder wie viel Kilometer auch immer. Jedes Mal, wenn du eine Marke schaffst, hast du einen neuen Gipfel deiner Leistungskraft erreicht. Es ist ein kontinuierlicher Prozess. Solange du lebst, sammelst du ständig weitere Punkte. Einige davon sind blau, andere nicht.

Auch die Liste mit deinen blauen Punkten kann sich während der Arbeit an deiner PeakStory verändern. Du wirst dich an andere formative Erfahrungen erinnern und deiner Sammlung manches hinzufügen und anderes streichen, doch das Ziel selbst verändert sich nicht allzu sehr, denn es fußt in deinem heutigen Leben.

Wirst du also noch weitere blaue Punkte in deinem Leben entdecken? Ja. Formative Erlebnisse können jederzeit stattfinden, unabhängig vom Alter. Und wenn sie geschehen, hast du eine Methode zur Hand, um sie zu deuten. Von nun an wirst du bewusster auf dein Leben schauen, und wenn etwas passiert, das das Zeug hat, zum blauen Punkt zu werden, trägst du es in deine PeakStory-Map ein.

ÜBUNG: STORY-STECKBRIEFE SCHREIBEN

Du weißt jetzt, was es mit den Story-Steckbriefen auf sich hat. Jetzt bist du dran.

Schau dir noch einmal die neun blauen Punkte an, die du in der letzten Übung identifiziert hast: drei Helden-, drei kollaborative und drei virtuose Geschichten. Wähle nun jeweils eine pro Ebene aus.

Für diese arbeitest du einen Story-Steckbrief aus, um sie dir in ihrer Vielschichtigkeit zu erschließen.

Das Prinzip lautet: vom Kleinen zum Großen – vom Detail zum Gesamtbild. Nur so erreichst du, dass sich allmählich der Spannungsbogen deiner PeakStory herauskristallisiert.

Vielleicht merkst du bei der Ausarbeitung eines Steckbriefs, dass einer deiner Punkte nicht ganz so tragfähig ist, wie du es dir wünschst. Kein Problem. Wähle einfach einen anderen Punkt derselben Ebene aus und probiere es damit.

Vergiss nicht, dass du am Anfang nicht alle neun Punkte zu analysieren brauchst.

Wenn du den ersten Punkt wählst – eine Heldengeschichte –, überleg dir, was die Erfahrung für dich bedeutet. Warum glaubst du, hast du dir ausgerechnet diese Geschichte gemerkt? Welchen Sinn hat sie? Notiere deine Erkenntnisse in deinem Tagebuch. Jedes Indiz zählt, würde die Kommissarin im Fernsehkrimi sagen.

Dann nimm dir den Punkt noch einmal vor. Diesmal setzt du bei deiner Analyse den Story-Steckbrief ein. Zerlege das Erlebnis in seine Grundkomponenten: Kompetenzen, Motivationen, beteiligte Personen und Orte, und halte auch dies in deinem Tagebuch fest.

Vergleiche deine beiden soeben vorgenommenen Analysen. Was hast du durch die Arbeit mit dem Story-Steckbrief gelernt?

Als Nächstes wendest du das Tool auf eine kollaborative und eine virtuose Erfahrung an. Halte alles genau in deinem Story-Tagebuch fest. Diese Details sind es, die deiner PeakStory Substanz und Lebendigkeit verleihen.

---

6. KAPITEL

THEMEN UND ROTE FÄDEN

»Wenn sich Selbsterkenntnis und Selbstverwirklichung so leicht erlangen ließen, wie es ist, darüber zu reden, würden nicht annähernd so viele Leute mit geborgten Posen durchs Leben gehen, über Ideen aus zweiter Hand palavern und verzweifelt versuchen, sich einzufügen statt herauszuragen.«

WARREN G. BENNIS, *A WORKBOOK ON BECOMING A LEADER*

Mithilfe der Story-Steckbriefe ist es dir gelungen, deine blauen Punkte auszuarbeiten und ihre Mikrodetails besser zu erkennen: die Kompetenzen, Motivationen, beteiligten Personen und Orte. Wir sind ins Detail gegangen, um der tieferen Bedeutung der Ereignisse auf die Spur zu kommen. Wir haben die kleinsten Details unter die Lupe genommen. Doch diese Suche im Kleinen diente stets einem Ziel: uns das große Ganze zu erschließen.

Themen und rote Fäden ziehen sich durch unsere blauen Punkte und verbinden sie. Muster kristallisieren sich heraus. Nicht immer sind sie auf den ersten Blick zu sehen, aber wenn sie sich zeigen, helfen sie uns in doppelter Hinsicht: Sie geben unserer Geschichte Form und verraten uns etwas über uns selbst.

Es ist, als würden wir einen Film oder ein Buch aussuchen. Bei Netflix oder Prime ist das Angebot nach Genres geordnet. Gleiches gilt für Bücher in Buchläden oder Bibliotheken – hier die Romane, dort die Lovestorys, die Krimis, Psychothriller und Horrorgeschichten.

Nahezu alles, was uns begegnet, ordnen wir in Kategorien ein, weil dies nun einmal unserem menschlichen Denken entspricht. Wir nehmen Muster, Ähnlichkeiten und Zugehörigkeiten wahr.

Und mit der Zeit fangen wir an, auch die verschiedenen Aspekte von uns selbst auf diese Weise einzuordnen. Was für eine Geschichte willst du also über dich erzählen? Ein Drama? Eine Tragikomödie? Bist du eher ein fürsorglicher Beschützer wie Will Smith in dem Film *Das Streben nach Glück*? Oder besser wie Chris Gardner, die reale Figur, die Smith in dem Film verkörpert? Er landet mit seinem kleinen Sohn auf der Straße, bevor es ihm gelingt, als erfolgreicher Investmentbanker Karriere zu machen.

GENERISCHES DENKEN

Auch wenn es darum geht, unsere Erfahrungen bestimmten Genres zuzuordnen, arbeiten wir uns vom Kleinen zum Großen vor. Nicht immer zeichnet sich gleich auf den ersten Blick ein leitendes Thema ab. Deshalb beginnen wir mit den Details, fügen sie zusammen und schauen, ob sich ein Zusammenhang ergibt.

Schau nach roten Fäden, die sich durch deine blauen Punkte ziehen. Vielleicht bist du schon immer Lehrer gewesen und hast während deiner Schulzeit einem anderen Kind beim Lesenlernen oder bei Mathe geholfen. Oder eines der Kinder in deiner Klasse wurde ausgegrenzt, und du hast dich dafür eingesetzt, dass es mitspielen durfte. Vielleicht hattest du schon immer diese fürsorgliche Seite. In diesem Fall lohnt es sich, deine anderen blauen Punkte nach diesem Thema abzuklopfen.

Ich möchte dir hier eine Art Zauberformel an die Hand geben. Mit ihrer Hilfe kannst du Dinge aktivieren, die du eigentlich schon weißt. Du wirst begeistert sein, wie gut sie funktioniert. Die Rede ist von Affirmationen. Mit positiven Formulierungen kannst du in dir das Vertrauen schüren, dass deine Erfahrungen rückblickend einen Sinn ergeben werden. Dass sie sich sinnvoll in dein Leben fügen und miteinander im Zusammenhang stehen. Dass sich ein roter Faden durch deine blauen Punkte zieht.

Vor einiger Zeit war ein Kamerateam bei mir zu Hause im Süden von Rhode Island, um das Begleitvideo zu diesem Buch zu drehen, mit dem ich damals in einem Seminar an der Uni arbeitete. Unser Haus liegt im Wald nicht weit vom Meer entfernt. Um zu veranschaulichen, wie Themen und rote Fäden sich durch eine PeakStory ziehen, deutete ich auf die Kletterpflanze, die sich an einer unserer Eichen emporrankt. »Ihr seht, dass sie und der Baum eine gewisse Einheit bilden. Die Pflanze bekommt dadurch aber keine anderen Blätter. Ihre Farben verändern sich, und sie wechselt ihren Verlauf, je nachdem, wie ihre Ranken weiterwachsen. Die Blätter selbst aber bleiben die gleichen. Es sind und bleiben die Blätter einer Kletterpflanze.« Das Gleiche gilt für die Themen, die sich durch unser Leben ziehen. Sie bleiben immer dieselben.

Für deine PeakStory geht es also darum, nach ebendieser Kontinuität zu suchen; nach den roten Fäden und Themen in deinem Leben, in denen sich dein unveränderlicher Wesenskern offenbart.

DAS PEAKSTORY-VIERECK

Auch wenn es hier letztlich um das große Ganze geht, müssen wir unseren Blick immer wieder auf das Kleine richten. Wir wechseln also laufend zwischen beiden Perspektiven hin und her, denn erst beim Studieren der Details schälen sich allmählich die übergeordneten Themen und roten Fäden heraus. Das PeakStory-Viereck dient dabei als Orientierungshilfe. Es ist ein Tool, das dir erlaubt, deine drei Heldenerfahrungen, kollaborativen und virtuosen Momente unter die Lupe zu nehmen und die darin zum Tragen kommenden Kompetenzen oder mentalen Muskeln, Motivationen, beteiligten Personen und Orte herauszufiltern.

Das PeakStory-Viereck ist im Prinzip nichts anderes, als was das Wort bereits sagt: ein Viereck, in vier gleich große Felder eingeteilt. In der Mitte fügst du einen Kreis ein, der sich mit jedem der vier Felder teilweise überschneidet.

Unter Kompetenzen trägst du die Fähigkeiten ein, die bei deinen blauen Punkten jeweils zum Einsatz kamen. In den anderen Feldern listest du die Motivationen, beteiligten Personen und Orte auf. Während du dein Viereck ausfüllst und so nach und nach die charakteristischen Merkmale eines jeden Punkts erfasst, achte auf Wiederholungen; auf Worte, die zwei-, drei-, sechs-, ja vielleicht sogar achtmal auftauchen.

Übertrage diese in den Kreis oder zeichne Pfeile, die sie mit der Mitte verbinden. Wenn du magst, kannst du auch ein bestimmtes Symbol in den Kreis zeichnen, das alle gesammelten Eigenschaften auf einen gemeinsamen Nenner bringt. Näheres zur Arbeit mit dem PeakStory-Viereck findest du in der Übung am Ende dieses Kapitels.

MEIN PERSÖNLICHES PEAKSTORY-VIERECK

Meine Kompetenzen sind Kreativität, wachsames Zuhören, Forschergeist und ein Auge fürs Detail. Wenn ich etwas mache, mache ich es richtig. Und wenn ich sehe, dass etwas funktioniert, bin ich motiviert, daraus eine Methode oder ein Tool zu entwickeln, das andere nutzen können. Mir fiel irgendwann auf, dass Menschen am Arbeitsplatz nicht mit ganzem Herzen bei der Sache sind, was auf ihr Privatleben abfärbt und sie in ihrer Fähigkeit beeinträchtigt, ihre Emotionen kontrolliert zum Ausdruck zu bringen. Darum kam mir die Idee, einer breiten Bevölkerung Lerninstrumente zugänglich zu machen, die normalerweise nur Führungskräften in Seminaren und Schulungen zur Verfügung stehen, um auf diese Weise dem Einzelnen zu mehr Engagement und Zufriedenheit am Arbeitsplatz zu verhelfen. Dies sind Themen, für die ich mich schon immer starkgemacht habe und die sich als roter Faden durch meine Helden-erfahrung, meine kollaborative Geschichte und meinen virtuosen Moment ziehen.

Wenn ich über die Leute nachdenke, an die ich mich in meiner Arbeit wende, befinden sie sich stets in einer Lernsituation, sei es in Aus- und Weiterbildungsprogrammen in Großunternehmen, im Coaching oder an der Universität. Zu lehren war schon immer mein Ding.

Beim Ausfüllen deines PeakStory-Vierecks wirst du sehen, wie sich nach und nach dein Lebensthema herauskristallisiert. In meinem Fall standen, wie zu erwarten, das Lehren im Allgemeinen sowie meine Lehrtätigkeit an der der Uni im Vordergrund, aber es ging mir auch immer darum, niemanden auszuschließen, sondern alle auf dem Weg mitzunehmen und jedem das Gefühl zu geben, willkommen zu sein.

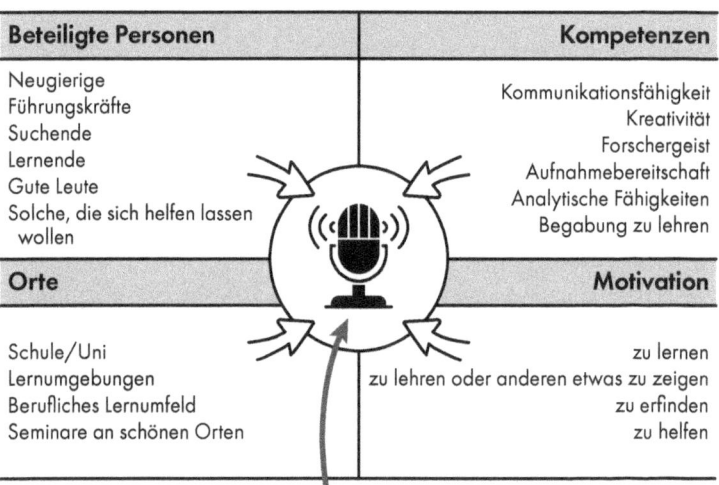

Beteiligte Personen	Kompetenzen
Neugierige	Kommunikationsfähigkeit
Führungskräfte	Kreativität
Suchende	Forschergeist
Lernende	Aufnahmebereitschaft
Gute Leute	Analytische Fähigkeiten
Solche, die sich helfen lassen wollen	Begabung zu lehren
Orte	**Motivation**
Schule/Uni	zu lernen
Lernumgebungen	zu lehren oder anderen etwas zu zeigen
Berufliches Lernumfeld	zu erfinden
Seminare an schönen Orten	zu helfen

Dies ist das Symbol, das ich nach der Übung als repräsentativ für mich gewählt habe. Wie sieht dein Symbol aus?

Ich habe als Symbol eins dieser altmodischen Mikrofone gewählt, wie es früher in der Schulaula auf dem Pult stand, wenn sich der Direktor an die versammelte Schülerschaft richtete. In alten Filmen sieht man sie manchmal noch. Warum ich ausgerechnet dieses Symbol gewählt habe? Beim Übertragen der Informationen aus den Steckbriefen in das Viereck wurde mir klar, dass meine Ziele für die Zukunft alle damit zu tun haben, anderen zu helfen, ihre eigene Geschichte wirksam aufzubauen und sie auch vorzutragen.

MUSTER ERKENNEN

Mit dem PeakStory-Viereck kannst du deine Erfahrungen ganz einfach in ihre Komponenten zerlegen, um die Zusammenhänge zwischen deinen blauen Punkten herauszuarbeiten. Eine genaue Anleitung findest du in der Übung am Ende dieses Kapitels.

Deine Aufgabe besteht darin, Muster zu erkennen. Gibt es Gemeinsamkeiten oder gleichbleibende Überzeugungen? Kannst du Ähnlichkeiten entdecken? Gibt es Dinge, die du losgelassen hast? Mit anderen Worten: Bist du flexibel genug, wenn es darauf ankommt? Gibt es manche Dinge, an denen du stärker festhältst? Aktivitäten, die du häufiger verrichtest oder in die du dich tiefer hineinkniest? Vielleicht bist du zunächst durch Zufall in eine fürsorgliche Rolle hineingerutscht, hast dich aber später doch bewusst für eine solchen Aufgabe entschieden und den Vorsatz gefasst, sie auf der virtuosen Ebene in einer Führungsfunktion auszuüben? Wie kannst du in deinem aktuellen Tun auf die Verwirklichung diese Absicht hinarbeiten?

DIE MACHT DER ARCHETYPEN

Um Muster herauszuarbeiten, können wir uns zum Beispiel vorstellen, wir wären eine Figur in einem Buch oder Film. Wie würdest du deine Rolle ausgestalten?

George Lucas, Regisseur des Kinoklassikers *Star Wars*, bediente sich dabei der Archetypen oder Urformen, die einen bestimmten Persönlichkeitstypus repräsentieren. Er ließ sich vor allem von Joseph Campbell inspirieren, dem Mythenforscher und Autor des Buches *Der Heros in tausend Gestalten*.

Bei der Erforschung von Mythen in Volkssagen und Religionen aus aller Welt fiel Campbell auf, dass es zwar eine scheinbar unendliche Vielzahl von Variationen des Heldentypus, aber auch ganz bestimmte Erzählstrukturen gibt, die all diesen Geschichten zugrunde liegen und der Heldenreise zusätzliche Wirkung verleihen. Obwohl es zahlreiche Archetypen gibt, war Lucas besonders vom Typus des Helden fasziniert. Er erkannte zweifellos, dass wir uns im Film in die Heldinnen und Helden hineinversetzen können, wenn das Narrativ einem ganz bestimmten Ablauf folgt. Auch lernte er von Campbell, dass Mythen zwar in der Außenwelt zu spielen scheinen, aber auch in unserem Inneren wirksam werden, was Campbell als »Außenbereiche des inneren Raums« bezeichnet.

In der ersten Hälfte der 1900er-Jahre forschte der Schweizer Psychiater C.G. Jung zum Ursprung der Archetypen. Nach seiner Theorie bilden diese universell anzutreffenden Rollenbilder mit ihren spezifischen Charaktereigenschaften einen Kontrapunkt zum Instinkt und erwachsen aus dem kollektiven Unbewussten. Die Vertreter der jungschen Schule führen zwölf Archetypen auf, mit denen sich jeder von uns identifizieren kann: der Unschuldige, der Jedermann, der Held, der Rebell, der Entdecker, der Schöpfer, der Herrscher, der Magier, der Liebhaber, der Betreuer (auch »Kümmerer« genannt), der Narr und der Weise. Wir müssen nicht Psychologie studiert haben, um diese Grundcharaktere in uns selbst und anderen zu erkennen. Spirituell Lehrende sind oft Weise, und wir alle sind einmal unbelastet von Erfahrungen unschuldig auf die Welt gekommen.

Eine Zeitgenossin von C.G. Jung, die Psychologin Carol S. Pearson, setzte Archetypen in einen praktischen Bezug. In ihrem Buch *The Hero and the Outlaw*, das in Zusammenarbeit mit Margaret Mark entstand, untersuchte sie insbesondere, wie sich bestimmte Urbilder für das Markenbranding von Unternehmen nutzen lassen. Das von C.G. Jung begründete System beeinflusst Pearsons Arbeit bis heute, etwa wenn sie sechs heroische Archetypen identifiziert: der Weise, der Suchende, der Unschuldige, der Magier, der Krieger und der Altruist.

Auch in den Leuten, denen du deine Geschichte erzählst, sind diese Archetypen lebendig, sodass sie sie erkennen und sich mit ihnen identifizieren können. Sie bieten uns die Möglichkeit, uns selbst und das, was uns ausmacht, nach außen zu projizieren, weil wir sie alle zu unterschiedlichen Anteilen in uns vereinen. In jedem von uns steckt ein Betreuer oder Kümmerer. Wir alle haben etwas Unschuldiges. Jeder kann ein Jedermann sein.

IN UNGEWOHNTEN BEGRIFFEN DENKEN

Gut möglich, dass ich dich mit meinen Ausführungen ein wenig überfordere. Aber ich kann aus meiner Haut nicht heraus: Ich bin nun mal Uniprofessor und lehre noch dazu Psychologie,

Führungskompetenz und Rhetorik! Zudem ist die Auseinandersetzung mit deinen Themen und roten Fäden unerlässlich, um dir begreiflich zu machen, warum wir all diese ungewohnten Begriffe brauchen: Archetypen beschreiben, wie du als Figur im Film deines Lebens wahrgenommen wirst.

Entsprichst du eher dem Typus des Erschaffers und Magiers oder gehörst du eher zu den Kontrollbeamten? Erkennst du bei dir mehr Persönlichkeitsanteile des Unschuldigen oder des fürsorglichen Betreuers? Des Narren, des Schöpfers oder Lehrers? Würdest du dich eher als Herrscher sehen oder als ein Weiser wie Yoda aus *Star Wars*?

Bist du ein Mensch, der sich um andere kümmert, koste es, was es wolle? Einer, der es versteht, den Wandel voranzutreiben? Der knifflige Probleme löst? Der Hindernisse aus dem Weg schafft? Bist du ein unermüdlicher Streiter für soziale Gerechtigkeit? Einer, der es versteht, Gemeinschaften aufzubauen?

Eine meiner Klientinnen, die im Topmanagement tätig ist, hat schon als Kind Theaterstücke und Shows auf die Bühne gebracht, an denen die ganze Nachbarschaft beteiligt war. Sie hatte ein Gespür dafür, wer schauspielerisches Talent hatte, wie sie andere zum Mitmachen bewegen konnte und welche Rolle zu jedem Einzelnen passte. Sie konnte sich im späteren Leben als Event-Managerin profilieren und ist heute Chief Operating Officer in einem erfolgreichen Unternehmen. Als wir uns ihre Themen anschauten, fand sie sich im Archetyp der Organisatorin/ Helferin wieder, die stets darauf bedacht ist, Ereignisse und Prozesse so aufeinander abzustimmen, dass sie andere zum Mitmachen animieren. Mit ihrem Engagement prägte sie die Atmosphäre an ihrem Arbeitsplatz. In gewisser Hinsicht entwickelt und inszeniert sie auch heute noch Theaterstücke wie in ihrer

Kindheit. Aber statt wie früher vor einem Publikum von Eltern zu spielen, geht es ihr heute darum, dass Mitarbeitende auf allen Unternehmensebenen die »Show« am Arbeitsplatz genießen.

Auch meine Klientin arbeitete sich vom Kleinen zum Großen – von den Details zum Gesamtbild – vor. Durch das Herauszoomen aus den Einzelaspekten entdeckte sie ihr übergeordnetes Thema: Ihr Weg führte von der spielerischen Talentsuche in ihrer Nachbarschaft zu ihrer aktuellen Tätigkeit in einem Großunternehmen. Sie erkannte, dass sie schon immer die Gabe besessen hatte, Leben in die Eintönigkeit und Routine des Alltags zu bringen. Als Chief Operating Officer kann sie ihre Führungsposition nutzen, um eine Kultur der sinnstiftenden Arbeit aufzubauen. Großes Kino!

Wie ich gehört habe, schreibt sie gerade ein Buch, *The Production of Culture*. Zweifellos eine Verbeugung vor ihrer eigenen Geschichte, die sie zu dem Menschen gemacht hat, der sie heute ist, eine Wegbereiterin, die anderen beim Aufbau einer Arbeitskultur mit »Nachbarschaftsfeeling« hilft.

DIE ZEITÜBERGREIFENDE VERBINDUNG

Ein Thema oder roter Faden zieht sich durch die einzelnen Kapitel deines Lebens und stellt sie in einen zeitlichen Zusammenhang – wie eine Ranke die einzelnen Blätter miteinander verbindet. Auch dein Narrativ entfaltet sich nach und nach, was die Zeit zu einem kritischen Element in ihrem Aufbau macht. Die Geschichten selbst bilden einen bestimmten Moment in deinem Leben ab. Deine Heldengeschichte gehört der Vergangenheit an. Bei deinem kollaborativen Moment könnte es sich um ein relativ aktuelles Erlebnis handeln, obwohl darin wahrscheinlich bereits eine imaginierte Version deines künftigen Selbst mitschwingt.

Keine Sorge, wenn dir dein virtuoser Moment bislang noch nicht in vollem Umfang offenbart worden ist. Vielleicht bist du noch jung oder du befindest dich noch nicht im richtigen Unternehmen oder in der richtigen Position. Mag sein, dass du ihn bisher nicht als Ganzes kennst, sondern nur eine erste Ahnung davon hast – dass du daran geschnuppert hast wie an einer guten Tasse Kaffee. Wie dem auch sei, als Nächstes werden wir ausgehend von deinem virtuosen Moment eine Vision deines künftigen Selbst entwickeln, ganz gleich, ob du ihn nur teilweise, umfassend oder noch gar nicht erlebt hast und dir diese Leerstelle selbst füllen musst.

Die Sprache der Archetypen hilft dir zu verstehen, welche Rolle du zurzeit spielst und welche du im Hinblick auf deinen virtuosen Moment anstrebst.

Eine meiner Kursteilnehmerinnen war bereit, sich mit ihrer Geschichte als Beispiel für die Erarbeitung einer PeakStory zur Verfügung zu stellen. Wir entwickelten ihre PeakStory-Map, schrieben für jeden ihrer blauen Punkte einen Steckbrief und erstellten auf dem Whiteboard ein PeakStory-Viereck für sie. Anschließend bat ich die Teilnehmenden zu überlegen, welches der wesentliche Archetypus dieser Frau war.

Ohne zu zögern, lautete die übereinstimmende Antwort: »Sie ist die Superheldin aus *Wonder Woman*.«

Als ich fragte, warum, beschrieben sie die Teilnehmerin als eine Frau, die ihre innere Stärke und Souveränität nutzt, um alles Negative im Leben an sich abprallen zu lassen oder abzuwenden. Sie tat es, um ihre drei Kinder zu beschützen. Sie tat es, um sich für die unterschiedlichsten Belange an ihrem Arbeitsplatz einzusetzen. Und sie tat es, um sich für sich selbst starkzumachen, etwa indem sie beschloss, noch einmal die Schulbank zu drücken.

Was für eine schöne Bestätigung für diese Kursteilnehmerin. Eine Weile blieb sie wortlos am Whiteboard stehen, dann strahlte sie: »Wow, ich bin also eine moderne Wonder Woman.«

WIE IM KINO, SO IM LEBEN

Wenn du nicht weiterkommst und es dir schwerfällt, anhand deiner blauen Punkte deinen Archetyp zu finden, könntest du dich natürlich auch an andere wenden, die dich gut kennen, und ihnen von den Schlüsselmomenten in deinem Leben erzählen. Dann könntest du sie fragen, welchen Persönlichkeitstyp sie in dir sehen. Wenn sie eine Film- oder Romanfigur wählen sollten, die sie an dich erinnert, welche wäre das?

Ich kann aber auch verstehen, wenn du niemanden hast, den du darum bitten magst. Für die meisten ist dieser Prozess etwas höchst Privates. Aber weißt du was? Du kennst die Antwort selbst! Und wie immer sie lauten mag, sie ist garantiert richtig.

Schau dir die Themen an, die sich aus deinen blauen Punkten herauskristallisieren. Was sagen sie über dich aus – über das, was dich im Inneren ausmacht? All die vielen kleinen Hinweise, die du aus deiner Arbeit mit deinen blauen Punkten gewonnen hast, eröffnen dir den Blick auf die große Bühne, auf der deine archetypische Hauptfigur steht.

Bist du ein Superheld, eine Superheldin? Bist du Wonder Woman? Der Black Panther aus dem Marvel-Universum? Oder bist du eher wie Woody, der Sheriff aus *Toy Story*? Mit welcher Film- oder Romanfigur würdest du sich vergleichen? Vielleicht

bist du wie Violetta Parr, das Mädchen aus *Die Unglaublichen –
The Incredibles*, das sich unsichtbar machen und alles beobach-
ten kann, um im entscheidenden Moment als Retterin auf den
Plan zu treten. In diesem Fall wärest du ein Mensch mit scharfer
Wahrnehmungsgabe, gutem Gedächtnis und einem Auge fürs
Detail, der zur Stelle ist, wenn er gebraucht wird.

Wenn wir die Figuren innerhalb eines Genres Revue passieren lassen, kommen uns automatisch die entsprechenden Archetypen in den Sinn. Genres und Archetypen erleichtern uns das
Aufspüren von Themen, die uns vertraut sind und bestimmten
Mustern folgen. Und unser Gehirn denkt gerne in Mustern.

ROLLEN ENTWICKELN

Ich habe dich jetzt mit vielen ungewohnten Begriffen bombar-
diert, Archetypen wie der Lehrer oder Betreuer/Kümmerer,
der Herrscher oder Suchende, der Weise oder Magier erleichtern das Verständnis eines Lebensthemas, das sich im Laufe der
Zeit entfaltet. Das PeakStory-Viereck ermöglicht dir, die einzelnen Mosaiksteine zu sortieren und zu einem Gesamtbild zusammenzusetzen. Ist das geschehen, können wir beginnen, auf
der Grundlage deiner Kompetenzen und Motivationen Archetypen zu entwerfen, die beschreiben, was für ein Mensch du
bist. So wie verschiedene Psychologen mit unterschiedlichen
Archetypen arbeiten, steht es auch uns frei, unsere eigenen zu
wählen. Wir alle tragen mehr als eine dieser Urfiguren in uns.
Du kannst sie kombinieren und deinem persönlichen Archetyp
einen Namen geben. Hier einige Beispiele, die von meinen
Kursteilnehmenden stammen. Vielleicht entdeckst du das eine
oder andere, das du für deine PeakStory gebrauchen kannst.

- Heroischer Beschützer
- Einfühlsamer Kümmerer
- Produktiver Macher
- Engagierter Betreuer
- Unermüdlicher Aktivist
- Kreativer Lehrer
- Anspornender Partner
- Loyaler Macher
- Katalysator des Wandels
- Empathischer Berater
- Bodenständiger Künstler
- Entdecker und Pionier
- Anpassungsfähiger Unterstützer
- Pflichtbewusster Soldat
- Führungskraft mit Herz
- Lehrer und Forscher
- Leader und Lerner
- Perfektionist im Dienst einer guten Sache
- Bescheidener Macher
- Stiller Betrachter
- Wohlüberlegt Handelnder

Du kannst die genannten Begriffe natürlich auch anders kombinieren oder ganz neue Worte oder Wortkombinationen erfinden, um deinen Charakter zu beschreiben.

AUF DEN HUND GEKOMMEN

Ich liebe Hunde und wähle sie deshalb für mein folgendes Beispiel, das dir helfen soll, die Arbeit mit den Archetypen besser zu verstehen. (Wenn du mit Hunden nichts anfangen kannst, tu einfach so, als würden wir über Katzen reden.)

Wenn du einen Hund siehst, nimmst du kein x-beliebiges Tier wahr. Es ist ein Hund. Du siehst auch nicht die Zellen, aus denen sein Körper besteht. Du siehst einen Hund, und mehr noch: Du siehst eine bestimmte Art von Hund. Was du siehst, ist ein Australian Shepherd, ein Boxer, ein Labradoodle, ein Designerdog, eine Promenadenmischung … Aber welcher es auch sein mag, es ist auf jeden Fall ein Hund.

Diese Hunde sind alle gleich, und doch sind sie verschieden. Ich finde, dieses Beispiel veranschaulicht ganz gut, worauf C.G. Jung mit seinen Archetypen hinauswollte. Alle Menschen sind Menschen, aber mit Eigenschaften, die sich mal mehr, mal weniger stark bemerkbar machen, wenn sie spielen, arbeiten und leben. Genau wie bei Hunden.

Um die Arbeit mit Archetypen besser zu verstehen, versuche, dir für eine Weile vorzustellen, du wärst ein Hund. Spiele mit der Idee. Vielleicht merkst du, welche Eigenschaften dabei in dir zum Vorschein kommen. Bist du ein Hütehund, ein verspielter Welpe, ein treuer Gefährte, ein aggressiver Wachhund? Jeder Hund ist anders, aber die verschiedenen Rassen weisen jeweils ganz bestimmte Merkmale oder Eigenschaften auf, die besonders ausgeprägt und charakteristisch für sie sind.

Hilft dir das zu erkennen, was für eine Art von Mensch du bist? Achte auf die Details. Geh vom Kleinen zum Großen. Welche Eigenschaften und Merkmale sind so ausgeprägt, dass sich daraus ein Archetyp ergibt?

Sobald du die Antwort hast, kannst du die Mosaiksteine deiner Story mit noch mehr Energie und Selbstvertrauen zusammenzufügen. Und wie? Darum geht es im nächsten Kapitel.

ÜBUNG: DAS PEAKSTORY-VIERECK AUSFÜLLEN

Zeit ist ein Schlüsselfaktor deiner PeakStory. Wenn ein Thema im Verlauf deines Lebenswegs immer wieder auftaucht, ist das der untrügliche Beweis, dass dich in bestimmten Situationen irgendetwas begeistert, auch wenn dabei nicht immer alles perfekt läuft.

Denk daran, wir sind hier im Discovery Channel. Wir betreiben echte Wissenschaft und sammeln Beweise, die die Kontinuität deiner Lebensthemen belegen. Du analysierst dich, um dich selbst besser zu verstehen.

Wir halten nach den Dingen Ausschau, die über die Zeit hinweg Bestand haben, um sie zu einem Gesamtbild zusammenzusetzen.

Die Antworten kennst du bereits. Sie sind irgendwo in deinen PeakStory-Steckbriefen versteckt.

Um deine Muster zu erkennen, zeichnest du als Erstes ein Viereck. Lege ein Blatt Papier oder eine Seite deines Tagebuchs quer vor dich hin (ich zeichne meine Vierecke manchmal mit einem Whiteboard-Marker auf die Fensterscheiben) und unterteile es mit dem Lineal in vier gleich große Felder. In die Mitte fügst du einen großen Kreis ein.

Nun trägst du in die Felder die gleichen Überschriften wie im Steckbrief ein. Oben rechts »Kompetenzen«, unten rechts »Motivationen«, unten links »Orte« und oben links »beteiligte Personen«. (Den Kreis in der Mitte lässt du vorerst noch frei.)

Schau dir noch einmal die blauen Punkte an, für die du einen Steckbrief geschrieben hast, und übertrage die Kompetenzen, Motivationen, beteiligten Menschen und Orte in dein Viereck.

Nun hältst du nach Mustern Ausschau. Vielleicht werden manche Kompetenzen dreimal genannt, weil sie bei allen drei blauen Punkten eine Rolle spielen, zum Beispiel deine Kommunikationsfähigkeit. Vielleicht erkennst du, dass du in all deinen Schlüsselmomenten draußen, im Freien gewesen bist. Eine meiner Klientinnen veränderte ihr Arbeitsverhalten, um ihrem Wunsch Rechnung zu tragen, während ihrer beruflichen Tätigkeit im Kommunikations- und Managementbereich mehr Zeit in der Natur zu verbringen.

Vermutlich werden unterschiedliche Kompetenzen abgefragt, je nachdem, ob es sich um eine Heldengeschichte (Vergangenheit), kollaborative Geschichte (relativ aktuell oder Vergangenheit) oder einen virtuosen Moment (mögliche Zukunft) handelt. Wenn du dich häufig im Freien aufhältst, zeichne einen Pfeil, der in den Kreis hineinreicht; wenn du ständig versuchst, andere zu überzeugen oder positiv zu beeinflussen, zeichnest du hier einen Pfeil hin zum Kreis.

Versieh alles, was wichtig ist, mit einem Pfeil Richtung Kreis.

Welchen Einfluss haben Orte? Magst du es eher hektisch oder brauchst du eine ruhigere Umgebung?

Verbinde auch hier die Schlüsselbegriffe oder Themen mit dem Kreis.

Wenn du alle vier Felder noch einmal überprüft hast, schau dir den Kreis an. Die Dinge, die es dorthin geschafft haben, stellen die zentrale Verbindung zwischen den einzelnen Kapiteln deines Lebens dar. Überleg nun, welches Symbol sie repräsentieren könnte. Zeichne es in die Mitte des Kreises. Ich habe mich für ein altmodisches Mikrofon entschieden, weil es für meine Tätigkeit als Lehrer steht und ich zugleich Leuten das Reden beibringe. Andere wählen vielleicht ein Ohr, weil sie gut zuhören können. Einer meiner Studenten entschied sich für einen Ventilator. Als ich ihn fragte, warum, erwiderte er: »Weil ich erhitzte Gemüter kühle.« Ein anderer wählte eine Stoppuhr, weil er Dinge auf die Schnelle zu organisieren versteht.

Bewahre dein Viereck in deinem Story-Tagebuch auf. Wenn du es nicht auf Papier gezeichnet und ausgefüllt hast, mach ein Foto und klebe es ein.

Das PeakStory-Rechteck bildet das Fundament deiner PeakStory.

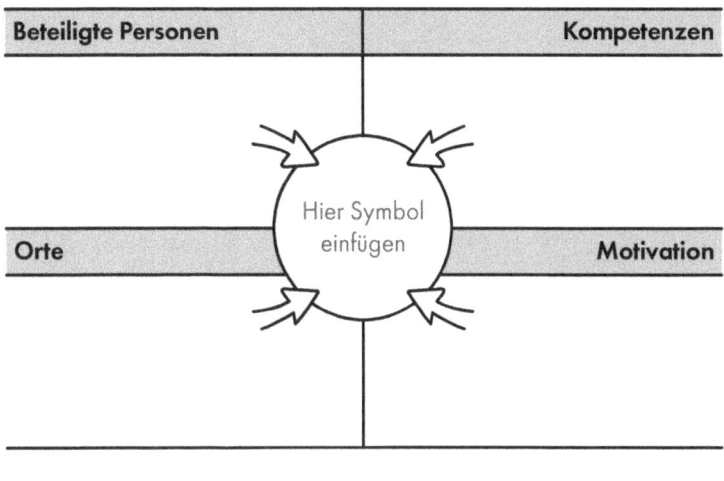

7. KAPITEL

DEINE PEAKSTORY ENTWICKELN

»Verstehen kann man das Leben oft nur rückwärts, doch leben muss man es vorwärts.«

SØREN KIERKEGAARD

Lass uns nun zu deiner eigenen PeakStory kommen. Um ihr Struktur zu geben, müssen wir zunächst ihre einzelnen Bausteine sortieren – deine blauen Punkte.

Sie stehen immer am Anfang.

Kommen wir noch einmal zu Steve Jobs und seiner berühmten Stanford-Rede aus dem Jahr 2005 zurück. Seine Geschichte lebt von seinen persönlichen formativen Erlebnissen, angefangen mit seinem Kalligrafie-Lehrgang am Reed College, der auf den ersten Blick nichts mit seiner späteren Rolle als Boss eines Technologiegiganten zu tun zu haben scheint und trotzdem maßgeblichen Einfluss auf den Verlauf seiner Story hat.

Wie also wählte Steve Jobs seine blauen Punkte aus? Indem er sie sortierte.

Die Momente, von denen er erzählte, stellten nur eine kleine Auswahl dessen dar, was er ebenfalls hätte mit einbauen können. Genau wie du und ich – wie alle Menschen, die auf ein gelebtes Leben zurückschauen – war er ein notorischer Blaue-Punkte-Sammler. Jeder von uns verfügt über eine umfangreiche Kollektion solcher Erlebnisse, aber mithilfe der PeakStory-Map haben wir sie bereits auf die neun mit der größten Aussagekraft reduziert – auf die Momente, die ganz besonders hervorstechen.

Sie wollen wir jetzt in eine Ordnung bringen. Und dazu nehmen wir uns noch einmal die Steckbriefe und dein Viereck vor.

DEINE STORYS SORTIEREN

Das Arbeitsblatt zum Storypathing hilft dir, deine blauen Punkte zu sortieren und sinnvoll zu kombinieren.

StoryPathing™
Arbeitsblatt zur PeakStory-Entwicklung

Absicht: _____

Wo willst du deine Geschichte erzählen?

_____

An wen richtet sie sich? _____

Tageszeit: _____

Welche spezifischen Besonderheiten deiner Zielgruppe sind gegebenenfalls du berücksichtigen?

_____

_____

Die nachfolgende StorySorting™-Tabelle hilft dir zu entscheiden, welche Elemente einen Platz in deiner PeakStory™ erhalten sollten, ob in einer Rede oder zwanglosen Unterhaltung. Ordne deine Erzählelemente ein und begründe jeweils deine Wahl.

	HELDENHAFT	KOLLABORATIV	VIRTUOS
1. FORMATIVE ERFAHRUNG			
Warum hast du sie gewählt?			
Welche Kompetenzen/ Skills kamen zum Einsatz?			
Was hat dich motiviert?			
2. FORMATIVE ERFAHRUNG			
Warum hast du sie gewählt?			
Welche Kompetenzen/ Skills kamen zum Einsatz?			
Was hat dich motiviert?			
3. FORMATIVE ERFAHRUNG			
Warum hast du sie gewählt?			
Welche Kompetenzen/ Skills kamen zum Einsatz?			
Was hat dich motiviert?			

Die Tabelle hat je eine Spalte für die unterschiedlichen Erzähl-ebenen: heldenhaft, kollaborativ und virtuos. Trage in alle drei Spalten der ersten Zeile jeweils einen blauen Punkt – eine formative Erfahrung – ein.

Kehre danach zu deiner Heldenerfahrung in der ersten Spalte zurück und begründe in der vorgesehenen Zeile, warum du diesen blauen Punkt in deine Geschichte einbeziehen willst. Was trägt er zu deiner Story insgesamt bei? Vielleicht zeigte sich bei dem Kunstwettbewerb, den du in der siebten Klasse gewonnen hast, deine künstlerische Begabung, obwohl damals noch niemand auf die Idee gekommen wäre, dass du sie einmal beruflich nutzen könntest. Es könnten aber auch Kampfgeist und Kreativität im Vordergrund gestanden haben. Vielleicht hast du den Studiengang gewechselt und dich damit als Freigeist erwiesen, was dir keiner zugetraut hätte.

Du kannst das Arbeitsblatt in dein Story-Tagebuch übertragen oder dir eine Tabelle auf neutralem Papier anlegen. Schau dir deine Erfahrungen im Einzelnen an und fülle die Spalten und Zeilen entsprechend aus. Auch wenn es dir mühselig erscheinen mag, alles schriftlich festzuhalten, es lohnt sich, glaube mir.

Frag dich jedes Mal, wenn du eine formative Erfahrung notierst, warum du sie in deine Geschichte einbauen willst. Wirf dabei zwischendrin immer mal wieder einen Blick auf die Steckbriefe und dein Viereck, um dir die Kompetenzen vor Augen zu führen, die jeweils gefordert waren. Bist du dir über deine Motivationen im Klaren? Notiere auch sie in der entsprechenden Zeile. (Zerbrich dir nicht den Kopf über den Einfluss der beteiligten Personen und Orte. Diese beiden Faktoren fließen automatisch beim Erzählen in deine Story ein.)

DAS NEUN-PUNKTE-MENÜ

Sobald du die Tabelle ausgefüllt hast, ist sie wie ein Menü mit neun Punkten, aus dem du dich bedienen kannst. Du hast deine Erfahrungen komprimiert, hast erklärt, warum du sie in deine Geschichte einfügen möchtest, und hast die geforderten Kompetenzen und treibenden Motivationen aufgelistet.

Gute Arbeit! Wie immer ist die Suche nach dir selbst die lohnendste Suche. Jetzt kann es losgehen. Wir haben alles, was wir brauchen, um mit dem Aufbau deiner Geschichte zu beginnen.

Und wie? Du hast so viele Informationen gesammelt, dass dich die schiere Menge womöglich überwältigt. Kein Grund zur Panik! Du wirst nicht alle neun Punkte für deine Geschichte brauchen.

Die Geschichte, die du erzählst, besteht aus drei Elementen: Je ein heldenhafter, kollaborativer und virtuoser Moment reichen aus, um deine Story in der Vergangenheit zu verankern und zu zeigen, wer du heute bist und in naher Zukunft sein wirst.

WELCHE ABSICHT VERFOLGST DU MIT DEINER GESCHICHTE?

Dies ist die Schlüsselfrage, die dir bei der Auswahl deiner Punkte hilft: »Was beabsichtigst du mit dieser Geschichte? Was möchtest du damit erreichen?«

Wenn du sie dir selbst erzählst, möchtest du vielleicht Klarheit darüber gewinnen, wer du wirklich bist, und dir die Entscheidung über deine weitere Laufbahn erleichtern – das Story-

Pathing und die Arbeit an deiner PeakStory helfen dir tatsächlich dabei, die Geschichten neu zu schreiben, die du dir selbst erzählst. Cool, oder? Wenn du sie anderen erzählst, möchtest du vielleicht deine Glaubwürdigkeit untermauern, deinen Ruf als neue Teamchefin festigen oder dich aus den Vorfestlegungen anderer befreien. Leute stecken dich vielleicht aufgrund deines Aussehens, deines Namens oder anhand von Gerüchten, die über dich kursieren, in eine bestimmte Schublade, und du möchtest diesen falschen Eindruck korrigieren.

Die Leute, die dir zuhören, möchten wissen, wie du zu dem Menschen geworden bist, den sie heute vor sich haben, und du willst es ihnen sagen. Du hast einen Heldenmoment erlebt, der zeigt, dass du Hindernisse überwinden kannst und darum für eine Zusammenarbeit mit anderen prädestiniert bist. Und ein kollaborativer Moment belegt, dass du mehr bist als ein Superheld, der eine Hürde nach der anderen nimmt. Vielmehr schraubst du dich in der Aufwärtsspirale deiner PeakStory-Map zu einer Ebene hinauf, wo du gemeinsam mit anderen im Beruf, im Privatleben und in der Freizeit all die wunderbaren Dinge tust, die du so sehr liebst. Du empfiehlst dich deinen Zuhörern damit als ein Mensch, der Hindernisse überwindet und den sie gern in ihrem Team haben würden, weil du, wie sie gehört haben, gut mit anderen kannst. Und ebendiese kollaborative Erfahrung setzt dich auf die Schiene hin zum Gipfel deiner PeakStory – deinem virtuosen Moment.

Und schon bist du aus der Schublade heraus. Doch das gelingt nur, wenn du diese Gedankengänge auch entwickelst. In unserem Beispiel sieht es so leicht aus, aber wie erzählst *du selbst* eine solche Geschichte? Du bist derjenige, der entscheiden muss, welche Elemente du in deine Erzählung einbeziehst und wie du sie bestmöglich gestaltest.

ZIELGRUPPENANALYSE

Welche Heldengeschichte du als Einstieg wählst, hängt ganz davon ab, wem du sie erzählst. Schauen wir uns also einmal die möglichen Zielgruppen an.

Wer bekommt deine Story zu hören und wo erzählst du sie? Sind es Kolleginnen und Kollegen aus dem Finanzscktor, die du bei einer Fachtagung triffst? Oder handelt es sich um ein gemischtes Publikum aus der Chefetage, dem mittleren Management und Leuten, die ganz neu in deiner Firma sind? Stellt jemand anderes dich vor? Oder bist du mit Freunden im Pub und erzählst deine Story in ungezwungener Runde? Redest du live oder auf Zoom? Du siehst, dass Orte und beteiligte Menschen als Einflussfaktoren miteinander verknüpft sind.

Die Absicht, die du beim Erzählen deiner Geschichte verfolgst, und die Analyse deiner Zielgruppe sagen dir, welcher blaue Punkt am besten geeignet ist und auch, wie viel davon du preisgeben solltest. Wie wir an anderer Stelle besprochen haben, kannst du dich jederzeit entscheiden, an bestimmten Stellen den Ball flach zu halten, um deine Story im jeweiligen Kontext stimmig zu erzählen. Es geht darum, ein positives Bild von dir zu zeichnen, und damit das gelingt, gehst du mal ein bisschen mehr und mal ein bisschen weniger ins Detail. Das solltest du immer im Auge behalten.

Du hast die Kontrolle und bist gut vorbereitet. Wenn du deiner Zielgruppe deine maßgeschneiderte Geschichte erzählst, mach dir keine Sorgen, wenn du manchmal ein bisschen vom geplanten Kurs abkommst. Du weißt, was das Wesentliche an deiner Geschichte ist. Wie du sie im jeweiligen Kontext erzählst, ändert daran nichts. Hast du das Gefühl abzuschweifen, kehrst du einfach zu deiner Kernstory zurück. Was genau das ist? Die

Minimalversion deiner Story. Deine MVS – die Form deiner Geschichte, die höchstwahrscheinlich in jedem Kontext funktioniert.

Auf die Anwendungs- und Präsentationsmöglichkeiten des Storytelling werden wir später eingehen. Noch sind wir damit beschäftigt, deine PeakStory zu entwickeln.

Denk noch einmal an deine Zielgruppe. Was für Menschen sind das, die du vor dir hast? Sind sie eher spirituell oder analytisch orientiert? Kommen sie aus dem Dienstleistungssektor? Sind es Praktiker? Eignet sich die Geschichte, so wie du sie jetzt aufbaust, um sie vor einem gemischten Publikum zu erzählen? Meistens lautet die Antwort Ja: Auch wenn das Entwickeln deiner Story keine Aufgabe ist, die du ein für alle Mal erledigst, kannst du ein und dieselbe Geschichte durchaus mehrmals verwenden. Hattest du dir darüber schon Gedanken gemacht?

DIE GESCHICHTE MASSSCHNEIDERN

Die von dir ausgewählten blauen Punkte sind ein Schatz, den es sorgsam zu hüten gilt. Du willst die Geschichte erzählen, die deine narrative Identität am besten repräsentiert. Sie zeigt, wer du durch die im Lauf deines Lebens gesammelten Erfahrungen geworden bist – einer Lebensspanne, die drei prägende Momente umfasst: einen Heldenmoment (Vergangenheit), einen kollaborativen Moment (relative oder unmittelbare Gegenwart) und einen virtuosen Moment (relative Gegenwart oder wahrscheinliche Zukunft). Wenn deine Kernstory steht, kannst du sie an deine jeweilige Zielgruppe oder die äußeren Gegebenheiten anpassen. Du kannst sie sozusagen maßschneidern.

Nutze das StorySorting-Arbeitsblatt, wenn du dir Gedanken

darüber machst, wann und wo du deine Geschichte erzählen möchtest. Zu welcher Tageszeit trägst du sie vor? Gibt es irgendwelche Besonderheiten, die es zu beachten gilt? Die Antworten helfen dir zu entscheiden, welche Elemente du in deine PeakStory einbauen möchtest, je nachdem, ob es sich um eine private Unterhaltung, eine Selbstvorstellung oder ein Kundengespräch handelt.

Sobald die Grundelemente deiner Story stehen, du also entschieden hast, welche Motivationen und Kompetenzen du hervorheben willst, richtest du deine Aufmerksamkeit auf die Details, die du einbeziehen möchtest. Schau dir an, welche Themen und roten Fäden sich durch deine blauen Punkte ziehen. Du bist jetzt in der Lage zu sagen: »Das ist der Moment, auf den es ankommt. Das ist meine Kompetenz. Deshalb muss ich davon erzählen.«

Geh noch einmal in dich: Warum hast du diesen blauen Punkt gewählt? Warum ist speziell dieses Erlebnis so wichtig? Du könntest es sonst vergessen. Es wäre nicht das erste Mal, dass das passiert. Beim Sortieren der blauen Punkte füllen viele das Blatt aus, werfen es in den Papierkorb, weil ihnen das Ganze irrelevant erscheint, und fangen wieder von vorne an. Bleib bei dem, was du hast; dass dir ausgerechnet diese blauen Punkte beim StoryPathing als Erstes eingefallen sind, hat seinen Grund.

DIE MOSAIKSTEINE ZUSAMMENFÜGEN

Wenn du deine Punkte gewählt hast, empfiehlt es sich, alle drei Teile deiner Story zu Papier zu bringen: den Heldenmoment, den kollaborativen Moment und den virtuosen Moment. Die

PeakStory ist das Ganze, das sich aus der Summe dieser Einzelteile ergibt.

Viele Leute schreiben ihre PeakStory mit der Hand. Nicht mit dem PC, nicht in Word. Sie schicken mir Fotos von ihrem Text mit Kommentaren wie:»Ich habe mein Tagebuch in den Park mitgenommen, mich an den See gesetzt und den Leuten beim Kajakfahren, Windsurfen und Angeln zugesehen. Ich brauchte eine Auszeit, um in Ruhe zu überlegen und zu schreiben. Und ich habe mir gedacht, ich schicke Ihnen mal, was dabei rausgekommen ist.«

Um deine Geschichte zu schreiben, suche dir also einen Ort, an dem du dich wohlfühlst. Wo auch immer das sein mag. Halte alles schriftlich fest, aber fasse dich kurz, schreib nicht mehr als einen oder zwei Absätze pro Geschichte.

Geh ruhig ins Detail, aber bring es auf den Punkt – nicht, dass du am Ende zehn Seiten vollgeschrieben hast.

DEINE ERZÄHLSTIMME FINDEN

Sobald du deine Geschichte aufgeschrieben hast, geht es darum, deine Erzählstimme zu finden. Teste sie, indem du deinen Text laut vorliest, ihn aufzeichnest und dir die Aufnahme anhörst. (Am Ende des Kapitels findet du hierfür eine sehr gute Übung.)

Orientiere dich dabei an der folgenden Checkliste:

- *Zweck und Identität.* Was beabsichtigst du mit deiner Geschichte? Ist es dir gelungen, die Persönlichkeitsmerkmale herauszuarbeiten, um die es dir bei der Wahl deiner drei blauen Punkte ging? Schau dir dein Arbeitsblatt noch einmal an. War dir wirklich klar, was du bewirken wolltest? Und wenn ja, warum? Markiere mit verschiedenfarbigen Textmarkern die Stellen, an denen du gut bzw. nicht so rüberkommst. Schreib um, was weniger gut funktioniert.

- *Kernbotschaft.* Wie lautet deine Kernbotschaft? Halte nach dem roten Faden oder Thema Ausschau, das sich durch dein bisheriges Leben zieht. Tritt es klar genug hervor und trägt es dich durch alle drei formativen Erfahrungen?
- *Zielgruppenanalyse.* Was würdest du je nach anvisierter Zielgruppe vielleicht noch verändern? Was würdest du anders erzählen, je nachdem, ob du vor einem Fachpublikum oder vor Laien sprichst? Müsstest du analytischer vorgehen? Hast du deiner Kreativität zu sehr freien Lauf gelassen? Gibt es Stellen, die die Zuhörenden ablenken oder stören könnten?
- *Flexibilität.* Die Geschichte, die du erzählst, ist *deine* Geschichte. Sie zeigt, wer du bist, aber deine Kernstory – die drei Punkte, denen du vor allen anderen den Vorrang gegeben hast – kannst du flexibel auf dein Publikum abstimmen. Wie soll das gehen? Mach's wie ich. Ich rede vor Strafgefangenen und den Polizisten und Polizistinnen, die sie hinter Gitter gebracht haben. Ich halte Vorträge für Führungskräfte ebenso wie vor Leuten, die sich beruflich neu orientieren wollen, und vor Studierenden in den Hörsälen der Roger Williams University. Meine Geschichte wandelt sich ständig. Du kannst deine genauso flexibel erzählen.
- *Sprechtempo.* Das Sprechtempo ist das A und O. Deine Geschichte laut vorzulesen ist die beste Methode, die Stellen aufzuspüren und zu korrigieren, die nicht wirklich funktionieren. Wir neigen dazu, schneller zu reden, wenn wir aus dem Konzept geraten. Wenn du merkst, dass du Gas gibst, frage dich, warum.

- *Dialoganreize.* Gibt es Stellen in deiner Geschichte, wo du innehalten und die Zuhörenden einbeziehen könntest? Es geht hier nicht um eine Fragerunde – du willst keine Meinungen austauschen –, sondern darum, nachzuhaken oder eine rhetorische Frage zu stellen. Gib den Leuten etwas, an dem sie zu kauen haben, irgendeine ungewöhnliche Verknüpfung – früher war ich Künstler, heute bin ich Vermögensberater –, und gib ihnen ein bisschen Zeit, um darauf zu reagieren. Damit hast du den Anreiz für einen Dialog geschaffen.
- *Schlusspunkt.* Du brauchst nicht das Mikro fallen zu lassen oder wild mit den Armen zu fuchteln, wie die Verrückten in manchen alten Filmen. Aber sorge dafür, dass alle merken, dass du zum Ende deiner Story kommst und mit dem Erzählen fertig bist.

»WIE SIND SIE ÜBERHAUPT IM FINANZSEKTOR GELANDET?«

Auf der Suche nach einer Möglichkeit, Punkte zu verknüpfen, die zunächst nichts miteinander zu tun zu haben scheinen, fällt mir die Geschichte eines Vermögensberaters aus meinem Bekanntenkreis ein. Er erzählt sie jedes Mal, wenn er an einer Konferenz teilnimmt und ihm irgendwer auf der Fahrt zum gemeinsamen Mittagessen die unvermeidliche Frage stellt: »Wie sind Sie überhaupt im Finanzsektor gelandet?«

Er bringt dabei drei Punkte zusammen: eine Reise, die er während seiner Jugend unternommen hat, seine Dienstzeit als Marineoffizier und seinen Einstieg in die Finanzbranche.

»Alles fing damit an, dass ich meinen Dad besuchen sollte.

Mir graute fürchterlich vor der ewig langen Zugfahrt von Albany nach New York, wo er arbeitete. Ich war damals erst vierzehn Jahre alt (Heldengeschichte) und hätte mir nie vorstellen können, einmal die Investmentfirma zu übernehmen, die mein Vater kurz zuvor gegründet hatte, nachdem er seine feste Stellung aufgegeben hatte.

»Als junger Mann ging ich zur US Navy und wurde Offizier. Einmal nahm ich mitten im Indischen Ozean an einer Bergungsaktion teil. Auf einem Schiff, das sich in unserer Nähe befand, war jemand bei einem Unfall lebensgefährlich verletzt worden. Für alle, die noch nie erlebt haben, was es heißt, jemanden bei hohem Wellengang von einem auf ein anderes Schiff zu transferieren: Es ist, als würde man versuchen, einen Menschen im zwanzigsten Stock eines Wolkenkratzers aus dem Fenster zu hieven und im benachbarten Wolkenkratzer abzusetzen. Wir mussten mit unserem Bordhubschrauber auf dem Deck des anderen Schiffes landen, um den Schwerverletzten an Bord zu nehmen. Dazu kam, dass wir uns auf einem Kriegsschiff befanden und einem Handelsschiff zu Hilfe kamen, sodass mehr Risiken im Spiel waren, als man je in einem Schulungshandbuch erfassen könnte. Aber wir haben es geschafft und dem Mann das Leben gerettet (kollaborative Geschichte).«

»Nach meinem Abschied von der Navy stieg ich bei meinem Vater ein und war erfolgreich. Unsere Firma wurde so groß, dass wir uns mit einer anderen Kanzlei zusammenschlossen. Ich liebe meine Arbeit, weil sie dazu beiträgt, Menschen finanzielle Sicherheit zu geben (virtuose Geschichte).«

Alles vorhanden: ein heldenhafter, ein kollaborativer und ein virtuoser Moment. Alle aus scheinbar unterschiedlichen Lebensbereichen – aber alle in einer PeakStory vereint.

WARUM DIESE GESCHICHTE FUNKTIONIERT

Schauen wir uns die Geschichte einmal genauer an.

Aus dem Erzählten geht klar hervor, dass einer der Archetypen dieses Mannes der auf die finanzielle Sicherheit seiner Kunden bedachte Betreuer ist. Außerdem zeigt es, dass er seine Erfahrung zu nutzen weiß, um riskante Situationen flexibel zu meistern. Diese Fähigkeit kommt ihm im Finanzsektor ebenso zugute wie auf einem Schiff im Indischen Ozean. In beiden Fällen handelt es sich um komplexe Szenarien, die durch vielfältige Dynamiken und Zufälligkeiten gekennzeichnet sind. Damit die Geschichte funktioniert, reicht es nicht, sich als fürsorglicher Kümmerer darzustellen. Mein Bekannter, der Vermögensberater, muss gleichzeitig zeigen, dass er sich auf variable Größen einzustellen versteht und gut organisieren kann. (Mit »organisieren können« ist gemeint, dass jemand imstande ist, Abläufe zu begreifen und zu wissen, wie etwas funktioniert. Hier geht es nicht um einen aufgeräumten Schreibtisch, sondern um die Fähigkeit, komplexe Strukturen herunterzubrechen und zu vereinfachen, oder etwas Einfaches anzuschauen und die sich dahinter verbergende Komplexität zu erfassen.)

Mein Bekannter konnte seine Kompetenzen so in seine Geschichte einbauen, dass sie ihn als »Codeknacker« von komplexen, dynamischen Szenarien erscheinen lässt. Er zeigt, dass er dank seiner Kreativität, seiner Geduld und seines Weitblicks erfolgreich durch chaotische Situationen zu navigieren versteht.

Übrigens, er ist auch noch Pilot. Kein Wunder. Und nachdem du dir seine Geschichte angehört hast, würdest du vermutlich in seinen Flieger einsteigen, weil du ihm vertraust. Und wenn er dir quasi als Co-Pilot bei deinen wichtigen Finanzentscheidungen zur Seite steht, vertraust du ihm auch, weil er sich mit seinem Narrativ, mit seinen blauen Punkten, als einer ausweist, der sich nicht ins Cockpit eines Flugzeugs setzen würde, wenn er nicht vorher seine Checkliste abgehakt und eine gründliche Risikoanalyse durchgeführt hätte.

Und wenn er mit anderen Tagungsteilnehmerinnen und -teilnehmern auf dem Weg zum Restaurant im Auto sitzt, endet er seine Story mit den Worten: »... und jetzt freue ich mich, hier mit euch zusammen zu sein. Wer mag als Nächster erzählen?« Und alle sind beeindruckt. Sie wissen jetzt, welchen Weg er gegangen ist. Sie erkennen den Spannungsbogen seines Lebens.

JETZT ERZÄHLST DU

Das Schöne an deiner PeakStory ist, dass sie sich leicht transportieren und flexibel anpassen lässt. Sie ist in der PeakStory-Map kartografiert, macht Sinn und entfaltet Wirkung. Sie zu erzählen nimmt in der Regel zwischen dreieinhalb und fünf Minuten in Anspruch, doch sie kann auf eine Minute verkürzt werden, wenn du bloß neugierig machen und den einen oder anderen Punkt oder Aspekt nur andeuten möchtest.

Mit viel Übung kannst du auch eine Neunzig-Sekunden, Siebzig-Sekunden und Zweieinhalb- bis Dreieinhalb-Minuten-Version entwerfen. Oder du baust deine Geschichte zum Achtzehn-Minuten-TED-Talk aus. Nur für den Fall, dass dich jemand dazu auffordert.

Doch ideal sind in der Regel dreieinhalb bis fünf Minuten.

Time dich, indem du deine Geschichte aufnimmst.

Du kannst die Diktier-App deines Smartphones oder jedes andere Diktiergerät dazu benutzen. Die meisten machen diese ersten Versuche für sich allein, bevor sie andere mit einbeziehen.

Wenn du deine Geschichte aufgenommen hast, hör sie dir an. Langsam. Stück für Stück.

In dieser Hinsicht können wir vom Profisport lernen. Der Unterschied zwischen Profi und Amateur liegt für gewöhnlich in der Besessenheit, an der eigenen Leistung zu feilen. Im Profisport arbeitet man mit Feedbackschleifen, und am allerbesten sind Aufzeichnungen der eigenen Live-Performance. Bei Live-Aufnahmen gibt es keine Möglichkeit, Fehler zu kaschieren.

Schaust du dir ein Video, einen Film oder die digitale Aufzeichnung eines Baseballspiels an und siehst, wie ein Batter schlägt, ein Fänger fängt oder ein Edge Rusher rennt, kannst du dir gut vorstellen, was diese denken würden, wenn sie sich selber sähen: »Mm, ich muss meine Handarbeit verbessern«, oder: »Genau an dem Punkt muss ich lossprinten.« Jetzt, wo du selbst zum Profi wirst, dürfte es dir genauso ergehen.

DEIN WICHTIGSTES FEEDBACK

Das wichtigste Feedback erhältst du durch das Analysieren deiner eigenen Performance.

Wie du sicher bemerkt hast, fordere ich dich nicht auf, andere um ihre Meinung zu bitten. Noch nicht. Zuerst musst du selbst deine Geschichte in- und auswendig kennen.

Hör dir selbst kritisch zu. Wo kannst du noch an deiner Story feilen? Wo verlierst du noch zu viele Worte? Wo verstrickst du dich in Einzelheiten? Wo erklärst du zu viel? Hört sich das Ganze schwerfällig an? Wie kannst du diese Nebengeschichte vermeiden? Hörst du dich positiv und optimistisch an? Passt sich dein Ton dem Verlauf deiner Geschichte an, setzt du deine Stimme also als Erzählmittel ein?

Wenn du merkst, dass zu dick aufträgst, rede weniger. Versuche, den Ball flacher zu halten. Du musst nicht alle Informationen bringen, die du für jeden Punkt gesammelt hast; beschränke dich auf das, was wirklich wichtig ist.

In meinem Fall ist es ganz einfach: Ich erzähle, dass ich ein BMX-Fan war; das heißt, ich war ständig mit dem Rad unterwegs. Das zu sagen dauert fünf Sekunden. Ich bin der geborene Forscher. Mehr nicht. Das ist alles, was ich im Augenblick von mir erzählen muss, damit du mich aus der Schublade herausholst, in die du mich gesteckt hast: als Professor mit Anzug und Fliege, der nicht über den eigenen Tellerrand hinausschaut. Es reicht, um dich denken zu lassen, hm, vielleicht steckt ja doch mehr in ihm, als ich dachte. Es genügt, um den ersten Eindruck auszuhebeln, den du dir aufgrund meiner äußeren Erscheinung oder meiner Rollenidentität als Professor gebildet hast. Es langt, um dir meine Botschaft zu vermitteln: »Stopp! Lass dich nicht täuschen. Ich will, dass du mich so siehst, wie ich wirklich bin. Ich bin zu groß, um in deine Schublade zu passen.« Diese wenigen Worte genügen, und schon tritt in deinem Kopf der BMX-begeisterte Junge an die Stelle des Fliege tragenden Professors. Glaube mir, dieses Bild von mir auf meinem BMX-Rad wirst du nicht mehr los.

LIVE AUF SENDUNG

Sobald du beginnst, deine Geschichte zu erzählen, wird man sich fragen, warum du dich auf einmal so verändert hast. Du strahlst plötzlich eine ganz andere kreative, synergistische Energie aus.

Jeder weiß, wie prägend manche Lebenserfahrungen sein können. Um den eigenen Lebensweg zu erklären, braucht man nur zu wissen, was sich aus diesen Punkten entwickelt hat. Aus ihnen können wir lernen.

Auch in dieser Phase fragst du dich vielleicht, ob du nicht den einen oder anderen deiner blauen Punkte austauschen solltest. Natürlich kannst du das! Du hast schließlich mit ihnen gearbeitet und bist mit ihnen vertraut. Probiere ruhig mal diesen und mal jenen aus. Aber sorge dafür, dass erst deine wichtigste Kernstory sitzt. Und das heißt: üben. Pianistinnen und Pianisten üben auch jeden Tag. Nur so entwickeln ihre Finger ein Muskelgedächtnis, das ihnen die Beweglichkeit verleiht, mit Leichtigkeit ihr Repertoire zu spielen.

Keine Sorge, dass deine PeakStory immer gleich klingen könnte. Sie wird nie langweilig, denn wenn du sie auf deine Zielgruppe abstimmst und sie live erzählst, weißt du nie, wie die anderen darauf reagieren.

Du könntest, während du erzählst, kurz innehalten und dein Gegenüber fragen:»Waren Sie beim Militär?« – eine Frage, die zum Dialog einlädt. Und vielleicht lautet die Antwort:»Ja, ich war Offizier bei der US Navy, und ich habe gemerkt, dass ich ein echtes Faible für Systeme und klare Abläufe habe und wie viel Wert ich auf Ordnung und Stabilität lege.« Und schon weißt du ein bisschen mehr über diesen Menschen.

Vielleicht hältst du ihn jetzt für einen echten Helden und zögerst, ihm deine eigene Heldengeschichte zu erzählen.

Doch lass dir sagen: Jeder hört gerne Geschichten aus der Kindheit und Jugend anderer Leute. Sie handeln vom Archetypus des unschuldigen Kindes. Darum lieben wir die naiven Charaktere in Romanen und Filmen. Darum gefallen uns die Spätterblühten und schmelzen wir beim Anblick eines Babys oder Hundewelpen: Wir wissen, dass sie eine unbefangene, unbelastete Seite von uns spiegeln.

Darum fügst du Geschichten aus deiner Vergangenheit in deine Erzählung ein. Mein Bekannter, der Vermögensberater und Ex-Navy-Offizier, könnte zum Beispiel sagen: »Es ist schon irgendwie seltsam. Neulich habe ich wieder an eines der aufregendsten Erlebnisse meines Lebens denken müssen. Es war in den Achtzigerjahren, und ich fuhr ganz allein mit dem Zug nach New York, um meinen Vater zu besuchen, der dort eine eigene Firma gegründet hatte. Von Albany aus. Das waren mehr als sechstausend Kilometer. Eine halbe Weltreise für einen vierzehnjährigen Jungen.«

Mit einer Heldenerfahrung aus unserer Kindheit bringen wir die Zuhörenden dazu, innezuhalten und sich für deine Geschichte zu öffnen, weil auch sie einmal jung gewesen sind.

DEN INNEREN WIDERSTAND ÜBERWINDEN

Wenn du damit beginnst, anderen deine soeben entwickelte PeakStory zu erzählen, kostet es dich vielleicht etwas Überwindung. Aber sie handelt von deinem Leben. Du denkst dir das nicht alles aus. Du hast es selbst erlebt. Und wenn es bis heute relevant geblieben ist, steht es in Bezug zu dem, was du jetzt machst. Tu dir also den Gefallen und rede darüber. Was du erlebt hast, folgt einem sinnvollen Spannungsbogen. Vertrau dir!

Wenn du dich überwinden musst, probiere es hiermit: Verschränke die Finger beider Hände ineinander. Einer der beiden Daumen ist oben – der rechte über dem linken oder der linke über dem rechten. Jetzt mach es andersherum.

Fühlt sich am Anfang irgendwie ungewohnt an, oder?

Hast du deinen Erzählmuskel eine Weile nicht benutzt? Gib dir einen Schubs und *erzähl mal, wer du bist.* Es ist deine Geschichte, also los! Je häufiger du trainierst, desto besser wirst du. Es ist, als würdest du Liegestütze machen, deine Bauchmuskeln trainieren oder die Tonleiter üben. Übung macht den Meister. Das gilt auch beim Erzählen.

Der Wunsch, die eigene Geschichte zum Besten zu geben, ist uns Menschen in die Wiege gelegt. Es ist ein Bedürfnis, das tief in unserer Psyche verwurzelt ist, bloß begegnen wir uns in Zeiten von Facebook immer seltener face to face.

WIE IN DER GESCHICHTE, SO IM LEBEN

Du hast deine Geschichte gedanklich strukturiert. Nun ergibt sie einen Sinn.

Vielleicht merkst du ganz nebenbei, dass du dort draußen in der Welt ein Stück Gelassenheit gewonnen hast; oder dir wird klar, dass du die eine oder andere Veränderung in deinem Arbeitsleben vornehmen möchtest, aber es macht dich nicht wirklich nervös. Auch das kommt häufig vor.

Du konntest einen Blick auf die verwirklichte Version von dir selbst werfen, dein virtuoses Ich – eine Vision, die sich vielleicht noch ein wenig von dem unterscheidet, wo du aktuell stehst, selbst wenn du dachtest, es ziemlich weit gebracht zu haben. Der Vermögensberater aus unserem Beispiel könnte zu dem Schluss gelangen, dass er sich für Kriegsveteranen einsetzen sollte, weil es ihm zusetzt, dass diese ungeachtet aller staatlichen Programme so wenig Unterstützung erhalten. Als einer, der zu diesem Zeitpunkt seiner beruflichen Laufbahn über einen gewissen Handlungs- und Entscheidungsspielraum verfügt, könnte er sich ehrenamtlich engagieren und diesen Leuten eine kostenlose Ruhestandsplanung anbieten. Oder er entwickelt ein Seminarangebot oder gründet einen gemeinnützigen Verein, um sie zu unterstützen.

Natürlich muss deine PeakStory dein Leben nicht völlig auf den Kopf stellen. Es gibt zahlreiche Möglichkeiten, Schwung in deinen privaten und beruflichen Alltag zu bringen und ihn zu bereichern. Man weiß, wie wichtig es für uns Menschen ist, eine sinnvolle Arbeit und Möglichkeiten des Selbstausdrucks zu finden. Lass uns schauen, wie du dir beides erfüllen kannst.

GEHÖR FINDEN

Eine weitere positive Folge, die sich einstellt, wenn du deine PeakStory erzählst: Die Leute werden sie aufgreifen und beginnen, sie anderen weiterzuerzählen. So verstärkst du ihre Reichweite und sprichst mehr Menschen an. Du gehst in der realen Welt viral. Du sammelst echte »Likes«.

Nehmen wir an, du stellst dich als zertifizierter Vermögensberater mit achtzehnjähriger Berufserfahrung vor. Das ist nicht die Art von Geschichte, die sich wie ein Lauffeuer verbreitet. »Stell dir vor, wen ich heute kennengelernt habe. Einen Vermögensberater. Er hat sogar ein Zertifikat, und er macht den Job seit fast zwei Jahrzehnten. Er hat Betriebswirtschaft studiert und einen MBA.«

Wie Millionen andere.

Wie viel mehr sagt uns folgende Version: »Ich habe einen ehemaligen Offizier der US Navy kennengelernt. Einmal hat er einem Arbeiter das Leben gerettet, der sich auf einem BP-Tanker schwere Brandverletzungen zugezogen hatte. Er alarmierte einen Rettungshubschrauber und ging persönlich mit an Bord des Tankers, um bei der Bergung zu helfen. Er hat viel von seinem Vater gelernt. Mit vierzehn ist er ganz allein mit dem Zug von Albany nach Manhattan gefahren, um seinen Dad zu besuchen, nachdem der dort eine Investmentfirma gegründet hatte. Seit sein Vater im Ruhestand ist, führt er das Familienunternehmen weiter und hat es unlängst in eine größere Firma mit Sitz in Albany integriert. Diese Leute dort verstehen ebenfalls etwas von Finanzen und kümmern sich noch wirklich um ihre Kunden. Der Schutz der Anlegerinnen und Anleger ist ihnen ein echtes Anliegen.«

Wenn das nicht von einem Menschen zeugt, der andere bei ihren Finanzentscheidungen unterstützen kann, weiß ich nicht, was sonst.

Natürlich kannst du auch bei deiner alten Geschichte bleiben und weiterhin erzählen, dass du seit achtzehn Jahren als Finanzdienstleister unterwegs bist und die entsprechenden Zertifikate und Abschlüsse in der Tasche hast. Wird aber keinen vom Hocker reißen, fürchte ich.

ÜBUNG: DEINE PEAKSTORY ERZÄHLEN

Wenn deine Geschichte steht, nimm sie mit dem Smartphone oder Computer auf. Du kannst die Aufnahme so oft wiederholen, bis dir das Ergebnis gefällt.

Die meisten Leute brauchen etwa ein Dutzend Anläufe, bis sie zufrieden sind. Du kannst dir die Mühe sparen, dich auf Video aufzunehmen, bis du dich beim Erzählen einigermaßen wohlfühlst. Bei der dreißigsten Aufnahme stellt der eine oder andere begeistert fest, dass sich die Geschichte immer natürlicher anhört. Manche wählen für jeden ihrer blauen Punkte ein Symbol. Das hilft ihnen, sich nicht zu verkrampfen und Wort für Wort herunterzubeten, was sie aufgeschrieben haben.

Nebenbei bemerkt: Du kannst deinen Auftritt nicht vermasseln, weil du die gesamte Vorarbeit geleistet hast. Wenn du dich unter Druck gesetzt fühlst, sag dem Druck, dass er sich zum Teufel scheren soll.

Und jetzt kommt es: Sobald du mit deinem Video zufrieden bist, zeigst du es einer Person deines Vertrauens. Gib ihr keine weiteren Informationen. Drück ihr einfach das Video in die Hand und bitte sie, es sich anzuschauen und drei bis fünf Worte zu notieren, die ihr spontan einfallen, um auszudrücken, was für ein Mensch du bist.

Du wirst überrascht sein, wie stark sich diese Reaktion auf deine Geschichte auswirkt.

Notiere die Worte in deinem Tagebuch. Manche schreiben sie auch auf ein Post-it und kleben sie sich an den Badezimmerspiegel. Andere machen einen Screenshot von der E-Mail oder Textnachricht.

Diese positiven Worte fallen einem ein, wenn man deine PeakStory hört.

Du kannst deine Geschichte auch mehreren Leuten schicken und deren Rückmeldung notieren: fünf Worte pro Person. Vielleicht stellst du sie in einer Schlagwortwolke zusammen. Oder du rahmst sie ein, hängst sie dir im Büro auf und sagst: »So erzähle ich meine Geschichte.« Worte sind manchmal wie Artefakte, die es verdienen, aufbewahrt zu werden.

Eine gute Performance hat viel mit Vertrauen zu tun – damit, dir selbst zu vertrauen. Glaub an deine Geschichten. Sie kommen aus dir selbst heraus, und wenn du überzeugt bist, dass das, was du erzählst, für dein Leben von Bedeutung ist, kann niemand es infrage stellen.

Und noch etwas: Du brauchst nicht unbedingt ein Video aufzunehmen. Du kannst deine Geschichte auch live erzählen. Wenn du mit anderen in einem Café sitzt oder dich mit Leuten unterhältst, kannst du sagen: »Ich erzähl euch jetzt mal was über mich und bitte euch, anschließend mir drei bis fünf Worte dazu zu sagen, die euch spontan dazu einfallen. Wäre das okay für euch? Also, neulich habe ich daran gedacht, wie ich zum ersten Mal im Flugzeug saß ...« Und dann Punkt, Punkt, Punkt. Erzähl einfach deine Geschichte.

Ich bin dabei gewesen. Die Leute sind fasziniert: »Hey, das ist echt cool!« Was sie sagen, kommt von Herzen und baut richtig auf.

Das ist der Teil im PeakStory-Prozess, der den nachhaltigsten Wandel bewirkt. Jemand erzählt seine Geschichte, bekommt fünf positive Worte als Rückmeldung und fängt auf einmal zu strahlen an. Es ist ganz gleich, wie selbstsicher der Betreffende vorher war oder zu sein vorgab. Er lächelt. Ich habe miterlebt, wie Topmanager vor einer Gruppe von Nachwuchsführungskräften oder Studienanfängern angesichts des Lobs erröteten. Es ist total verrückt.

Wir alle sehnen uns nach Bestätigung. Diese fünf Worte sagen uns: Du bist jemand. Du hast etwas Wertvolles beizutragen. Um nichts anderes geht es hier.

Überleg mal. Wann hast du je ein so unmittelbares Feedback erhalten? So etwas machen die Leute einfach nicht.

Also: Das Ganze macht definitiv Spaß!

8. KAPITEL

PHILOSOPHIE FÜR (MEHR ALS) EIN ENGAGIERTES LEBEN

»Nicht aus jeder Handlung erwächst Glück, aber es gibt kein Glück ohne Handeln.«

WILLIAM JAMES

Mit der Entwicklung von PeakStory wollte ich ein Modell schaffen, mit dem es Leuten gelingt, ihre Qualitäten und Fähigkeiten positiv ins Licht zu setzen. Wie sich herausstellte, ist es außerdem ein nützliches psychologisches Werkzeug, um das eigene Leben besser zu verstehen. Aber es kann noch mehr. Es bietet die Möglichkeit, theoretisch und praktisch zu erfassen, was es heißt, lebendig zu sein.

Mit anderen Worten: PeakStorytelling ist eine Philosophie.

In unserer heutigen Zeit ist die Philosophie ziemlich in den Hintergrund geraten. Es gibt nicht mehr viele Geistesgrößen vom Kaliber eines Plato oder Aristoteles. Man hört eher Sportidolen oder deren Trainerinnen und Trainern, Marketing-Profis, YouTubern oder Selbsthilfe-Bloggern zu.

Philosophen sind das nicht. Philosophie ergründet die fundamentale Natur des Seins. Sie bietet einen Orientierungsrahmen für ein Leben in dieser Welt. Es herrscht kein Mangel an Philosophen, aber ihre Werke finden selten einen Weg in den Mainstream.

EIN ENGAGIERTES LEBEN

Nachdem ich begonnen hatte, die Methode zu nutzen, um Erfahrungen systematisch einzuordnen, sie zu sortieren und in eine Präsentation einzufügen, bekam ich häufig zu hören: »Mit dieser Methode würde ich gern länger arbeiten.«

Mir wurde klar, dass sie eine philosophische Deutungsmöglichkeit des Lebens bietet, indem man zwischen blauen und nicht blauen Punkten unterscheidet und ihnen in der Hierarchie der PeakStory-Map ihren jeweiligen Platz zuweist.

Sie hilft uns nachzudenken. Und dieses Reflektieren führt zu mehr Engagement im Leben. Reicht es tief genug, wird es zu einer Philosophie, die uns erlaubt, unsere Lebensrealität zu deuten und wertvolle Schlüsse daraus zu ziehen.

Auch Religionen fördern die Innenschau. Selbsthilfegruppen ebenso. Doch ihre Philosophie richtet sich meist darauf, *durchs Leben zu kommen.* Ich hingegen spreche davon, sich *im Leben zu engagieren.*

Das PeakStorytelling hat für viele Menschen diese Bedeutung gewonnen und auch wesentlich beeinflusst, wie ich heute auf mein eigenes Leben schaue. Die Kernbotschaft lautet, nicht bei irgendeinem Heldenmoment stehen zu bleiben oder uns ausschließlich auf den kollaborativen Aspekt unseres Daseins zu fixieren. Vielmehr geht es darum, ein virtuoses Leben anzustreben und uns in der Begegnung mit anderen vorzustellen, dass auch sie auf dem Gipfel ihrer PeakStory-Map stehen.

Wir alle können ein reflektiertes Leben führen, das sich aus dem Weg ergibt, der uns über einen Heldenmoment zur Zusammenarbeit mit anderen führt und uns erkennen lässt, in welcher Form des gemeinsamen Schaffens wir echte Erfüllung finden.

Dies lässt uns zu einer in hohem Maße reflektierten, virtuosen Persönlichkeit heranreifen, die von sich sagen kann: »Ich liebe dieses Leben, und ich würde es geradezu als Frevel empfinden, ein anderes zu führen.« »Ich muss lehren.« »Ich muss in der Krankenpflege arbeiten.« »Ich muss mit Holz arbeiten, und nichts kann mich davon abbringen.« »Es spielt keine Rolle, dass ich Maschinenbau studiert habe. Ich werde Koch!«

Genau so definiere ich ein engagiertes Leben.

Die Formulierung »ein engagiertes Leben« könnte uns auf den Gedanken bringen, ein unerforschtes Leben sei nicht den Preis wert, den man dafür bezahlen muss, ein erforschtes hingegen schon. Sokrates war zumindest dieser Ansicht.

Es mag anmaßend erscheinen, dem Vater der Philosophie zu widersprechen, und so schlage ich vor: Schauen wir uns die Frage einmal näher an …

DIE DREI EBENEN VON GLÜCK UND ZUFRIEDENHEIT

Das eigene Leben zu prüfen reicht allein nicht aus. Du musst die Erkenntnisse, die du dabei gewonnen hast, auch in deine PeakStory integrieren. Dazu musst du sie nach außen hin sichtbar machen, denn das Leben ist nun einmal ein Gemeinschafts-sport. Soziale Interaktion ist eine wichtige Quelle des mensch-lichen Glücks. Der Psychologe und Autor Martin Seligman hat das Thema Glück und Zufriedenheit erforscht und drei Ebenen identifiziert: ein angenehmes Leben, ein engagiertes Leben und ein sinnvolles Leben.

Ein angenehmes Leben

Auf der ersten Ebene – im angenehmen Leben – sind wir häu-fig und ziemlich konstant mit Dingen beschäftigt, die uns Spaß machen. In der PeakStory-Welt würde das bedeuten, dass du dir deine Geschichte selbst erzählst und dabei nicht immer den Ball triffst, um im Baseball-Jargon zu bleiben. Es ist, als würdest du eine Münze werfen: Kopf oder Zahl. Manchmal stimmt deine Story mit deinem aktuellen Tun überein, manchmal nicht.

Ein engagiertes Leben

Auf der nächsten Ebene – im engagierten Leben – leben wir so, dass wir unsere Stärken kultivieren, nutzen und weiterentwi-ckeln. Unsere Trefferquote steigt merklich, und wir sind so oft erfolgreich, dass es uns beinahe zur Gewohnheit wird. Auf unsere Geschichte übertragen würde das bedeuten, uns ist zu 72 Prozent bewusst, wer wir sind und was wir tun. Wir sehen uns in positivem Licht, weil wir all die positiven Lebensinhalte vor Augen haben, die sich sinnvoll aneinanderreihen, um uns zum nächsten Kapitel unseres Seins zu führen.

Ein sinnvolles Leben

Schon ziemlich gut, aber es gibt noch eine weitere Ebene: ein sinnvolles Leben. Es ist absichtsvoll, sinnerfüllt und wirklich glücklich und stellt sich aufgrund dessen ein, was wir über uns selbst aus der virtuosen Perspektive gelernt haben: dass es geradezu ein Frevel wäre, etwas nicht zu tun, wenn wir die Motivation dazu spüren. Auf dieser Ebene bringen wir uns in Einklang mit dem Ich, das sich im PeakStory-Prozess herauskristallisiert hat. Mit anderen Worten: Wir kneifen nicht. Wir nehmen unsere Geschichte als die unsere an. Wir legen uns ins Zeug und bringen die Dinge zu Ende, und gelegentlich sagen wir Nein.

Wir brauchen eine gute Philosophie als Basis für unsere Entscheidungen. Haben wir sie aber erst einmal getroffen, übernehmen sie die Führung. Wenn du dich entscheidest, das Peak-Storytelling zu deiner Philosophie zu machen, wird es dir den Weg zu einem sinnvollen Leben weisen.

Die einzige Möglichkeit, wie du es dann noch vergeigen kannst, wäre zu ignorieren, dass du dich auf diesem Weg befindest.

DEIN NARRATIV LEBEN

Ein sinnvolles Leben heißt, das eigene Narrativ kontinuierlich in der Realität umzusetzen. Du orientierst dich daran, wenn es um die Frage geht, ob du diesen oder jenen Job annehmen sollst – eine Lehrerstelle, eine Aufgabe in einer gemeinnützigen Organisation oder sogar, ob du eine Beförderung annehmen sollst, die dir weniger Raum für die Dinge lässt, die dir Spaß machen.

Nehmen wir an, du arbeitest gern mit Kindern mit besonderem Förderungsbedarf, und jemand bietet dir einen Job in der Fortbildung an: Deine PeakStory kann dir hier Orientierung geben. Du kannst dir dein Narrativ noch einmal anschauen und überlegen, welche Entscheidung folgerichtig wäre. Welche

Kompetenzen zeichnen dich aus? Welche Motivationen treiben dich an? Kehr noch einmal zu deiner PeakStory-Map zurück und schau dir an, an welchem Punkt du gerade stehst und wo du hinkommen möchtest.

Hör nicht darauf, was andere sagen. Du weißt es selbst am besten.

Deshalb behaupte ich, dass PeakStory eine Lebensphilosophie ist, bei der es um *mehr als* ein engagiertes Leben geht. Ein sinnvolles Leben bietet dir beides: die Möglichkeit, dich intensiver zu engagieren, und das Gefühl, dass dein Tun von Bedeutung ist. Damit es gelingt, müssen deine Geschichten zueinanderpassen. Klick oder Knirsch. Fügt sich ein Element mit einem schönen, satten Klick ins Gesamtbild ein? Oder knirscht es? In diesem Fall passt es wohl eher nicht.

Es ist eine Entweder-oder-Entscheidung.

Du entscheidest im Verlauf des Tages wahrscheinlich fünf bis zehn Mal, inwiefern du deiner Story folgst: Welche Anrufe du entgegennimmst, wo und was du mit einer Freundin oder ehemaligen Kollegin zu Mittag isst … Ja, selbst etwas so Banales wie ein Mittagessen sollte in Einklang mit deinem Narrativ stehen. Tu nichts, was nicht in deine Erzählung passt, denn sonst lässt du dich bloß treiben. Räume in deinem Leben auf! Du wirst sehen, dass dir diese Philosophie Rückhalt und Orientierung gibt. Darum nutzen inzwischen Hunderte, wenn nicht Tausende von Menschen PeakStory als Leitmodell für ihr Leben.

Sie schauen zurück auf ihr Leben und packen die Inhalte aus, ein Prozess, den man in der Phänomenologie als Erkenntnisgewinn durch subjektiv gelebte Erfahrungen bezeichnet. Wie der berühmte Renaissance-Künstler Michelangelo mit über achtzig Jahren sagte: »Ancora imparo.« Ich lerne noch.

AUF DER ZIELGERADEN ZUM GIPFEL

Der menschliche Geist ist der leistungsfähigste Computer auf unserem Planeten. Die richtigen Tools einzusetzen ist, als würde man im Auto mal diesen und mal jenen Gang einlegen, um jeweils die maximale Kraft und Leistung auf die Räder zu bringen. Erstellst du für jede deiner Storys einen Steckbrief, um die Vergangenheit, Gegenwart und mögliche Zukunft zu analysieren – also die verbindenden Elemente in den Kapiteln deines Lebens zu identifizieren –, kannst du dich darauf verlassen, dass du genug Drive hast, es dich nicht aus der Kurve wirft und deine Geschichte solide steht.

Das ist es, was du erreichst, wenn du erst die Details studierst und dann zum großen Ganzen kommst.

Denk über die Entscheidungen nach, die du triffst, und ob sie dich zu einem angenehmen, engagierten oder sinnvollen Leben führen werden. Vergiss nicht, dass es sich dabei um eine Hierarchie handelt. Die Studienlage ist eindeutig: Ein sinnvolles Leben ist am erfüllendsten. Der Mensch sehnt sich nun einmal nach Sinn.

Überleg dir, wie unterschiedlich es sich anfühlt, ob du an einem Tag morgens nicht aus dem Bett gefunden hast oder richtig aufgewacht bist – und mit »aufgewacht« meine ich, dass du den Zipfel eines virtuosen Moments zu fassen bekamst. Etwa der Tag, an dem du die Schulabschlussfeier deiner Tochter oder deines Sohnes miterlebt hast, auf einer Hochzeit warst, an der Seite eines genialen Landschaftsgärtners deinen Garten neu angelegt, eine mehrtägige Radtour unternommen oder dich mit Freunden, die du lange nicht gesehen hast, zum Frühstück getroffen hast. Was immer dich inhaltlich bereichert, wirst du als sinnvoll empfinden.

Wäre es nicht großartig, wenn dein Leben mehr solche Momente enthalten würde? Und genau das erreichst du, wenn du PeakStory als Methode zur optimaleren Eigenpräsentation und Lebensphilosophie nutzt.

Sie verbessert deine allgemeine Grundstimmung, weil sie dein Selbstvertrauen stärkt – ein Selbstvertrauen, das sich aus dem Glauben an deine Geschichte speist.

Der Mensch gibt meist zurück, was er in seinem Gegenüber spürt. Hast du Vertrauen in deine eigene Geschichte, bringen die anderen dir eher Vertrauen entgegen. Und wenn andere uns vertrauen, fühlt sich das gut an. Die Wirkung deiner Geschichte reicht also über das Erzählte hinaus: Sie schafft sinnvolle und erfüllende zwischenmenschliche Beziehungen.

DAS POSITIVE HERVORHEBEN

Das PeakStorytelling zeigt dir nicht nur, wie du die positiven Inhalte in deinem Leben pflegen und weiterentwickeln kannst, die Methode macht dir generell Mut. Auch wenn manches negativ war – wer hätte nie etwas Negatives erlebt –, hast du es in einen neuen Bezugsrahmen gestellt und für dich umgedeutet. Du hast es genutzt, um etwas Positives daraus zu lernen.

Diese auf persönliche Weiterentwicklung ausgerichtete Einstellung bezeichnet man als *Growth Mindset*, eine auf Weiterentwicklung ausgerichtete Geisteshaltung – ein Konzept, das Carol Dweck, Professorin für Psychologie an der Stanford University, in ihrem Buch *Mindset* beschrieben hat. Wir pflegen sie, indem wir, wenn einmal nicht alles perfekt ist, das Negative für uns richtig umdeuten.

DAS POSITIVITÄTSVERHÄLTNIS

Lass mich an dieser Stelle einen Begriff einführen, den die US-amerikanische Psychologin Barbara Fredrickson geprägt hat. Die Rede ist vom sogenannten Positivitätsverhältnis.

In einer Studie ging Fredrickson der Frage nach, wie viele positive Erfahrungen ein Mensch braucht, um ein negatives Erlebnis zu kompensieren und die Bilanz quasi auf null zu setzen. Die Auswertung der Antworten ergab ein kritisches Positivitätsverhältnis von drei zu eins.

Anders ausgedrückt: Du brauchst drei positive Erfahrungen, um ein negatives Erlebnis auszugleichen, was auch immer es gewesen sein mag. Im Familienkreis kann das Verhältnis sogar bei fünf zu eins liegen, wobei die Sache in einer italienischen oder meiner portugiesischen Familie durchaus noch einmal anders aussehen könnte. Ich schätze mal, da gilt wohl eher ein Verhältnis von sieben zu eins …

Dieses Positivitätsverhältnis entscheidet über Wohl und Wehe. Wie gut du eine heikle Situation verkraftest, hängt davon ab, ob du dich in einem Umfeld bewegst, das mehr Positives als Negatives bietet.

DIE KRAFT DES POSITIVEN

Angenommen, du leitest ein Unternehmen oder Team oder trägst die Verantwortung für eine Familie und hast Gelegenheit, deine Geschichte häufiger noch mal zu erzählen. Trägst du damit stets positive Impulse in dein Umfeld hinein? Auf dem Sportplatz, zu Hause, in diesem Raum, bei dieser Tagung oder in dieser Videokonferenz? Bereicherst du die Gespräche mit positiven Formulierungen und positiven Inhalten? Und kann dieser positive Beitrag einen Teil der Negativität kompensieren, die von irgendjemandem oder irgendeinem unerfreulichen Ereignis in diesen Kreis hineingetragen wurde?

Gelingt dir dies, kannst du mit deiner PeakStory einen Wandel in deinem gesamten sozialen Umfeld bewirken und damit deinem Team oder dem gesamten Unternehmen einen großen Dienst erweisen.

Wenn mehrere Leute in einem Team ein PeakStory-Training durchlaufen, ob in der Vermögensberatung, der Audiotechnologie, im Fintech-Bereich oder welcher Branche auch immer – gewinnen sie nicht nur mehr Freiheit im Erzählen ihrer Geschichte, sondern nehmen auch ein hohes Maß an positiver Energie mit zurück ins Team.

Auf einmal finden sie viele neue Möglichkeiten, Geschichten umzudeuten und der Negativität so den Boden zu entziehen. Sie verstehen plötzlich, dass andere auch über Können verfügen, weil sie sehen, welchen Beitrag jeder Einzelne leistet. Sie kennen die Geschichten ihrer Kolleginnen und Kollegen und sind mit deren Kompetenzen und Motivationen vertraut. Darum greift man seltener zu Werturteilen, und in dem Maß, wie das Verständnis im Team wächst, weiß man sich gegenseitig besser zu schätzen. Jeder weiß um die beflügelnde Wirkung, die von den Heldenmomenten der anderen ausgeht, welches Gemeinschaftsgefühl sich aus ihren kollaborativen Momenten ergibt und welcher virtuosen Vision sie in ihrer jeweiligen Rolle entgegenstreben. Peak-Storytelling hat das Zeug, eine ganze Gesellschaft zu verwandeln. Ziemlich cool, finde ich.

Wir brauchen keine Maßnahmen zur Förderung des Gruppengeists nach altem Muster mehr. Wenn du deine eigene Geschichte kennst und die Geschichte der anderen verstehst, kannst du in deiner Firma ein neues Kapitel aufschlagen. *Stories matter.* Das ist die neue Devise.

Der Prozess vollzieht sich von innen nach außen. Du bringst deine Geschichte in Umlauf und stößt damit einen Kulturwandel an. Es fängt ganz leise bei einem an, aber wenn jeder mitmacht, entsteht eine Welle, auf der es sich gut reiten lässt, weil die Geschichte des Einzelnen jetzt plötzlich zählt.

Das Ergebnis? Sagenhaft!

GRUPPENDYNAMIK

Jeder Einzelne im Team findet in seiner PeakStory alle drei Erzählstränge wieder. Eine erste Spur gräbt sich ein. Dann hört er die Geschichte eines anderen und entdeckt darin die gleichen Elemente. Und er hört noch eine Geschichte. Und noch eine. Und jedes Mal wird die Spur tiefer, sodass das Team schließlich weiß: Gemeinsam schaffen wir das. Das Wissen um die Narrative der anderen schweißt alle zu einer Gemeinschaft zusammen.

Früher haben Firmen die Mitarbeitenden zu teambildenden Maßnahmen geschickt. Der Austausch von persönlichen Geschichten schafft kollektives Vertrauen, wodurch die Anpassungsfähigkeit und Resilienz gefördert werden, zwei eng miteinander verknüpfte Tugenden. Sich anzupassen, um zu überleben, aber kollektiv zusammenzuarbeiten, um als Gruppe zu wachsen und zu gedeihen. Das ist das erklärte Ziel.

Stephanie L. Colbry, die ich über einen Sportkollegen von Spartan Race kennenlernte, hat sich wissenschaftlich mit Gruppenprozessen befasst. Sie ist überzeugt, dass Gruppen sich selbst darauf trainieren können, *dynamisch resilient* zu sein, sodass sie Probleme gleich welcher Art lösen können. Nun, würde ein

Team nicht an dynamischer Resilienz gewinnen, wenn Shannon ihrer Kollegin Abby den Rücken stärkt, die wiederum Alex unterstützt? Man sieht die Stärken, die in ihren Geschichten stecken, und ihre Geschichten decken sich mit der Art und Weise, wie sie sich bei ihrer Arbeit engagieren. Dadurch entsteht mit der Zeit ein starkes Team.

DIE BOTSCHAFT MUSS RAUS

Das A und O der Methode ist, dass die Geschichte erzählt wird. Sie kann kein inneres Narrativ bleiben. Sie muss mündlich zum Ausdruck gebracht werden, um einen Dialog, ein Gespräch mit anderen, in Gang zu setzen. Ob du deine Geschichte gleich zu Beginn eines Vortrags, bei einer Selbstvorstellung oder ad hoc erzählst und dabei deinen Tonfall, deinen Rhythmus und deine Pausen dem jeweiligen Rahmen entsprechend variierst – du wirst als sympathisch wahrgenommen und stehst in Resonanz mit deinen Zuhörenden. Du fühlst dich stark und selbstbewusst, was alle sehen und erkennen. Und so lädt man dich gerne zu weiteren Gesprächen oder Vorträgen ein.

Herzlichen Glückwunsch. Du hast dir die Philosophie zu eigen gemacht und lebst nach ihr. Sie begleitet dich auf deinem Weg und inspiriert dich, dich beim Erzählen deiner Geschichte auf andere Menschen und den positiven Beitrag, den du leistest, zu beziehen.

Du wirst feststellen, dass du anderen und schließlich dir selbst gegenüber empathischer wirst. Alle wundern sich: »Wer ist eigentlich dieser Typ aus der Finanzabteilung?« »Wer ist diese Neue im Team, die von der Konkurrenz zu uns gewechselt hat?« Und wenn du dich traust, deine Geschichte zu erzählen –

was gar nicht so viel Mut erfordert, weil sie wahr und keine dieser todlangweiligen Storys ist, die man gemeinhin hört; wenn du dich also traust, lüftest du dieses Geheimnis und es können Beziehungen entstehen.

Das Erzählen unserer Geschichte führt uns aus jener Welt hinaus, in der ein Übermaß an technischen Verbindungen und ein Mangel an menschlicher Verbundenheit herrscht, weil wir uns nun auch am Arbeitsplatz als Gemeinschaft empfinden.

IN DIALOG TRETEN

Erzählst du deine Geschichte, wird dies andere wahrscheinlich dazu bringen, auch etwas dazu zu sagen.

Ich stelle gern Fragen, um die Zuhörenden in meine Geschichte mit einzubeziehen. »Als Kind war ich dauernd mit dem Fahrrad unterwegs«, erzähle ich vielleicht und erkundige mich: »Du auch?« Solche Fragen funktionieren, ob ich mich an eine einzelne Person oder einen Saal voll mit Leuten richte. Je nach Formulierung können sie provozieren und einen Dialog eröffnen, aber nimm dein Publikum immer ernst und wirf den Leuten Bälle zu, um sie mit einzubeziehen. Das ist es nämlich, was man sich heutzutage wünscht: einbezogen zu werden.

Der Begriff Dialog leitet sich vom Altgriechischen *dialógos* ab, was so viel wie »Unterredung« oder »Gespräch« bedeutet. Gemeint ist, einen Bedeutungsfluss zwischen Rede und Gegenrede herzustellen. Deine Geschichte dialogisch aufzubauen heißt also, sie so zu erzählen, dass sie auch für die Zuhörenden eine Bedeutung hat.

Gelingt es dir nicht, die Aufmerksamkeit der Anwesenden zu binden, werden deren Smartphones es tun – oder ihr ewig rastloser Geist. Und sie bekommen von dem, was du sagst, gar nichts mit. Unsere Aufmerksamkeitsspanne wird immer kürzer. Deshalb ist es so wichtig, beim Aufbau deiner PeakStory alles richtig zu machen, um sie im entscheidenden Moment erzählen und dich selbst nach deinen Vorstellungen präsentieren zu können.

Wenn es nicht nur um Philosophie, sondern um das konkrete Vortragen deiner Story geht und du, gleich vor welchem Publikum, dich stets aus demselben Pool an Material bedienst, verleiht dir das eine gewisse Kontinuität. Mit der Zeit weiß man, wer du bist. Es ist wie im Film: Die Figuren bleiben sich von der ersten bis zur letzten Szene treu. Mag sein, dass sie im Lauf der Zeit unterschiedliche Stärken, Fähigkeiten oder Eigenschaften entfalten, aber wir kennen sie. Sie sind uns vertraut.

WAS, WENN ES KNIRSCHT?

Was ist, wenn es eben nicht klickt und nicht alle Mosaiksteine nahtlos zueinanderpassen? Wenn alles, was dir ein besseres Gefühl geben, dir zu mehr Engagement verhelfen und dich zufriedener machen würde, dich zu einem Berufswechsel zu drängen scheint – in eine Tätigkeit, bei der du dich um Menschen kümmerst, während du jetzt als Buchhalterin in einem Großunternehmen in einem Stressjob arbeitest? Von Zufriedenheit kann da keine Rede sein. Die Zahnräder deiner Geschichte passen nicht zu denen deines Berufs, und so knirscht es im Getriebe.

Nun, du könntest natürlich über eine berufliche Neuorientierung nachdenken.

Aber wie wäre es, wenn du zuerst ein wenig an den Stellschrauben drehst, um zu sehen, ob sie auch alle richtig sitzen? Denk dran, wir sind hier im real-life Discovery Channel. Du willst etwas über dich selbst herausfinden? Dann kehre noch einmal in den Selbsterforschungsmodus zurück.

Denk an deine PeakStory. Sie dient dir als Anker und Kompass zugleich. Vielleicht stößt sie folgenden Gedankengang an: Gut, dann arbeite ich eben in der Buchhaltung, was mich nicht restlos erfüllt, aber ich könnte ja in dieser Funktion meine fürsorgliche Seite zum Einsatz bringen. Momentan nutze ich mein Organisationstalent, aber früher habe ich mit Menschen gearbeitet. Vielleicht liegt zurzeit zu viel Gewicht auf meinen analytischen und zu wenig auf meinen fürsorglichen Fähigkeiten. Das lässt sich ändern! Ich könnte zum Beispiel eine kostenlose Finanzberatung für alleinerziehende Mütter und Väter anbieten. Gibt es noch andere soziale Gruppen, für die ich mich ehrenamtlich engagieren könnte, damit diese Seite von mir mehr zum Zuge kommen kann? Auf diese Weise brichst du nicht einfach die Brücken hinter dir ab und kündigst deinen Job. Du entwickelst deinen Weg vielmehr so weiter, dass er zu deiner Geschichte passt.

Dann nimmst du dir deine PeakStory noch einmal vor und schaust, ob jetzt alles zusammenpasst. Dabei wirst du feststellen, wie du dich weiterentwickelt und einen neuen Abschnitt deiner Zukunft begonnen hast, den du mit in dein Narrativ aufnehmen kannst: Du hast einen kreativen Weg gefunden, um deine fürsorgliche Seite zu leben, ohne deinen derzeitigen Aufgabenbereich aufzugeben. Du lebst in der realen Welt, deshalb kann es sinnvoll sein, die gefundene Lösung erst einmal in der Praxis auszuprobieren. Dabei stellst du womöglich fest, dass dir dein neues Tätigkeitsfeld großen Spaß macht, und vielleicht findest du heraus, dass es Zuschüsse für solche Beratungsangebote gibt. Dein nächster Schritt könnte also darin bestehen, eine Non-Profit-Organisation zu gründen. Sobald die finanzielle Basis gesichert ist, könntest du dich auf deren Aufbau konzentrieren, wobei dir sowohl deine buchhalterischen als auch deine fürsorglichen Kompetenzen zugutekommen dürften. Und schon bist du zum Autor deines Lebens geworden, und deine Peak-Story hilft dir, auf Kurs zu bleiben.

UNSER TÄGLICH BROT

Wie genau du deine Geschichte anpasst und dafür sorgst, dass die Zahnräder des Getriebes geräuschlos ineinandergreifen, hängt von deiner Persönlichkeit, deinen Lebensumständen und deinen individuellen Bedürfnissen ab. Nicht jeder ist in der Lage, den Job zu wechseln oder nebenbei eine ehrenamtliche Tätigkeit zu übernehmen. Irgendwie müssen wir schließlich unser täglich Brot verdienen. Wir leben in einer Welt, in der das Geld fließen muss, und dennoch müssen wir auch im Einklang mit uns selbst leben.

Es besteht also ein natürliches Spannungsfeld zwischen Wunsch und Wirklichkeit, das wir uns näher anschauen sollten.

Nicht im Einklang mit uns selbst zu leben hat seinen Preis. Es lässt uns tagein, tagaus, in jeder Stunde, jeder Minute mit der Situation hadern, in der wir uns befinden. »Ich will hier nicht sein!« Der Gedanke geht uns nie aus dem Kopf – zulasten unserer Zufriedenheit und Erfüllung. Wir verlieren das Gefühl von Sinnhaftigkeit, nach dem wir uns alle sehnen.

Wirf noch einmal einen Blick auf deine PeakStory. An welcher Stelle hast du dich entschieden, hierher und nicht dorthin zu gehen? Kannst du diesen Moment noch einmal im Detail durchgehen und möglicherweise kleine Justierungen daran vornehmen, wo genau du dich jetzt siehst oder wo du morgen hingelangen könntest? Kannst du etwas einbauen, das dir Energie gibt, um die momentan unbefriedigende Phase zu überstehen und es ans gegenüberliegende Ufer zu schaffen? Wenn der Zeitpunkt günstig ist, versuche, deine Situation zu verändern. Die Vorarbeit hast du geleistet, du bist gut gerüstet. Ein Angler würde sagen: »Ich kenne mich hier am Fluss aus und weiß, dass ich an der richtigen Stelle stehe, also Angel ins Wasser und los. Lass mich den Fisch an Land bringen!« Wir kennen uns auch in unserem Leben aus und stehen an der richtigen Stelle. Also, fangen wir an mit unserer Geschichte.

Der richtige Zeitpunkt für eine Veränderung hängt natürlich von deiner jeweiligen Situation ab, aber drücke dich nicht davor. Schöpfe ruhig dein kreatives Potenzial aus, um Möglichkeiten zu finden, dich weiterzuentwickeln – hin zu mehr virtuosen Momenten.

SEI KREATIV

Der Psychologe Rollo May bezeichnet den Mut zur Kreativität als »natürliches Risiko«. An irgendeinem Punkt deiner Lebensreise wirst du deine Kreativität einsetzen müssen, um der Angst zu begegnen.

Wenn es in deiner PeakStory irgendwo knirscht, versuch es damit. Ja, auch du kannst kreativ sein! Kreativität gehört zu den universellen Kompetenzen, genau wie Forschergeist und Führungsfähigkeit. Du kannst die mentalen Muskeln aufbauen, die du brauchst, um bestimmte Komponenten deines Narrativs in die Praxis umzusetzen. Schau dir deine Kompetenzen an. Wenn es notwendig ist, andere zu überzeugen, du aber noch nie in einer Situation warst, in der du Führungsstärke beweisen musstest, kannst du nach Möglichkeiten suchen, wie es dir trotzdem gelingt. Wenn dir zu wenig kollaborative Momente einfallen, suche nach Gelegenheiten, dir welche zu verschaffen. Zerbrich dir deswegen aber nicht den Kopf. Nimm einfach jede Chance wahr, die sich dir bietet. Vielleicht sagst du beim nächsten Mal nicht Nein, wenn es darum geht, dich mit anderen in die Küche zu stellen und das Essen für die Feiertage zuzubereiten oder beim gemeinsamen Einkauf der Zutaten mitzumachen.

Sei kreativ. Die Antwort zeigt sich nicht immer auf den ersten Blick.

Immerhin ist dir inzwischen bewusst, was du wirklich willst und was du erreichen kannst und wie beides in deinem Narrativ zusammenhängt. Was immer du deiner PeakStory als Nächstes hinzufügst, es ergibt einen Sinn, denn es stimmt mit dem überein, was bereits vorhanden ist.

Es ist Teil ein und derselben Geschichte.

BLEIB DEINEM PLOT TREU

Wenn dein Plot einem logischen Ablauf folgt, schält sich anhand deiner Themen und roten Fäden heraus, auf welche Kompetenzen du dich sinnvollerweise konzentrieren solltest. Und du kannst deine Geschichte immer wieder prüfen und wirst dabei vielleicht feststellen, dass du an der einen oder anderen Stelle noch nachbessern musst.

Kommen wir noch einmal zu dem Beispiel von eben zurück und nehmen wir an, Fürsorglichkeit und das Betreuen von anderen sei ein Thema, das sich durch alle deine blauen Punkte zieht. Du aber bist Buchhalterin in einem Großunternehmen. Wie lassen sich diese beiden scheinbar unvereinbaren Positionen unter einen Hut bringen? Wer immer du bist, du findest eine Möglichkeit. Wie es funktionieren kann, zeigt sich dir in deiner Geschichte, aber du spürst es auch intuitiv. Es ist ein innerer Prozess. Ich hatte einmal eine Klientin, die Finanzwesen studiert hatte und danach an der Columbia University landete, um dort ihren MBA zu machen. Aber sie besaß auch eine ausgeprägte künstlerische Begabung. Ich werde an anderer Stelle noch einmal auf ihre Geschichte zurückkommen, aber eins vorweg: Es ist ihr gelungen, diese beiden Aspekte in Einklang zu bringen.

Wenn es bei dir darum geht, Führungskompetenz zu entwickeln, kannst du diverse Seminar- und Weiterbildungsangebote nutzen. Du brauchst nicht unbedingt noch einmal zur Uni zu gehen und einen Abschluss zu erwerben. Vielleicht findest du ja auch eine Mentorin oder einen Mentor, oder du entdeckst ein gutes Buch zu dem Thema. Welche Kompetenz genau willst du entwickeln? Geht es dir um Kommunikationsfähigkeit? Darum, mehr Geschäftsabschlüsse unter Dach und Fach zu bringen? Um Umsatzsteigerung? Um einen relationalen Führungsstil? Welche Art von Führungskompetenz könnte dir helfen, die Brücke von der Gegenwart in die Zukunft zu schlagen, um deine PeakStory schneller verwirklichen zu können?

Achte darauf, die Dinge nicht unnötig zu verkomplizieren. Versuche nicht zwanghaft, immer neue Elemente in deine Story-Steckbriefe einzubauen. Bleib bei den acht Kompetenzen:

- Führungsfähigkeit
- Aufnahmebereitschaft
- Anpassungsfähigkeit

- Unterscheidungsvermögen
- Kommunikationsfähigkeit
- Organisationstalent
- Forschergeist
- Kreativität

Diese acht reichen aus. Sie sind der Fundus, aus dem sich dein gesamtes Verhaltensrepertoire speist. Während ich diese Worte schreibe, nutze ich sowohl mein Unterscheidungsvermögen als auch meine Kommunikationsfähigkeit, weil ich Sprache analysiere. Und ich setze ein Quäntchen Führungsfähigkeit ein, um sicherzustellen, dass die Botschaft, die ich als wahr erkannt habe, bei dir auf fruchtbaren Boden fällt. Ich könnte aber auch meine Aufnahmebereitschaft zum Zug kommen lassen, den Mund halten und mich zurücklehnen und meine Anpassungsfähigkeit hochfahren, wenn es die Situation erfordert.

Wir setzen diese acht Kompetenzen ständig ein, um uns zu orientieren und neu auszurichten.

Sie erlauben dir, hinzuschauen und die Entscheidungen zu analysieren, die du im Leben triffst. Nutze sie, um dich zu fragen: »Entspricht meine Geschichte wirklich dem Leben, das ich mir wünsche?« Es genügt nicht, die Frage mit Ja oder Nein zu beantworten. Du musst verstehen, *warum* deine Antwort Ja oder Nein lautet, denn nur dann weißt du, welche Stellschrauben du justieren kannst, um eine Veränderung herbeizuführen.

BRACKETING

Angenommen, man bietet dir eine andere Stelle an, du wirst zur Teilnahme an einem Graduiertenprogramm eingeladen, oder ein Umzug in eine andere Stadt steht an. Schau dir deine Geschichte und deine blauen Punkte an. Greif dir einen heraus. Steht er in irgendeiner Weise in Verbindung zu der Entscheidung, die du treffen musst?

Richte deine Aufmerksamkeit nur auf diesen einen blauen Punkt, nicht auf deine Geschichte insgesamt. In der Phänomenologie wird dieses Reduzieren des Fokus als »Bracketing« bezeichnet (vom englischen Begriff »bracket« = »Klammer«). Es bedeutet, Gefühle und Vorwissen auszuklammern, um einen einzelnen Punkt für sich zu betrachten.

Was hast du entdeckt? Gibt es irgendwelche Kompetenzen oder äußeren Gegebenheiten, die du in deiner ursprünglichen Beschreibung nicht erwähnt hast? Vielleicht die Jahreszeit oder dass der Unterricht unter freiem Himmel stattfand? Oder ist irgendetwas auf dem Hinweg zum Ort des Geschehens passiert? Oder auf dem Rückweg?

Denk daran, dass jeder Moment sich über eine gewisse Zeitspanne hinweg entfaltet. Alles, was du erlebst, beginnt bereits kurz vor dem eigentlichen Ereignis und dehnt sich etwas darüber hinaus. Dass dies so ist, hat mit der Funktionsweise unseres Gehirns zu tun. Wir gehen auf ein Ereignis zu, erleben es und lassen es hinter uns. In diese drei Phasen zerlegen wir gedanklich jeden einzelnen erlebten Moment: Einstieg, Ereignis, Ausstieg.

Wir umrahmen ein Ereignis quasi mit einem Eröffnungs- und einem Abschiedslied.

Wenn du alles andere ausklammerst, um deinen blauen Punkt in den Fokus zu nehmen, spürst du den Ort und welchen Einfluss er hatte? Was ist mit den beteiligten Personen? Haben sie sich aus heutiger Sicht doch anders verhalten oder war eine bestimmte Person stärker als alle anderen am Geschehen beteiligt? Was könnte der Grund dafür gewesen sein? Welche Kompetenz rückt dadurch in den Mittelpunkt? Warst du eher Forscherin? Oder Betrachterin? Oder Wanderer zwischen den Welten? Hast du unter Termindruck gestanden? Wenn ja, hat dich das in die Realitätsflucht getrieben oder hast du dich dadurch erst recht in die Aufgabe hineingekniet?

Es geht darum, zu analysieren, was du *damals* empfunden hast.

Kehr zu dem Moment zurück. Was siehst du, wenn du dich, sagen wir, acht Minuten lang darauf fokussierst? Das kann eine gefühlte Ewigkeit sein, aber es sind nur acht Minuten deines Lebens, und elf, wenn du Lust auf einen Marathon hast. Wenn du anschließend zu deiner Gesamtstory zurückkehrst: Hast du irgendetwas entdeckt, was dir zusätzliche Informationen liefert?

Wiederholst du diesen Prozess für jeden einzelnen deiner blauen Punkte, erschließt du dir vielleicht eine noch tiefere Bedeutungsebene und kannst deiner PeakStory noch mehr Klarheit und Konsistenz verleihen. Machst du es vor einer wichtigen Entscheidung, siehst du deutlicher, welche der Optionen dir am besten entspricht, ob es nun um einen Umzug geht, einen Arbeitsplatz- oder Uniwechsel, eine mögliche Beförderung oder die Frage, ob du dir einen Hund anschaffen sollst.

Kehre in die Zeitkapsel des Moments zurück, der die Lektion enthält. Sie ist wie ein Lernmodul in der Schule des Lebens. Schau hin, und das Kapitel öffnet sich. Je häufiger du auf den Moment zurückkommst, desto mehr Feinheiten erschließen sich dir.

ÜBUNG: DEINE STORYS CHECKEN

Zeit für eine Bestandsaufnahme.

Wir haben einige umfangreiche Übungen gemacht, und es ist viel erklärt worden. Hier geht es einfach darum, deine Storys noch einmal zu checken.

Schau dir dein aktuelles Leben vor dem Hintergrund der von Martin Seligman beschriebenen Wege zu Glück und Zufriedenheit an. Dies ist eine hervorragende Methode, deine Geschichte auf den Prüfstand zu stellen. Ziel ist, ein sinn- und bedeutungsvolles Leben zu führen, in dem du deinen Beitrag leisten und deine Qualitäten und Fähigkeiten einsetzen kannst.

Lebst du ein angenehmes Leben, bietet es allenfalls Stoff für eine halbherzige Geschichte. Ein engagiertes Leben beansprucht einen sehr viel größeren Teil von dir und deiner Zeit. Ein sinn- und bedeutungsvolles Leben hast du dir geschaffen, wenn deine Geschichte sich im Beruflichen wie im Privaten so gut wie immer mit dem deckt, was du im Leben wirklich tust.

Denk an Hunde oder Pferde. Viele haben eine bestimmte Aufgabe: Wachhund oder Hütehund, Zugpferd oder Jagdpferd. Wie würdest du dich einordnen? Bist du ein Pferd, das den ganzen Tag auf der Weide steht und nichts tut? Das mag angenehm sein, aber es fordert dich nicht. Bist du ein Pony, das man einsetzt, um Kindern das Reiten beizubringen? Oder ein Rennpferd, das sein angeborenes Talent und seine Kraft voll ausschöpft und von der Freude am Laufen mehr als von dem Wunsch zu siegen motiviert ist?

Ordne deine Geschichte – dein Leben – den drei Kategorien zu – angenehm, engagiert oder sinnvoll. Womit begründest du deine Entscheidung? Schreib es auf. Was könntest du tun, um deine Situation zu verbessern?

Die eigene Situation zu verbessern, das ist es, was mit Selbstbestimmtheit gemeint ist; was es heißt, Autor des eigenen Lebens zu sein. Indem du immer wieder Rückschau hältst und das Erlebte in Bezug zu deinem aktuellen Leben setzt, bringst du es in Einklang mit deiner PeakStory und klärst für dich die Frage: Was ist mein Leben nun? Bloß angenehm? Oder ist es engagiert oder sinnvoll?

Du kannst schauen, wohin deine Geschichte dich führen will und wo du dich heute befindest. Die Lücke, die zwischen beidem klafft, entspricht der Strecke, die du noch zurückzulegen hast.

Wie kannst du sie schließen, ohne alles aufs Spiel zu setzen? Ziel ist, dich an einen Punkt zu bringen, an dem du einerseits Stabilität empfindest und andererseits deine Aufgabe klar vor Augen hast – ein Gefühl, das dich jeden Morgen voll positiver Energie aufwachen lässt. Nehmen wir an, du wärest in der Personalabteilung eines Unternehmens tätig, würdest aber lieber als Lehrer an einer Highschool arbeiten. Dann bestünde dein erster Schritt darin, zu prüfen, wie es um dein persönliches Engagement in deiner derzeitigen Position bestellt ist; ist es nicht sehr groß, bedenke, dass sich Kompetenzen überkreuzen und flexibel nutzen lassen können. Du erwägst aber, den Arbeitsplatz oder das Unternehmen zu wechseln. Das könnte bedeuten, auch den Wohnort zu wechseln, dein Auto zu verkaufen und/oder ein Carsharing-Angebot zu nutzen. Manchmal geht es ums Geld, ein andermal stehen völlig andere Dinge im Vordergrund.

Die Möglichkeit, in eine höhere Gehaltsklasse aufzusteigen, ist vielleicht nur eines der Argumente, die es zu bedenken gilt. Es können auch Dinge hineinspielen wie der im Unternehmen geforderte Dresscode oder welche Urlaubsmöglichkeiten das Unternehmen bietet. Oder ob dir mehr oder weniger Zeit für deine Familie bleiben wird; ob du echte Kollegen haben wirst oder im Homeoffice arbeiten musst. In dem Balanceakt zwischen deinem Bedürfnis nach Stabilität und dem Wunsch, das nächste, virtuose Kapitel deines Lebens aufzuschlagen, wird es immer eine gewisse Spannung zwischen Verdienstmöglichkeiten und Sinnhaftigkeit geben. Nur du kannst bestimmen, wie sich dieser Prozess entfaltet.

Es geht womöglich weniger um einen Bruch im Leben, als um einen allmählichen Transformationsprozess.

Ich bewerte weder die Ziele, die du erreichen willst, noch den Weg, den du wählst. Dies ist eine Einladung, dich intensiv mit den drei Ebenen deiner Geschichte zu befassen, um diese in allen Nuancen zu verstehen und die Fakten zusammenzutragen, aufgrund derer du dein Leben gestaltest.

9. KAPITEL

DEINE PEAKSTORY VORTRAGEN

»Warum den Fußstapfen eines anderen folgen, um herauszufinden, wohin uns deine Träume führen?«

PETER BLOCK

Ziel des PeakStorytelling ist, dich auf Momente vorzubereiten, in denen viel auf dem Spiel steht und du unbedingt mit deinen positiven Werten punkten musst. Aber das ist nicht deine Ausgangsposition. Niemand springt vom Zehnmeterturm, ohne vorher am Einer und Dreier zu üben. Auch das Erzählen der eigenen Geschichte will gelernt sein. Du fängst klein an und arbeitest dich allmählich nach oben.

GERINGES RISIKO

Wenn du deine Geschichte zum ersten Mal erzählst, suche dir eine Situation, in der nicht viel auf dem Spiel steht; in der es nicht schlimm wäre, es zu vermasseln. Es ist wie im Schwimmbad, solange du im Flachen bleibst. Hier kannst du nicht untergehen. Es ist, als würdest du mit deinem Neffen draußen im Garten üben, wie man den Ball ins Tor kickt. Kein Beinbruch, wenn du nicht triffst.

Trotzdem solltest du versuchen, es richtig hinzukriegen. Du willst schließlich nicht auf das Prinzip Hoffnung setzen. Geringes Risiko bedeutet nicht, dass du dir keine Mühe geben solltest. Es bleibt dir nicht erspart, alle Schritte im Prozess zu gehen, deine Erlebnisse zu strukturieren und deinen Vortrag einzuüben.

Ums Hausaufgabenmachen kommt keiner herum. Inzwischen hast du deine Geschichte viele Male geprobt, sie aufgezeichnet und dir angehört. Jedes Mal hast du ein bisschen mehr daran gefeilt, um die Nuancen deiner blauen Punkte noch besser in dein Narrativ einzufügen.

Vielleicht nimmst du deine Geschichte fünf Mal auf. Wenn sie nur drei Minuten lang ist, macht das unter dem Strich eine Viertelstunde. Es ist also im Handumdrehen geschehen.

Hör dir selbst aufmerksam zu. Deine Geschichte ist echt faszinierend. Jetzt, wo du alle diese Dinge zusammengetragen und so gut aufbereitet hast, wird dir jeder gern zuhören. Wer hat sonst schon so viel Interessantes zu erzählen?

Inzwischen hast du an Selbstvertrauen gewonnen, wenn du vor die Leute trittst. Du hast dir deine Geschichte selbst erarbeitet. Du zeigst jetzt, wer du wirklich bist, wie du dich siehst und wie du meinst, dass andere dich sehen sollten. Dieses Selbstverständnis strahlst du aus, weil du deine Geschichte kennst. Wenn du auf sie vertraust, vertrauen dir die anderen. Und genau das ist zu spüren, wenn du deine PeakStory erzählst.

Selbst in Situationen, in denen kaum etwas auf dem Spiel steht: Würde man die Zuhörenden fragen, wie deine Story auf sie wirkt, bekäme man Sätze zu hören wie diese: »Endlich ein Mensch, der sich auskennt in seinem Leben!« Oder: »Diese Frau ist eine echte Bereicherung!« Oder: »Diese Leute wissen genau, was sie wollen.«

EINEN GUTEN EINSTIEG FINDEN

Die Chance, deine Geschichte zu erzählen, kann sich überall ergeben: in einem Café, am Flughafen, im Zug. Es kann vor Beginn einer offiziellen Besprechung dazu kommen oder wenn eine Kollegin und du früher als alle anderen Teilnehmenden ihr Zoom eingeschaltet habt. »Und?«, fragt sie. »Was machst du so im Leben?« Und schon hast du Gelegenheit, deine Geschichte zu erzählen.

Überleg dir gut, welchen Einstieg du wählst. Du kannst ja schlecht sagen: »Ich erzähle euch jetzt mal meine Lebensgeschichte.« Oder »Hört mal alle her.« Du willst schließlich nicht, dass die Leute gleich in Tiefschlaf verfallen.

Was du brauchst, ist eine Art Beschleunigungsstreifen, um auf die Autobahn zu kommen. »Es ist komisch. Neulich musste ich daran denken, wie ich …« Und schon bist du mittendrin im Geschehen.

Lass mich noch einmal auf die Geschichte von meinem Bekannten, dem ehemaligen Navy-Offizier und späteren Vermögensberater zurückkommen. Er wählt gern den folgenden Einstieg: »Es ist schon interessant. Heute bin ich Vermögensberater. Ich hätte nie gedacht, dass der Mut, den ich mit vierzehn Jahren aufbrachte, als ich mich in den Zug setzte und von Albany nach Manhattan fuhr, mich einmal so weit bringen würde.« Punkt, Punkt, Punkt.

Oder: »Heute bin ich mit dem Rad hergekommen; ich bin eigentlich schon immer gern Fahrrad gefahren ...«

Punkt, Punkt, Punkt.

Und dann fängst du zu erzählen an.

Keine Sorge. Denk an den Werbeslogan von Nike: *Just do it.* Und wo wir schon bei Werbeslogans sind, mach es wie Apple: *Think different!* Überleg dir einfach, wie du eine Version deiner Geschichte so erzählen kannst, dass sie eben nicht klingt wie die ewig gleichen, abgedroschenen Storys, die alle anderen auf Lager haben.

ABSCHLIESSENDE BEWERTUNG

Überleg dir nach dem Erzählen, wie es gelaufen ist. Wie hast du dich gefühlt? Konntest du die Körpersprache der Zuhörenden wahrnehmen, ihre Mimik? Waren sie neugierig? Wie war dein Erzählrhythmus? Hast du schnell gesprochen? Hast du die Zuhörenden mit in das Gespräch einbezogen?

Wenn ich zu meinem Neffen sage: »Übrigens, ich habe mir endlich ein neues Fahrrad gekauft«, antwortet er vielleicht: »Ich bin schon seit fünf Jahren nicht mehr Rad gefahren!« Darauf kann ich eingehen. Es kommt zwar in meiner PeakStory nicht vor, aber ich bin nun mal Mensch und als solcher reagiere ich auf das, was mir mein Gegenüber sagt. Und oft ergibt sich daraus ein Einstieg in meine Geschichte.

Und genauso funktioniert das Erzählen: Einstieg in die Geschichte finden, sie erzählen, sie ausklingen lassen.

MITTLERES RISIKO

Eine Lektion, die du aus wenig riskanten Erzählsituationen mitnimmst, könnte sein, dass du noch besser werden kannst. Irgendwann aber bist du bereit, deine Geschichte auch in Situationen zu erzählen, in denen mehr auf dem Spiel steht. Es ist ein fortlaufender Prozess, denn du hältst stets nach Gelegenheiten Ausschau, deine Geschichte in Umlauf zu bringen. Sie klingt gut und gewinnt zunehmend an Kraft.

Dies ist ein beglückender Moment im PeakStory-Prozess. Bei einem Telefonat mit einer Klientin, die einen künstlerischen Hintergrund hat, erfuhr ich, dass sie sich für einen MBA-Studiengang eingeschrieben hatte. »Ich setze die Methode gerade ein, um mich meinen Kommilitoninnen vorzustellen«, erzählte sie mir. »Ich habe Verbindungen zwischen Kunst und dem Finanzwesen entdeckt, die mir früher nie aufgefallen wären. Ich kann kaum erwarten, mit den anderen darüber zu reden. Schließlich werden wir die nächsten zwei Jahre zusammen verbringen. Ich finde, da sollten sie schon ganz genau wissen, wer ich bin.«

Normalerweise würde kaum jemand auf die Idee kommen, irgendwelche Verbindungen zwischen Kunst und einem MBA-Studiengang zu suchen. Meine Klientin tat es und fand darin eine Chance, ihre Geschichte in einer semiriskanten Situation zu erzählen.

Zugegeben, sich selbst vorzustellen ist noch längst kein Vorstellungsgespräch, aber wir reden hier von einem MBA-Programm an der Columbia Universität. Das Studium dauert zwei Jahre. Wenn du deine Wer-bin-ich-Geschichte gleich am Anfang versiebst, will keiner mehr mit dir zusammenarbeiten. Man sieht dann nicht mehr deine Talente und Stärken, oder schlimmer noch, man schätzt dich völlig falsch ein. Oder man steckt dich in die Schublade der unscheinbaren Finanzmaus, weil man keine Ahnung von deiner künstlerischen Seite hat. Und wenn sie gegen Ende des Studienprogramms endlich begreifen, wer du bist, bleibt keine Zeit mehr, um ein neues, positiveres Verhältnis zu dir aufzubauen.

BEZIEHUNGEN KNÜPFEN

In dieser Phase bist du wahrscheinlich so weit, dass du das PeakStorytelling zum Knüpfen und zur Pflege von Beziehungen nutzen kannst. Wenn du dich von Situationen mit geringem zu solchen mit mittlerem Risiko vorwagst, wendest du dich in der Regel an Gleichrangige: an Peers, Kollegen und andere Leute aus deinem beruflichen Umfeld, die einen ähnlichen Status haben wie du. In einer solchen Situation geht es noch nicht um hopp oder top oder eine Rede im Sinne von »Ich habe gerade die Firma übernommen«. Wenn du zum Beispiel im Rahmen eines Uni-Seminars oder einer betrieblichen Fortbildung mit diesem Buch arbeitest, bietet sich dir vielleicht in diesem Kreis die Gelegenheit, deine Geschichte vorzutragen.

Der Vorteil ist, dass sich zwischen allen Teilnehmenden eine wechselseitige eine emotionale Verbindung aufbaut, ein Austausch von gleich zu gleich, bei dem man sich versteht, weil man sich in seinem Gegenüber – seinem Peer – erkennt.

Das Ganze funktioniert gewöhnlich auf dem Gegenseitigkeitsprinzip. Jeder ist bereit, mehr als üblich von sich preiszugeben. Die Beziehung zueinander verändert sich allmählich, weil man sich in dieser Runde entspannt oder es Gemeinsamkeiten oder verbindende Themen gibt. Eine erzählt, dass sie gern raus in die Natur geht und Campingfan ist; ein anderer berichtet, dass er am Meer lebt oder sein Hund Coach heißt, weil er ihm geholfen hat, die Einsamkeit zu überwinden, unter der er früher einmal litt, weil er aufgrund seines Übergewichts oder aus welchen Gründen auch immer gemobbt wurde. Mit jedem tieferen Gespräch bewegen sich dein Gegenüber und du selbst auf der PeakStory-Map nach oben, hin zur kollaborativen Erfahrung und schließlich einem virtuosen Moment.

Jedes Mal, wenn du bereit bist, etwas über dich preiszugeben, machst du dich ein bisschen verletzlicher, was meistens dazu führt, dass auch die anderen auf dich zugehen und im Gegenzug etwas von sich preisgeben, was sie ebenfalls verletzlich macht. Auf diese Weise entstehen echte zwischenmenschliche Beziehungen.

EINE FANGEMEINDE GEWINNEN

Nun wissen die anderen, wer du bist, und wenn du dich jetzt auf eine bestimmte Weise verhältst, die sich mit deiner Story deckt und zeigt, dass du deiner Philosophie treu bist, verstehen sie es einzuordnen. Ihnen ist bewusst, dass du die Dinge machst, die du gern machen möchtest, und dir dein Leben nach deinen eigenen Vorstellungen gestaltest. Dein Verhalten überrascht niemanden. Wer deine Geschichte kennt, sagt sich: »Das ist typisch für sie. Sie ist immer so kreativ und geht den Dingen gern auf den Grund.« Oder: »Der Typ hat's wirklich drauf. Er ist technisch so begabt und innovativ. Er findet für jedes Problem eine Lösung und hat in der Firma schon so viele Missstände bereinigt. So war er schon als Jugendlicher drauf. Er war noch auf der Highschool, da war er schon der Troubleshooter in der Telekommunikationsfirma seines Onkels. Der ist echt unschlagbar!«

Leute, die deine Geschichte kennen, werden zu Fans, die die Werbetrommel für dich rühren. Echt phänomenal!

HOHES RISIKO

Sobald du deine PeakStory in Situationen mit geringem und mittlerem Risiko oft genug erzählt und sie wirklich draufhast, bist du bereit, in der Ersten Liga zu spielen. Es stresst dich nicht mehr, von dir und deinen persönlichen Erfahrungen zu erzählen.

Und je häufiger du es tust und je mehr Feedback du bekommst, desto besser gelingt es dir, sie auf den jeweiligen Kontext zuzuschneiden.

Noch einmal zur Rekapitulation: Jedes Mal, wenn du deine Geschichte erzählst, mach dir deine Absicht bewusst, analysiere deine Zielgruppe und schau dir den Kontext genau an:

- Wer ist meine Zielgruppe? Über welche spezifischen Fähigkeiten und Kompetenzen verfügen diese Leute? Wer sind sie und welche Stellung nehmen sie ein? Wie werden sie sich wohl verhalten?
- In welchem Kontext bewege ich mich? An welchem Ort erzähle ich meine Geschichte? Zu welcher Tageszeit? Am Abend, am Morgen, während der Mittagspause?
- Wie werde ich diese Geschichte erzählen? Bin ich aufgeregt? Kann ich einen lockeren Einstieg finden? Etwa in dieser Art: »Jedes Mal, wenn ich ein Flugzeug am Himmel sehe, denke

ich an einen Freund von mir, der mit mir an der Uni Rochester studiert hat und Pilot wurde. Was war ich damals für ein Sciencefreak ...«

Mit anderen Worten: Wie kann ich in der jeweiligen Situation darauf zu sprechen kommen, dass ich früher ein Sciencefreak war? Nun, ich habe meine PeakStory-Map. Die zeigt mir den Weg ans Ziel.

Oft ist die Lösung ganz einfach: »Neulich habe ich wieder daran gedacht, wie ich in Rochester studierte. Da hatte ich nichts als Naturwissenschaften im Kopf. Da war kaum noch was zu spüren von dem Jungen, der ich früher mal war und der kaum von seinem BMX-Rad runterkam. Dabei war ich BMX-Fan durch und durch. Ich hatte an Rennen in ganz Neuengland teilgenommen. Rückblickend ist mir klar, dass es eine Verbindung zu meiner heutigen Tätigkeit an der Uni gibt. Ich bin ziemlich innovativ in meinem Job, wenn es darum geht, neue rhetorische Möglichkeiten zu entwickeln. Ich hatte schon immer Pioniergeist und einen Hang zum Forschen, auch damals bei den Radrennen. Und genau das lebe ich in meinem heutigen Job. Ich habe mich nur mehr auf die kreative Seite verlegt, und es geht mir nicht mehr darum, für mich allein den Sieg zu holen. Jetzt helfe ich anderen, die Aufmerksamkeit ihres Publikums zu gewinnen. Ich unterstütze sie dabei, sich so darzustellen, wie sie sind, statt es darauf ankommen zu lassen, dass sich die Leute Geschichten über sie ausdenken oder nicht erkennen, was sie zu bieten haben.«

Gut. Jetzt weiß mein Gegenüber, aus welcher Ecke ich komme, und wird mir gegenüber selbst ein wenig offener sein. Überleg dir genau, welche deiner Qualitäten du beim Erzählen hervorheben willst, damit sich die Zuhörenden auf dich einlassen.

Du kannst es entscheiden, bevor du zu reden beginnst, weil du weißt, wen du vor dir hast und welche Version deiner PeakStory bei ihnen auf fruchtbaren Boden fällt.

VERBALE UND NONVERBALE SIGNALE

Halte beim Erzählen nach verbalen und nonverbalen Signalen Ausschau, die dir zeigen, wie deine Geschichte bei deinen Zuhörenden ankommt. Deine PeakStory steht. Du brauchst dir also nicht den Kopf darüber zu zerbrechen, von welchem Erlebnis du berichten solltest. Du kennst deine Geschichte. Es geht nur darum, sie leicht anzupassen, indem du auf die verbalen und nonverbalen Signale achtest. Der Kern deiner Story bleibt unangetastet. Du bauschst sie nicht auf, du kehrst nichts unter den Teppich, du fabulierst nichts hinzu. Du stimmst sie nur auf dein Publikum ab.

Du übermittelst deine Botschaft. Du hörst gut zu.

Du erzählst von deinen australischen Hütehunden, und es stellt sich heraus, dass einer der Zuhörenden eine Hunde- und Katzenallergie hat. Was nun?

Wenn du so reagierst, wie die meisten anderen reagieren würden, sagst du, dass du das Problem kennst, weil es in deinem Bekanntenkreis auch einige Leute gibt, die unter Allergien leiden. Damit gewinnst du aber nichts. Bleib bei deiner Geschichte. Du könnest natürlich behaupten, dass du Hunde nicht wirklich magst, doch das wäre unglaubwürdig, wenn du drei hast. Besser du gehst nicht weiter auf die Bemerkung ein. Steh zu dem, was dir wichtig ist. Du könntest zum Beispiel so fortfahren: »Nun, einer der Gründe, warum ich meine Hunde mag, ist, dass sie so intelligent sind. Wenn ich Besuch von Leuten bekomme, die sich wegen einer Allergie oder aus welchen Gründen auch immer von Hunden fernhalten müssen, sage ich nur: »Ab in den Korb.« Und schon verziehen sie sich nach oben auf ihren Schlafplatz. Dann merkt man überhaupt nicht mehr, dass wir Hunde im Haus haben. Vielleicht geben Sie Ihren Freunden einen Tipp, wie sie Sie am besten vor einer allergischen Reaktion schützen können: Egal welche Rasse sie wählen, schlau muss er sein, der Hund.«

Du bleibst also bei deiner Geschichte, bist aber offen und bringst damit deine Kreativität und Aufnahmebereitschaft ins Spiel. Du nimmst alle Hinweise auf, und schon bist du wieder auf Kurs.

Als Übermittler deiner Botschaft bist du in der Rolle des Lehrers, dessen Aufgabe darin besteht, das Interesse der Zuhörenden zu wecken. Und genau das gelingt, wenn du deine Geschichte kreativ und flexibel erzählst, also das tust, was ich als *situatives* Erzählen bezeichne. Du trägst deine Geschichte so vor, wie es dem jeweiligen Augenblick und Kontext entspricht.

BLEIB OFFEN

Stell dir vor, du könntest dein Maß an Offenheit mit einem Regler einstellen. Du drehst ihn auf zehn und nimmst alles von der Umgebung wahr, in der du deine Geschichte erzählst, die Menschen, den Ort, die Atmosphäre; jedes Mienenspiel, jeden Blickkontakt, jede hochgezogene Augenbraue und jeden Ausdruck von Ratlosigkeit. Lass deinen Blick durch den Raum schweifen und ihn auf dich wirken. Gibt es irgendwelche Gegenstände, die darauf schließen lassen, dass sich bei denen, die ihn gestaltet haben, alles um Leistung und Produktivität dreht? Sind hier die Trophäen des Erfolgs möglicherweise ein wenig zu sehr in den Fokus gerückt? Oder spürst du, wie stolz ein Preisträger sein muss, wenn er ausgerechnet an diesem Ort eine Auszeichnung erhält? Vielleicht entdeckst du aber auch Zeichen dafür, dass du dich hier unter Philanthropen oder in einem Kreis bewegst, der humanitäre Anliegen proaktiv unterstützt? Lies dir im Vorfeld die Unternehmensprofile und Beiträge in den sozialen Medien durch, um dich auf die Menschen vorzubereiten, die du treffen wirst. Das erlaubt dir, deine Geschichte so zu erzählen, dass sich die Zuhörenden am ehesten damit identifizieren.

Je offener du bist, desto besser gelingt es dir, solche Einzelheiten wahrzunehmen und mit einzubeziehen. Damit wird ein dialogischer Austausch angeregt. Das wiederum stärkt deinen emotionalen Bezug zu den Zuhörenden, und dein Vortrag entfaltet sich von Anfang an in einem Tempo und einer Weise, die bei ihnen gut ankommt. So wird aus einer Transaktion eine persönliche Begegnung.

Die Zuhörenden werden selbst ein bisschen gesprächiger, was die gegenseitige Empathie stärkt. Das wiederum fördert das soziale Bewusstsein und die kontextbezogene Achtsamkeit. Anders ausgedrückt: Du weißt nun mehr über die Gepflogenheiten, die diesen Ort prägen, und die anderen verstehen, in welchem Kontext du unterwegs bist oder wofür du sie gewinnen willst, um dein Projekt voranzubringen. Ihr seid miteinander im Austausch. Das ist für sich genommen cool. Aber was noch besser ist: Du hast dein Ziel erreicht. Du wirst den Unterschied spüren.

Obwohl du deine Geschichte erzählst, um deine persönlichen Qualitäten und Fähigkeiten sichtbar zu machen, lernst du gleichzeitig auch etwas von den anderen. Das gibt dir die Möglichkeit, dein Narrativ während des Erzählens noch genauer auf sie abzustimmen und wichtige Information zu gewinnen, sodass du ihnen gegenüber künftig gelassener und souveräner auftreten kannst. Außerdem wächst das gegenseitige Vertrauen schneller, und es entsteht eher ein Zusammengehörigkeitsgefühl, was dem geplanten Vorhaben auf jeden Fall zugutekommt, egal ob in der Schule, im Unternehmen oder wo auch immer.

Sei offen für Informationen und das soziale Umfeld und passe deine Geschichte entsprechend an. Stell dich auf Dialoge und Pausen ein. Sei nicht überrascht, wenn du auf einmal merkst, dass du mehr bei dir selbst bleibst und dich besser spürst, denn dies passiert gern, wenn man die eigene PeakStory erzählt. Und unweigerlich wirst du auch mehr von deinem Gegenüber erfahren, und auch das ist völlig natürlich.

FEINSCHLIFF

Je mehr du entlang dieser Linien denkst, desto vertrauter wird es dir. Und je öfter du deine Geschichte wiederholst, desto leichter fällt es dir, spontan neue Informationen mit einzubeziehen, die auf deinem Radarschirm auftauchen. Nehmen wir an, du erzählst deine Geschichte bei einem Abendessen. Du fängst an, ein anderer Gast wirft etwas ein, nebenbei wird serviert oder abgeräumt. Und du gehst flexibel darauf ein, drosselst das Tempo oder legst einen Zahn zu, ohne aus dem Konzept zu geraten, denn du hast alles im Kopf: Punkt eins, Punkt zwei, Punkt drei. Du kennst deine Geschichte. Sie gehört dir.

Kehren wir noch einmal zu dem ehemaligen Navy-Offizier und späteren Vermögensberater zurück und stellen wir uns vor, er wäre im Gespräch mit einem potenziellen Klienten. Was er nicht weiß: Dieser war früher bei den US-Marines. »Ich lege keinen Wert auf lange Vorreden und Small Talk, wenn es um meine Investitionen geht«, eröffnet er ihm gleich, kaum dass er zur Tür hereingekommen ist.

In diesem Fall könnte unser Vermögensberater den Ball flach halten. Oder ein bisschen dicker auftragen. Solche Anpassungen nehmen wir auch in unserer schriftlichen Kommunikation vor. Vielleicht musstest du in der Schule auch Briefe an die verschiedensten Adressaten schreiben – an die Schulleitung, den Präsidenten, einen Senator, einen Regierungsbeamten. Natürlich formuliert man jeden Brief anders, je nachdem, an wen er sich richtet. Es ist von entscheidender Bedeutung zu wissen, an welchen Stellen man seine Worte sparsam setzen und wo man die Dinge ausschmücken sollte. Darauf kommt es beim Feinschliff deiner Story an.

Wenn dein Gegenüber einen militärischen oder technischen Background hat, weißt du, dass du es wahrscheinlich mit einem eher analytisch denkenden Menschen zu tun hast. Er hat es bestimmt weniger mit Worten als jemand, der aus dem künstlerischen Bereich kommt. Für lange Reden hat er sicher nichts übrig, und es ist ratsam, sich kurz zu fassen.

Unser Freund, der Vermögensberater, spürt es und sagt: »Wissen Sie, ich war früher Sicherheitsoffizier, und bin es im Grunde immer geblieben. Ich überlasse nichts dem Zufall. Sorgfältig zu planen, habe ich schon als Kind gelernt, als ich allein mit dem Zug zu meinem Vater fahren musste. Das Leben hat mich vieles gelehrt.« Jetzt ist der Ex-Marine ganz Ohr, und unser Freund hat die Chance, seine Geschichte ausführlicher zu erzählen, weil er die anfängliche Abwehr seines Gegenübers durch sorgfältiges Beobachten und Hinhören überwinden konnte. Er hat ihm aufmerksam und gekonnt kleine Häppchen seiner Geschichte serviert, um sein Interesse zu wecken. Und der befindet: »Männer wie Sie sind mir sympathisch.«

Und wenn du dann erfährst, dass dieser Ex-Marine, seit er im Ruhestand ist, als Yogalehrer arbeitet, passt du deine Geschichte erneut an, um der Flexibilität des Mannes Rechnung zu tragen.

EIN WORT DER WARNUNG

Es ist wichtig, sich immer wieder vor Augen zu führen, dass man mit seiner PeakStory nicht loslaufen sollte, bevor man auf beiden Beinen sicher stehen kann.

Ich habe einen Freund namens Peter. Er stammt aus einer Fabrikantenfamilie, deren Unternehmen auf eine über hundertfünfzigjährige Tradition zurückblickt, und er ist das, was man als PeakStory-Junkie bezeichnen könnte. Eines Tages unterhielten wir uns über die maslowsche Bedürfnispyramide. »Weißt du, Dennis«, sagte er. »Heute läuft es genau umgekehrt. Alle wollen nur noch machen, wonach ihnen gerade ist, und an der Spitze der Pyramide bleiben, aber die Basisarbeit auf der untersten Ebene will keiner mehr übernehmen.«

Das gilt auch für die PeakStory-Map. Lass deine Helden- oder kollaborative Geschichte nicht aus, um gleich zu deinem virtuosen Moment zu kommen. Sonst würdest zu den Leuten gehören, über die sich Peter beklagt. »Ich will ein Buch schreiben«, sagen sie. Oder: »Ich will die Firma XY übernehmen.« Sie tun es, ohne einen Nachweis zu erbringen, der sie in ihrem Anspruch unterstützt. Da fehlt das Fundament. Es fehlen die Teile des Dreiecks, die mir zeigen, dass du imstande bist, Hindernisse zu überwinden; die mich überzeugen, dass du mit anderen zusammenarbeiten kannst und die notwendigen Voraussetzungen mitbringst, um zum Firmenchef oder als Mitglied meines Teams oder was auch immer zu taugen.

Lass dich nicht verleiten, die unterste oder die mittlere Ebene deiner Erzählung zu überspringen. Halte dich an die Grundstruktur und lass Dinge nicht unerwähnt, nur weil du es nicht erwarten kannst, an die Spitze der Pyramide zu gelangen. Deine Zuhörenden brauchen diese Informationen, um deinen Weg nach oben nachvollziehen zu können. Damit steht und fällt alles.

Es kann natürlich auch andersrum laufen. Manche kommen mit ihrer Heldengeschichte vom Hundertsten ins Tausendste. Das Ganze verselbstständigt sich. Zügle dich. Achte darauf, wie viel von deiner Geschichte du präsentierst. Um in der Sprache des Fuß- oder Basketballs zu sprechen: Dribble nicht ewig auf der Stelle. Irgendwann wird es Zeit, beim Erzählen voranzukommen. Mach nicht zu lange herum.

Schau dir an, ob ein Teil deiner Geschichte womöglich raumgreifender ist als ein anderer. Kontrolliere dich ständig selbst.

EINS AUF DIE MÜTZE

Ich habe einen Klienten, der als Spitzenmanager in der Öffentlichkeitsarbeit tätig ist. Er arbeitet im christlichen Bereich und bietet bei Retreats Beratungen für Priester und andere Kirchenleute an. Eines Tages rief er mich an, und als ich mich erkundigte, wie es ihm gehe, meinte er: »Alles gut, Doc. Ich habe gerade eins auf die Mütze bekommen.« »Auf die Mütze?!«, fragte ich nach. »Nun, genau genommen war es nicht die Mütze. Der Kerl hat mir eins vors Brustbein gegeben, mit voller Wucht.«

Er hatte sich mit den Footballspielern und Ringern aus einem der Kurse über Möglichkeiten unterhalten, wie sie ihren Glauben nach außen hin vertreten können. Einer der Männer erzählte etwas über seine Beziehung, und mein Klient empfahl ihm: »Das solltest du klären, denn du hast eine Vorbildfunktion, und was du machst, wirkt sich auf andere in deiner Gemeinde aus.«

Da baute sich dieser riesige Typ vor ihm auf und mischte sich ins Gespräch. Er war früher Ringer gewesen. »Moment mal«, sagte er. »Wer gibt dir das Recht, so mit uns zu reden? Wer bist du eigentlich, dass du uns Ratschläge erteilst?« »Was soll das heißen, wer ich bin?« Mein Klient nahm jetzt auch Haltung an. Macho gegen Macho. Er fühlte sich stark.

Vergessen wir nicht, mein Klient ist im PR-Bereich tätig. Er verfügt normalerweise über erstklassige Manieren. Aber diesmal platzte ihm der Kragen. »Wer ich bin? Schau mal, von wem ich gerade eine E-Mail erhalten habe.« Er zückte sein Handy und hielt dem Mann die Mail von irgendeinem Medienpromi unter die Nase.

Der Ringer zuckte mit den Schultern, als wolle er sagen: »Na und? Gibt das dem Kerl etwa das Recht, sich in die Beziehungen anderer Leute einzumischen?«

Mein Klient flippte aus. Er vergaß komplett seine Geschichte und verrannte sich total. Dem Ringer mit dem Smartphone vor dem Gesicht herumzufuchteln war eindeutig der falsche Move. Richtig wäre gewesen, bei seiner Geschichte zu bleiben.

Und so kam es, dass der Ringer ausholte.

»Was hast du dir dabei gedacht?«, wollte ich von meinem Klienten wissen.

»Ich habe überhaupt nicht gedacht, Doc. Der Kerl hat mich provoziert.«

Was lernst du daraus? Du musst sensibel für dein Umfeld sein, wenn du deine Geschichte da draußen erzählst. Spürst du, dass deine Gefühle in Wallung geraten, lass dich nicht aus dem Konzept bringen. Atme tief durch und bleib bei deinem Plot. Deine Geschichte ist dein Rettungsanker, auch wenn es einmal brenzlig werden sollte.

Und wenn's drauf ankommt, könnte sie dir ersparen, eins auf die Mütze zu kriegen.

EINE GESCHICHTE, DIE UNERZÄHLT BLIEB

Es wäre gut gewesen, wenn sich mein Klient sofort auf seine Geschichte besonnen hätte. Er war nämlich in jungen Jahren etwas übergewichtig gewesen. Damit hätte er anfangen können. Der Ringer hätte vermutlich gesagt: »Und was hat das jetzt damit zu tun?«

Ich versetze mich mal in die Rolle meines Klienten. »Na ja«, würde ich an seiner Stelle sagen. »Ich war als Kind dick und hatte nicht viele Freunde, außer meinem Hund. Der hieß Coach. Und weißt du, warum?« Der Ringertyp wäre perplex. »Nee, warum?«, würde er fragen. »Weil er mir geholfen hat, meine Depressionen zu überwinden. Ich fühlte mich total unförmig und unfit. Aber wenn ich mit dem Hund draußen unterwegs war, konnte ich viele Dinge verarbeiten. Bei ihm konnte ich mir alles von der Seele reden, und so fasste ich den Mut, mit ein paar Jungs in der Inner City Basketball zu spielen. Ich war der einzige weiße Junge in der Mannschaft. Durch den Sport habe ich abgenommen; und ich habe gelernt, mit Leuten aus unterschiedlichen sozialen Milieus zusammenzuarbeiten. Ich fühlte mich zugehörig, akzeptiert. Und sie fühlten sich ebenfalls akzeptiert, auch wenn ich anders war als sie, ganz anders. Damals habe ich gelernt, wie wichtig es ist, an Schwierigkeiten zu wachsen.

»Aufmerksam zuhören zu können ist dabei unglaublich wichtig. Und hier im Zentrum besteht meine Aufgabe als Media Director darin, Menschen zusammenzubringen und dafür zu sorgen, dass sich alle wohlfühlen; ich bin also auch so eine Art Coach, wie damals mein Hund.«

Genau das sagte ich meinem Klienten. Er atmete tief durch und meinte dann lächelnd: »Genau, Doc, genau das ist es!«

Ich erklärte es ihm. »Ich habe nur die Kernelemente deiner Geschichte herausgefiltert und ein bisschen damit gespielt. Deine Heldengeschichte ist, dass du dich nicht akzeptiert gefühlt hast und deprimiert warst und dass du dank Coach, deinem Hund, da rausgekommen bist. Dein kollaborativer Moment ist das Basketballspielen. Und dein virtuoser Moment ist, dass du dich heute als gläubiger Christ mit deiner Fachkompetenz im PR-Bereich in den Dienst anderer stellst und ihnen hilfst, ihren Botschaften in den Medien Gehör zu verschaffen. Das ist deine PeakStory. Aber du hast sie nicht erzählt, weil du dich von jemandem aus dem Konzept hast bringen lassen.«

Früher oder später kann es uns allen passieren, dass wir uns von unserer Geschichte abbringen lassen. Mach dir deswegen keine Sorgen. Du darfst dir zugestehen, nicht perfekt zu sein. Zerbrich dir also nicht den Kopf darüber. Pass nur auf, dass du keins auf die Mütze bekommst. Leg dich nicht mit Leuten an, die doppelt so groß sind wie du!

DEN PROZESS ANPASSEN

Wenn du deine Geschichte in Situationen mit geringem und mittlerem Risiko oft genug wiederholt und geprobt hast, bist du bereit für den großen Auftritt. Du nimmst das Geschehen ringsum sensibel wahr, und deine PeakStory ist dir zur zweiten Natur geworden.

Damit will ich aber keinesfalls sagen, dass deine Arbeit beendet ist. Während du durchs Leben gehst, sammelst du ständig neue Punkte, die es einzuordnen gilt, doch jetzt weißt du, wie es geht. Du wirst immer wieder Anpassungen vornehmen müssen, aber du hast ja deine Tools. Gut möglich, dass sich deine Kernpunkte mit der Zeit verändern, um sich an neue Gegebenheiten anzupassen, oder dass du sie durch neue Punkte ersetzt. Es ist nur logisch, dass sie sich allmählich wandeln und du andere Prioritäten setzt, denn das Leben ist ständig im Fluss.

Deine Kerngeschichte bleibt dieselbe, aber überleg immer, wie du sie variieren und in der Begegnung mit anderen einsetzen kannst, um ein positives Bild von dir zu zeichnen. So bleibt sie Herzstück deiner Lebensphilosophie und Performance-Tool zugleich: Mit deiner PeakStory zeigst du, wer du wirklich bist und wohin dein Weg dich führt.

DIE GESCHICHTEN ANDERER

Du hast dir die Zeit genommen, zu ergründen, wer du wirklich bist, und damit gewissermaßen deinen Doktor in Selberforschung gemacht. Herzlichen Glückwunsch! Es kommt nicht allzu häufig vor, dass sich ein Mensch in möglichst all seinen Facetten kennt.

Und was ist mit anderen? Wie gut kennst du sie? Bist du imstande, die formativen Erfahrungen aus ihren Geschichten herauszuhören?

Durch Beobachtung voneinander zu lernen ist für uns Menschen völlig natürlich. Als ich mich entschloss, brasilianisches Jiu-Jitsu zu lernen, eine Abwandlung der japanischen Kampfkunst, sagten meine Trainer dauernd: »Schau mal dem zu. Siehst du, was er macht?« Manchmal höre ich zu, wie meine Tochter Abby von Sandy, ihrer Großmutter, die Technik des Quiltens lernt. Ich höre nebenan die Nähmaschine rattern, und Sandy sagt: »Siehst du, wie ich den Stoff wende?« Und Abby antwortet: »Kapiert, alles klar.« Ihre Großmutter fordert sie immer wieder zum genauen Hinschauen auf. »Siehst du, wie ich es mache?«

Gute Führungs- und Lehrkräfte geben anderen die Gelegenheit, am praktischen Beispiel zu lernen, um sicherzustellen, dass sie das Gelernte auch verinnerlicht haben. Angehende Chirurginnen und Chirurgen lernen zu operieren, indem sie in der ersten Ausbildungsphase zuschauen, in der zweiten das Skalpell selbst führen und in der dritten anderen zeigen, wie es geht.

Ich *weiß*, dass ihr alle viel gelernt habt.

Du weißt jetzt, dass es in der Heldengeschichte darum geht, ein Hindernis aus eigener Kraft zu überwinden. Du weißt, dass kollaborative Zusammenarbeit mehr bedeutet als das Gefühl, dazuzugehören. Es heißt auch, gemeinsam mit anderen etwas zu *schaffen*. Und der virtuose Moment stellt sich ein, wenn du merkst: »Ich mache genau das, was ich liebe«, und du, während du es tust, jedes Zeitgefühl verlierst.

Jetzt, wo du diese Storys erkennst, wirst du sie überall entdecken.

VON ANDEREN LERNEN

Das PeakStorytelling bietet dir auch die Möglichkeit, die Geschichten von anderen zu deuten. Schauen wir uns also ein paar davon näher an.

Wo findest du die Geschichten? Wenn du es gern bequem hast, könntest du dir einfach im Internet diverse TED-Talks anhören. Achte darauf, wie sich die Rednerinnen und Redner vorstellen und ihre Glaubwürdigkeit vermitteln. Du könntest auch Biografien lesen. Oder du schwingst dich aufs Fahrrad und hörst dir unterwegs ein Hörbuch oder einen Podcast an.

Vielleicht stößt du auf eine Story wie die von David Goggins in seinem Buch *You Can't Hurt Me*. Als ehemaliges Mitglied der US Navy SEALs beschreibt er, wie man physische und mentale Spitzenleistungen erbringt. Ich habe mir die Geschichte beim Gassigehen mit meinem Hund angehört. Sie brachte mich so ins Grübeln, dass ich mittendrin beschloss, statt meinen Spaziergang gemächlich fortzusetzen, mit meinem Hund eine schnelle Joggingrunde zu drehen. »Warum nicht?«, dachte ich. »Was wäre das Schlimmste, was passieren kann?«

Das war die Frage, die Goggins sich stellte, bevor er daranging, ein Hindernis zu überwinden. Herausforderungen bewältigte er stets allein aus eigener Kraft. Echte kollaborative Erfahrungen sammelte er erst, als er zu den SEALs kam. Später nahm er an Ultramarathons wie dem von Badwater teil. Einmal lief er in Nevada bei einem Rennen mit, bei dem es der mörderischen Bedingungen wegen vorgesehen war, einen Teil der Strecke zu gehen. Er aber lief die gesamte Distanz und qualifizierte sich für den Boston Marathon, den er in drei Stunden und acht Minuten schaffte.

Goggins ist ein anschauliches Beispiel für einen Menschen, der vor Hürden nicht zurückschreckt. Tut sich eine vor ihm auf, fegt er sie aus dem Weg. Wenn du eine gute Geschichte suchst, lies sein Buch. Aber sei gewarnt. Goggins spart nicht mit Kraftausdrücken. Wenn du das nicht magst, lies lieber *Finding Ultra* von meinem Freund Rich Roll. Auch darin geht es ums Laufen.

Egal für welches Buch du dich entscheidest, halte Ausschau nach den kollaborativen Geschichten, die die beiden erlebt und die sie zutiefst geprägt haben. Erkennst du den Punkt, an dem sich der virtuose Moment abzuzeichnen beginnt? Schau oder hör genau hin!

Wenn Ultramarathons oder Sport nicht dein Thema sind, lies Bücher über Michelle Obama oder Jerry Seinfeld. In seiner Talkshow-Webserie *Comedians in Cars Getting Coffee* (bei deutschsprachigen Streamingdiensten abrufbar unter dem Titel *Comedians auf Kaffeefahrt*) interviewt Jerry Seinfeld andere Comedians und lässt sich von ihnen ihre Lebensgeschichte erzählen. Ebenfalls eine hervorragende Möglichkeit, von anderen zu lernen.

MATERIALQUELLEN

Du kannst jedes Buch als Anschauungsmaterial verwenden, das autobiografisch ist oder auf gelebten Erfahrungen beruht. TED-Talks enthalten eine Fülle von Momenten, die bis an die Spitze der Pyramide reichen. Es sind keine PeakStorys, denn die gehen mehr in die Tiefe, aber manche Momente stechen in den meisten Narrativen hervor. Manchmal kannst du einen Zusammenhang entdecken, der erklärt, warum die betreffende Person sich berufen fühlt, diesen TED-Talk zu halten. Ein andermal klappt das nicht, es kommt ganz auf die Art des Vortrags an.

Vielleicht liest du noch einmal Steve Jobs' Stanford-Rede aus dem Jahr 2005, oder du setzt dich in ein Café und versuchst, etwas von den Unterhaltungen ringsum aufzuschnappen. Werde zum Profi-Lauscher.

(Natürlich sollst du nicht aus reiner Neugier die Gespräche anderer mithören!)

Einige der Geschichten, die du zu hören bekommst, werden dir vertraut vorkommen. Manche taugen im Kern vielleicht zur Helden- oder kollaborativen Geschichte, auch wenn du keine perfekte Abfolge der blauen Punkte erkennst. Nicht jedes Mal wirst du fündig werden. Es ist, als würdest du nachts in den Himmel schauen: Manchmal ist es klar, und du siehst die Sterne, ein andermal ist es bewölkt. Es erfordert viel Aufmerksamkeit und Konzentration, um das Wesentliche zu entdecken.

Achte auf die Reaktionen der Leute. Wenn sie eine Heldengeschichte zu hören bekommen, sehen sie so aus, als dächten sie: Wow, diese Person ist aber hart im Nehmen oder stark oder ein echtes Multitalent. Schau auch den Vortragenden beim Erzählen zu. Wirken sie lebendig? Verändert sich ihr Tonfall? Klingt ihre Stimme nun überzeugender? Sind sie emotional bei der Sache?

Wenn man Leuten beim Reden zuhört, ist es faszinierend mitzuerleben, wie sie immer wieder auf Vergangenes zurückgreifen, aber gleichzeitig auch hoffnungsvoll in die Zukunft blicken. Wie sie beides in Zusammenhang bringen, folgt nur selten einer Methode.

DIE BLAUEN PUNKTE VON ANDEREN

Wenn du nach den Geschichten anderer zu suchen beginnst, werden dir viele verschiedene Versionen von blauen Punkten und Erzählwegen begegnen. Manchmal wirst du aber auch denken: Oh Mann, diese Leute sehen nicht, wie ihre blauen Punkte zusammenhängen. Sie erzählen, wie spannend sie bestimmte Erlebnisse finden, aber sie stellen die Bezüge nicht her. Sie gehen nicht zur nächsthöheren Ebene auf ihrer PeakStory-Map.

Und schlimmer noch, sie verrennen sich in ihren eigenen unsinnigen Interpretationen.

Meistens kannst du nichts daran ändern. Es ist nicht *dein Punkt*, also was soll's. Es geht um die Erfahrung eines anderen Menschen. Du kannst nur zuhören, versuchen, ein paar Querverbindungen zu ziehen und das eine oder andere zu lernen, indem du das Narrativ in Gedanken vervollständigst. Mit dem Risiko müssen Leute leben, die es versäumen, ihre blauen Punkte sinnvoll zu verknüpfen.

Es mag frustrierend sein, aber es liegt nicht an dir, die Geschichten anderer Menschen zu erzählen. Bleib bei deiner eigenen. Das heißt nicht, dass du nicht zuhören solltest, wenn dir jemand erzählt, dass er Jura studiert, weil sein Onkel auch Anwalt ist, und er meint, vielleicht habe er ja genetisch etwas von ihm mitbekommen und seine analytischen Fähigkeiten, sein Interesse an anderen und sein Kommunikationstalent geerbt. Auch wenn es der landläufigen Auffassung widerspricht: Für den Anwaltsberuf braucht es mehr als eine genetische Prädisposition.

EIN GUTER RAT ZUR RECHTEN ZEIT

Wenn du miterlebst, dass Leute unter Druck geraten, wenn sie sich anderen vorstellen sollen – nach dem Motto: »Erzähl mal, wer du bist« –, siehst du vielleicht, wie sie ihre Geschichte präsentieren könnten. Viele haben keine Ahnung, worauf sie hinauswollen und was sie den Zuhörenden mitteilen möchten. Es gelingt ihnen nicht, ein stimmiges Bild zu zeichnen, aber vielleicht kannst du es ja. Es sei denn, es gäbe gar keine Geschichte, die zu erzählen sich lohnt.

Wenn es sich um einen Kollegen, ein Mitglied deines Teams oder eine gute Freundin handelt, könntest du sie oder ihn beiseitenehmen und sagen: »Es wäre vielleicht eine gute Idee, noch mal darüber nachzudenken, wie du deine Geschichte erzählst.« Vielleicht wäre es aber auch unangemessen, dies zu tun, weil der oder die Betreffende in der Hierarchie über dir steht. Keine Sorge. Die da oben können normalerweise ganz gut auf sich selbst aufpassen. Trotzdem ist in unserer Welt des Turbowandels jeder auf Feedback angewiesen und sollte eine zweite Chance bekommen, seine Geschichte zu erzählen.

Irgendwann bist du womöglich dabei, wenn sich ein neues Teammitglied vorstellt und es das Ganze grandios versiebt. Vielleicht sprichst du dann mit ihm. »Darf ich dir einen Tipp geben? Er würde dich sicher weiterbringen.« Erzähl, wie das Storypathing funktioniert und wie es einem hilft, sich bei der Arbeit so zu geben, wie man wirklich ist.

Wenn dieses Buch dir geholfen hat, kannst du diesem Menschen davon erzählen. Oder es ihm schenken. Oder ihm empfehlen, sich mit Dr. D. in Verbindung zu setzen …

ENGAGEMENT AM ARBEITSPLATZ

Ich habe schon am Anfang dieses Buches angesprochen, dass man fast immer die gleichen Geschichten zu hören bekommt, wenn sich jemand vorstellt. Es ist ermüdend, sich jedes Mal wieder die alte, einfallslose Leier anzuhören. Wie lässt sich dem begegnen? Im beruflichen Umfeld müssen wir allein im Hinblick auf die Produktivität dafür sorgen, dass wir einander schneller kennenlernen, damit es nicht so lang dauert, bis sich alle voll einbringen und konstruktiv zusammenarbeiten.

Die Produktivität eines Unternehmens hängt maßgeblich davon ab, dass sich die Fähigkeiten der Mitarbeitenden mit den Anforderungen ihres Arbeitsplatzes decken. Wenn du über bestimmte Qualifikationen verfügst, bist du dort, wo dieses spezifische Wissen und Können gebraucht wird, am richtigen Platz. Aber wenn du dich selbst nicht gut genug kennst und auch dein Arbeitgeber nicht viel von dir weiß, dauert es unter Umständen dreieinhalb Jahre, bis man dein volles Potenzial erkennt. Oder länger. Oder man entdeckt es nie. Dann sitzt du trotz deiner Begabung, mit Menschen umzugehen, weiter in der Buchhaltung, obwohl du in der Personalabteilung viel besser aufgehoben wärst.

Vor einigen Jahren ergab eine Umfrage des Meinungsforschungsinstituts Gallup, dass zwei Drittel der Löhne und Gehälter in den USA sinnlos verpulvert werden, weil sich die Beschäftigten in den inneren Ruhestand begeben. Zwei Drittel. Das muss man erst mal sacken lassen. Diese Leute tun so, als würden sie arbeiten, sie reden über ihre Arbeit, aber wirklich arbeiten tun sie nicht.

Und weder die Unternehmen noch die Mitarbeitenden wissen, wie sich etwas daran verändern ließe.

AUF DEM HOLZWEG

Menschen kommen früh im Leben von ihrem Kurs ab. Sie ahnen schon in jüngeren Jahren, dass der Weg, den sie gehen, nicht der richtige für sie ist, aber es fehlt ihnen an Orientierungshilfen, oder sie werden falsch beraten. »Du solltest Maschinenbau studieren; da hast du immer ein gutes Auskommen!«, lautet vielleicht der wohlmeinende Rat eines Großvaters, der in Zeiten der Weltwirtschaftskrise aufgewachsen ist. Und obwohl du eigentlich Songwriter werden wolltest, begräbst du deinen Traum. In der Schule lernt man nicht, Entscheidungen zu treffen, die sich vielleicht in vier Jahren im ultimativen College-Essay darüber niederschlagen, was wir mit unserem Leben anfangen wollen und wo wir unsere Berufung sehen. Und so gehen viele erst mal aufs College und schauen, was es an Möglichkeiten gibt, und manche entdecken auch wirklich etwas, das sie interessiert, und fangen an, sich ins Zeug zu legen. Andere aber studieren lustlos weiter und brauchen ewig, bis sie ihren Abschluss machen. Das sind diejenigen, die später länger, aber unproduktiver arbeiten – obwohl sie einer Generation angehören, die ihre größte Motivation aus einer sinnvollen Tätigkeit, zum Beispiel im sozialen Bereich, bezieht.

Storypathing kann ihnen helfen, den eigenen Weg zu finden. Es fördert die Selbstreflexion und bringt ihr berufliches Interesse in Einklang mit dem, was sie an gelebten Erfahrungen gesammelt haben. Eine hochwirksame Dreierkonstellation.

Wird ihnen jedoch keine praxistaugliche Methode an die Hand gegeben, mit deren Hilfe sie dieses Ziel erreichen können – sei es im Rahmen einer Mitarbeiterfortbildung, eines Hochschulprogramms oder eines schulischen Beratungsangebots an weiterführenden Schulen –, dann geschieht eben genau das: Die Unternehmen blasen weiterhin zwei Drittel der gezahlten Löhne und Gehälter nutzlos durch den Schornstein. Dann gehen weiterhin sieben bis acht von zehn Mitarbeitern ins innere Exil.

Wir bringen Menschen bei, wie sie sich am Arbeitsplatz durchmogeln können, statt sich mit ihrem ganzen Potenzial einzubringen, und davon hat niemand etwas, der Einzelne nicht und die Gesellschaft schon gar nicht. Wir müssen der Individualität des Einzelnen am Arbeitsplatz mehr Raum geben. Nur so können wir das Engagement und die Zufriedenheit aller Beteiligten steigern, und dieses Plus an Wohlbefinden wird sich auch im Privatleben niederschlagen, in unserer Freizeit, unserer Spiritualität und unserem sozialen Umfeld. So lässt sich das Zugehörigkeitsgefühl und die Bereitschaft steigern, sich persönlich einzubringen.

PeakStorytelling erlaubt uns, uns tiefer auf das Leben einzulassen. Es schult unsere Selbstwahrnehmung und Achtsamkeit. Es schärft unseren Blick für gute Geschichten. Es lässt uns die blauen Punkte erkennen, aus denen sie sich speisen – ob es unsere eigenen oder die von anderen sind. Lass uns also schauen, wie du dir das Storypathing im Alltag zum treuen Begleiter machen kannst.

ÜBUNG: AUFSTIEG IN DIE PROFILIGA

Geschichten von anderen zu sammeln macht Spaß.

Steve Jobs' Stanford-Rede haben wir uns bereits angesehen.

Du kannst dich buchstäblich unter einen Baum setzen und dir auf deinem Smartphone oder Tablet TED-Talks, Reden und Autobiografien anschauen oder, wenn das nicht dein Ding ist, Bewerbungen oder Motivationsschreiben lesen.

Versuche, die blauen Punkte in den Geschichten herauszufiltern. Was sind das für Momente? Entdeckst du einen Heldenmoment? Einen kollaborativen Moment? Oder fällt dir auf, wie der Erzählende vom Heldenerlebnis gleich zum virtuosen Moment kommt und dabei die kollaborative Erfahrung überspringt, sodass du nicht weißt, ob diese Frau, dieser Mann, überhaupt fähig ist, mit anderen zusammenzuarbeiten?

Du wirst in vielen Lebensgeschichten solche Lücken entdecken. Und du wirst auf Storys treffen, die dir auf Anhieb gefallen, und sofort wissen, warum.

Halte alle Eindrücke und Erkenntnisse in deinem Tagebuch fest. Wo hast du die Geschichte gehört oder gelesen? Welche Punkte hast du darin entdeckt? Was hat funktioniert und was ist missglückt? Wie kannst du das, was du daraus lernst, für deine eigene Story nutzen?

Du bist auf dem besten Weg, den Amateurstatus hinter dir zu lassen und in die Profiliga aufzusteigen. Du kannst jetzt sehen, welche Schlüsselelemente die Geschichten anderer Profis enthalten. Um in der Sprache von Köchen zu reden: Du bist bereit, dich dem Geschmackstest zu stellen.

Chronisten und Redenschreiber halten ständig nach Storys Ausschau. Sie hören sich permanent Reden an und schauen, was genau sie überzeugend macht. Und du bist jetzt Chronist deines eigenen Lebens.

Analysiere die Geschichten, die du findest, genau. Schau, ob du darin einen Helden-, kollaborativen und virtuosen Moment entdeckst. Denk daran: Je mehr blaue Punkte du in den Geschichten anderer identifizierst, desto sensibler kannst du an deiner eigenen Geschichte feilen und ihre Präsentation optimieren.

Du wirst außerdem ein Auge dafür entwickeln, an welchen Stellen jemand seine Botschaft gut oder weniger gut vermittelt.

Der innere Impuls, anderen deine Geschichte zu erzählen, wird stärker werden, und du wirst zunehmend besser darin, deine gelebten Erfahrungen zu analysieren. Du siehst jetzt schon im Vorfeld, wie du deiner Story Schwung geben kannst, sodass du weniger Energie brauchst, um dich an die einzelnen Komponenten zu erinnern, sodass dir mehr Energie bleibt, um sie zu vermitteln oder in der jeweiligen Umgebung zu erzählen.

10. KAPITEL

DER ULTIMATIVE BRÜCKENBAUER

»Wie verändern wir die Welt? Raum für Raum. Mit welchem fangen wir an? Mit dem, in dem wir sind.«

PETER BLOCK

Ich habe bereits an anderer Stelle Edmund Husserl zitiert: »Ich muss ein inneres Zeitbewusstsein entwickeln.« Ebenso Kierkegaard, der gesagt hat: »Verstehen kann man das Leben oft nur rückwärts, doch leben muss man es vorwärts.«

Husserl und Kierkegaard erinnern uns daran, dass alles mit allem verbunden ist: unsere blauen Punkte, unsere eigenen Geschichten und die Geschichten der anderen, die Welt, in der wir leben. Ich betrachte das PeakStorytelling als den ultimativen Brückenbauer, denn es lässt uns vom Zuschauenden zum Akteur werden.

Vergessen wir nicht, dass unser Leben von einem Zuviel an technischen Verbindungen und einem Zuwenig an menschlicher Verbundenheit gekennzeichnet ist. In einer Welt von Smartphones und Apps, die uns mit Profilen, Avataren und einem schier grenzenlosen Datenuniversum verbinden, verwechseln wir leicht emotionslose Kontakte mit echten Beziehungen. Wir verlieren aus dem Blick, was wirklich zählt.

Weiter vorne im Buch haben wir uns mit den über die sozialen Medien verbreiteten einstweiligen Identitätsbehauptungen befasst – einer Fassade, die oft zu bröckeln beginnt, wenn sie mit der Realität in Berührung kommt.

Manche meinen, die technologische Innovation würde unser persönliches Engagement fördern. Theoretisch erlaubt sie uns, uns von monotonen, unbefriedigenden Aufgaben – ob im Büro oder am Fließband – zu befreien, um uns anspruchsvolleren Tätigkeiten zuzuwenden: kreativ sein, nachdenken, uns mit ganzem Herzen engagieren.

Theoretisch.

In der Praxis sieht es anders aus. Hier zeigt sich, dass die von der Technologie geschaffenen Ablenkungsmöglichkeiten in die Abhängigkeit führen und einen unheilvollen Schneeballeffekt auslösen, sodass die gewonnene Freizeit unter einer Lawine von digitalen Abschweifungen verschüttet wird.

Schau dir dein Leben einmal an. Wie oft hast du das Gefühl, ganz bewusst den Stecker ziehen zu müssen? Dass du eine Technologiepause brauchst? Dass du rausgehen und einen langen Spaziergang unternehmen oder dich körperlich auspowern solltest? Uns aus der digitalen Welt auszuklinken gibt uns Raum, genau wie die Meditation, weil sie uns in ein Leben zurückversetzt, wie wir es früher als Kinder hatten: mit echten emotionalen Verbindungen, echten Beziehungen.

EINE URFORM DES ZWISCHENMENSCHLICHEN AUSTAUSCHS

Das Erzählen von Geschichten zählt zu den Urformen des zwischenmenschlichen Austauschs. Es gibt uns Halt und erlaubt uns, wieder echte Beziehungen aufzubauen, weil unser Erzählmuskel zugleich unser Beziehungsmuskel ist.

Gut möglich, dass deine mentalen Muskeln im Lauf der Zeit verkümmert sind. Das Leben birgt viele Herausforderungen. Es ist also nicht deine Schuld, wenn du sie vernachlässigt hast, und wie dem auch sei: Mit dem Storypathing kannst du sie wieder aufbauen. Doch – ich kann es nicht oft genug wiederholen – ohne fortlaufendes Training bilden sie sich schnell wieder zurück. (Deshalb rede ich hier gern von Muskeln, weil sie mal stärker, mal schwächer werden, je nachdem, wie intensiv man sie nutzt.)

LEBENSLANGES TRAINING

Nun hast du dir deine PeakStory erarbeitet und sie in Situationen mit geringem, mittlerem und hohem Risiko erzählt. Du hast deine mentalen Muskeln gestärkt und weißt jetzt, welche Hindernisse du in deinen Heldengeschichten überwunden hast. Du kennst die Situationen, in denen du kollaborativ mit anderen zusammengearbeitet hast, und auch deine virtuosen Momente, die dich erkennen ließen, welche Dinge du so gern tust, dass es ein Frevel wäre, darauf zu verzichten.

Jetzt gilt es, am Ball zu bleiben und deine Geschichte auch weiterhin zu erzählen. Das ständige Wiederholen ist von entscheidender Bedeutung. Natürlich sollst du sie nicht wie ein

Automat abspulen. Es geht hier nicht um künstliche Intelligenz. Du übst sie immer wieder aufs Neue, sodass du die Kernelemente in jeweils anderer Reihenfolge, in unterschiedlichem Kontext und auf verschiedene Weise vortragen kannst.

Deine Geschichte zu erzählen begleitet dich ein Leben lang.

Du setzt weiterhin auf die zwei, drei, manchmal auch vier Kompetenzen, die dich auf deinem Weg vorangebracht haben und deiner Geschichte Konsistenz und Lebendigkeit verleihen. Sie sind nichts Abstraktes, sondern erlauben dir, in der realen Welt zur Hochform aufzulaufen. Auch legst du nun deine Motivationen offen.

Sobald das geschieht, wirst du vermutlich tiefere, emotionale Verbindungen zu anderen Menschen eingehen, statt dich auf kurze, oberflächliche Begegnungen zu beschränken. Es gelingt dir jetzt besser, mit anderen in Beziehung zu treten, ganz gleich, ob du ein Team leitest, eine Firma aufbaust oder etwas verkaufen willst; ob du der neue Chef im Unternehmen oder die neue Lehrkraft an der Schule bist; ob du eine Fortbildung leitest oder ein Praktikum absolvierst. Du schaffst es überall dort, wo jemand sagen könnte: »Erzähl mal, wer du bist.«

VERBESSERE DEIN SPIEL

Wer im Basketball in der Topliga spielt, käme nie auf die Idee, das Aufwärmtraining ausfallen zu lassen. Es ist selbstverständlich, noch mal ein paar Pässe und Würfe zu üben, bevor das Spiel beginnt. Kannst du dir vorstellen, dass sich Profis je eine Chance entgehen lassen, ein paarmal auf den Korb zu zielen? Natürlich nicht!

Sie nutzen jede Gelegenheit, um ihr Spiel zu verbessern.

Gleiches empfiehlt sich für dich und deine PeakStory. Um immer noch besser zu werden, solltest du jede Gelegenheit nutzen, deine Geschichte zu erzählen und sie an neuen Orten und in neuen Kontexten vorzutragen.

Um in die Profiliga aufzusteigen, heißt es ständig üben. Möglichst viele Wiederholungen – das ist das Geheimnis des Erfolgs. Von dem Stand-up-Comedian Jerry Seinfeld weiß man, dass er ständig einen gelben Notizblock dabeihat, um Einfälle und Beobachtungen festzuhalten und seine Gags und Pointen immer wieder zu überarbeiten, bis er schließlich ans Mikrofon tritt. Footballprofis und Schauspieler bereiten sich ähnlich intensiv auf ihren Auftritt vor. Jedes Mal aufs Neue. Wiederholungen mit Abwandlungen sind die Muskelbildner, die hinter jeder Spitzenleistung stehen. Hör nie auf, dich kritisch zu hinterfragen. Wo stehst du, was den Inhalt deiner Geschichte anbelangt? Sind die Bezüge klar? Gibt es Bereiche, in denen du deine Qualifikationen stärker herausarbeiten könntest? Hindert dich dein persönlicher Stil womöglich daran, deine Geschichte ausführlich genug zu erzählen, um deine Identitätsbehauptung im entscheidenden Augenblick zu vermitteln?

Dieser Prozess endet nie. Aber es gibt eine gute Nachricht.

Du denkst dir diese Geschichte nicht aus. Dies alles ist dir tatsächlich passiert. Du erzählst sie nur auf ganz spezielle Weise.

DIE AUFWÄRTSSPIRALE DES LEBENS

PeakStorytelling ist so flexibel, dass es auf deinem weiteren Lebensweg nichts an Relevanz verliert, ganz gleich, wann du damit zu arbeiten beginnst. Dies gilt jedoch nur, wenn du ständig weiter am Ball bleibst.

Mag sein, dass du dir sagst: »Ich habe das Buch gelesen. Ich bin jetzt bereit für meine Rede, das Vorstellungsgespräch, die wichtige Networking-Veranstaltung (oder welchen Auftritt auch immer).« Oder du glaubst: »Ich habe in meinem Leben einiges durchgemacht und kann jetzt manches besser einordnen. Ich habe das Gefühl, auf einem guten Weg zu sein. Das ist besser als jede Therapie!«

Aber glaube mir, das ist nicht die Reaktion, die dich tatsächlich weiterbringt.

Mag sein, dass du auf einem guten Weg bist und dass du dir deine Geschichte erarbeitet hast. Diese beiden Häkchen kannst du setzen. Aber damit endet das Ganze nicht.

Wir alle haken gern Kästchen ab. So verfolgen wir die Meilensteine unseres Lebens. Mit dreizehn schauen wir zum ersten Mal bewusst auf unsere Kindheit zurück. Häkchen. Mit achtzehn wissen wir *wirklich*, wo der Hase langläuft. Wir sind mit der Schule fertig und fangen zu studieren an. Häkchen. Es folgt die erste, dann die zweite Midlife-Crisis; wir wechseln den Beruf. Häkchen, Häkchen, Häkchen.

Jeder Meilenstein, jeder Wandel, ist besser zu bewältigen, wenn wir ihm achtsam statt achtlos begegnen, weil wir alle in der Spirale des Lebens eine Ebene erklimmen oder zu erklimmen hoffen, auf der wir uns selbst verwirklichen und Dinge tun können, die uns am Herzen liegen. Wann immer du also beschließt, eine Tätigkeit, die dich in deinem Leben intensiv beschäftigt, gegen eine andere einzutauschen, nutze deinen Erzählmuskel. Er wird dir helfen herauszufinden, was als Nächstes zu tun ist.

AUFS ERZÄHLEN PROGRAMMIERT

Einer meiner Lieblingssprüche lautet: Ein gelebtes Leben hat eine Menge Inhalt.

Das scheint auf der Hand zu liegen. Aber wie oft hältst du wirklich inne und fragst dich, was du alles getan, gesehen und gefühlt hast?

Ganz schön viel Stoff, um daraus deine einzelne PeakStory zu stricken. Genau das aber gibt dir die Möglichkeit, aus dem Vollen zu schöpfen, um sie auf deine ganz persönliche Weise zu erzählen. Damit präsentierst du nicht nur eine Version von dir, die deine wahren Qualitäten und Fähigkeiten zur Geltung bringt. Es veränderst dich auch auf der neurologischen Ebene. Dein Gehirn verdrahtet sich neu, so wie es deine Geschichte verlangt.

Der Neurowissenschaftler David Eagleman beschreibt, wie alle Neuronen im Gehirn um Aufmerksamkeit kämpfen und das Gehirn sich infolgedessen immer wieder neu konfiguriert. Er spricht von einer »chronischen Anpassung«, mit der es auf alles Neue reagiert: auf Lernprozesse, widrige Umstände und das Erzählen der eigenen Geschichte. Unser Gehirn ist also nicht darauf programmiert, eine Story auf immer gleiche Weise vorzutragen. Die Fähigkeit zur chronischen Anpassung erlaubt ihm vielmehr, seine neuronalen Pfade laufend neu auszurichten und sich in Übereinstimmung mit unserer Geschichte und unseren Talenten permanent neu zu modellieren.

Während du deine Geschichte strukturierst und vorträgst, passt sich dein Gehirn also an, und das bedeutet: Du bist nach dem Erzählen nicht mehr dieselbe Person, die du vorher warst. Genau genommen hast du dich bereits verändert, seit du angefangen hast, dich mit deiner PeakStory zu beschäftigen, denn dazu musstest du dir die Erlebnisse deiner Vergangenheit in Erinnerung rufen. Du hast gelernt, welchen Stellenwert Sinnhaftigkeit und persönliche Ziele in deiner aktuellen oder angestrebten Rolle spielen und welche Bedeutung ihnen für deinen künftigen Weg zukommt. Du denkst nicht nur anders über dich und deinen Status quo nach, sondern *bist* anders, weil dein Gehirn die Dinge jetzt anders verarbeitet.

Das anpassungsfähige Gehirn

Was Eagleman beschreibt, wird von Fachleuten als *Neuroplastizität* bezeichnet: die Fähigkeit des Gehirns, ständig neue neuronale Verbindungen zu knüpfen. Wenn du Hemmungen hast, deine Geschichte zu erzählen, dich aber im geschützten Rahmen – etwa im Büro, in deinem Zimmer oder im Kreis von engen Freunden – sicher fühlst, habe ich eine gute Nachricht für dich. In dem Maße, wie sich deine Geschichte ändert, verändert sich auch dein Gehirn, sodass du nach und nach an Vertrauen gewinnst und es dir immer leichter fällt, deine PeakStory vorzutragen. Hab Geduld. David Eagleman bezeichnet in einem seiner Bücher das menschliche Gehirn als *livewired:* »lebendig verdrahtet«. Was er damit sagen will? Es bedeutet, dass es flexibel ist und wir selbst die Richtung bestimmen. Wir sind die Software, die entscheidet, wie wir uns entwickeln und wer wir einmal sein werden, und das schließt auch die Hardware mit ein. Du hast die Kontrolle darüber, wie du dich durchs Leben bewegst. Du bist der ultimative Autor deines Selbst.

Eagleman wählt ein Beispiel aus dem Fußball und erklärt, was Amateure von Profis unterscheidet. Amateure lassen sich leicht den Ball abjagen. Du brauchst nur Jugendlichen beim Freizeitkicken zuzuschauen, um zu sehen, dass das stimmt, und vielleicht kennst du es auch aus eigener Erfahrung.

Profis passiert das deutlich seltener.

Warum? Weil Amateure aus neurowissenschaftlicher Sicht alle Bewegungen bewusst ausführen. Damit signalisieren sie meistens vorab, was sie auf dem Spielfeld vorhaben: Es lässt sich an ihrer Körpersprache, ihrer Mimik, ihrer Motorik ablesen. Das macht es einfach, ihnen den Ball abzunehmen. Das Gehirn von Profis ist hingegen so verschaltet, dass sie, spontan und ohne nachzudenken, handeln können und es keinen Hinweis darauf gibt, was sie als Nächstes planen. Und geben sie doch ein Signal, ist es meistens bewusst gefälscht, um einen gegnerischen Spieler in die Irre zu führen, ihn abzuschütteln und so im Ballbesitz bleiben zu können. Sie fallen dabei weder im Spiel zurück, noch geht es auf Kosten ihres Vorwärtsdrives.

Was hat das mit uns zu tun? Nun, wenn du beginnst, deine PeakStory zu erzählen – du also noch als Amateur unterwegs bist –, bist du dir aller möglichen Faktoren bewusst: wer im Raum anwesend ist, was für dich auf dem Spiel steht, wie du wohl aussiehst, was du anhast. Du weißt, dass du dir den Ball nicht abnehmen lassen darfst, denn dieser Ball ist deine Geschichte. Du bereitest dich also möglichst gut vor und erzählst sie erst mal in Situationen mit geringem und mittlerem Risiko, bevor du dich damit auf die ganz große Bühne traust und sie vorträgst, wenn dabei viel für dich auf dem Spiel steht.

Wirst du zum PeakStory-Profi, geschehen zwei Dinge. Erstens gelingt es dir schneller, deine Geschichte so abzuwandeln, dass du sie spontan aus dem Ärmel zaubern kannst, wenn du zum Beispiel jemand Neues kennenlernst oder jemand Interessantes den Raum betritt. Anders ausgedrückt: Deine Reaktionsgeschwindigkeit verbessert sich.

Zweitens musst du viel weniger Mühe aufwenden. In dem von Eagleman beschriebenen Beispiel läuft das Gehirn des

Amateurs auf höheren Touren als das des Profis. Überraschend? Das sollte es nicht sein. Amateure belauern hyperwachsam alles, was geschieht und was sie tun; Profis dagegen sind eins mit dem Spiel, entspannt und selbstsicher. Wenn du eins bist mit deiner Geschichte, fällt es dir erheblich leichter, mal ein-, mal auszusteigen und deinen Vortrag laufend zu verändern.

Auf der neurologischen Ebene hat deine PeakStory eine Umprägung zur Folge. Mit jedem Storypathing machst du dir weitere Nuancen bewusst. Und je mehr du mit deiner Geschichte zusammenwächst, desto stärker wird dein Gehirn »lebendig verdrahtet« und darauf ausgerichtet, sie zu erzählen.

Nun bist du bestens gerüstet für das, was kommt. Fühlt sich gut an, oder? Du weißt, dass du jeden nonverbalen Hinweis und jede Änderung im Tonfall achtsam aufnehmen und deine Geschichte dementsprechend mal etwas ausführlicher, mal etwas knapper erzählen kannst.

Was hat sich verändert? Du hast deine Selbstwahrnehmung auf eine Meta-Ebene angehoben und bist damit einen Schritt weiter auf dem Weg hin zu einem sinnerfüllten Leben.

CHANCEN ERGREIFEN

Wenn du bei deiner Geschichte bleibst, eröffnest du dir die Möglichkeit, neue Beziehungen zu knüpfen. Du wirst zum ultimativen Brückenbauer. Du kannst dir mit deiner Story im virtuosen Reich des angestrebten Tuns Gehör verschaffen.

Mehrfach haben wir in diesem Buch von der Zeit des Turbowandels gesprochen, in der wir uns befinden.

Dieser Wandel ist real. Heutzutage hat jeder die Möglichkeit, die eigene Geschichte zu erzählen, ob Leader oder Follower, ob Führender oder Geführter, denn jeder hat das gleiche Recht zu reden. Die Belegschaften von Unternehmen haben beinahe ebenso viel zu sagen wie diejenigen, die formal die Zügel halten.

PeakStorytelling ist der Schlüssel, um diese Macht auszuüben.

Wenn sich dir eine Chance bietet, deine Geschichte zu erzählen, ergreifst du sie auch?

Denn wenn du es tust, schlägst du mit deiner PeakStory das viel beschworene virtuose Kapitel deines Lebens auf. Du sicherst dir die Unterstützung, die du brauchst, um zu erreichen, was du dir erklärtermaßen wünschst und verdienst. Deine Story zeigt, dass du dank deiner Kompetenzen Schritt für Schritt in dieses Lebensthema hineingewachsen bist. Sie nimmt die Zuhörenden auf eine Reise in die Vergangenheit mit und weist dann in die Zukunft, sodass nun alle wissen, dass du die oder der Richtige bist. Ob Vermögensberaterin oder Lehrer, Künstlerin oder Kommunalentwickler, Pfleger oder Betreuerin, Mediziner, Soldatin, Ersthelferin – wie du in deine Position gelangst bist, begründet auf eindrücklichste Weise, mit welchem Recht du heute dort stehst.

Lässt du dir die Chance entgehen, deine Geschichte zu erzählen, versäumst du es, den mentalen Acker der anderen zu bestellen und deine Saat auszustreuen: Schaut her, das bin ich! Je mehr Samen du säst, desto mehr Menschen laden dich in ihre Kreise ein. Und je größer die Zahl derer, die deine Geschichte weitererzählen, desto erzählenswerter wird sie. Man interessiert sich plötzlich für dich. Du bist es nun wert, ihnen im Gedächtnis zu bleiben.

Zögerlichkeit ist kein guter Verbündeter. Es gilt, jederzeit bereit zu sein – startklar, um deine Geschichte zu erzählen.

Wie wir gesehen haben, strebt der moderne Mensch nach Selbstverwirklichung und Sinnhaftigkeit im Beruf. PeakStorytelling ist die Methode, mit der du dieses Ziel erreichst. Sie zeigt dir, wie du deine Geschichte aufbaust, sie vorträgst, durch Wiederholung verbesserst, anpasst und weiterentwickelst, sie als Kraftquelle nutzt, sie einsetzt und auch, wie du sie an andere weitervermitteln kannst.

LASS DICH INSPIRIEREN

PeakStorys findest du überall. Ständig wenden sich Menschen an andere mit dem Wunsch, Beziehungen zu knüpfen. Es gibt unzählige Beispiele dafür. Lass dich von den Leuten inspirieren, die dich persönlich ansprechen. Wir haben uns mit Steve Jobs und seiner berühmten Stanford-Rede befasst, und ich habe dir die Autobiografie von David Goggins empfohlen. Die Bürgermeisterin von Atlanta, Keisha Lance Bottoms, hat ihre Geschichte ebenfalls erzählt. Jetzt, wo du deinen Blick für PeakStorys geschärft hast, begegnen sie dir plötzlich überall.

Nehmen wir Joe de Sena, CEO und Mitbegründer von Spartan Race, der unlängst die Firma seines Konkurrenten Tough Mudder übernahm. Wenn Unternehmer oder führende Köpfe wie er ihre Geschichte erzählen und zeigen, wie sie mit ihrem beruflichen Werdegang in Zusammenhang stehen, stößt das auf große Resonanz in der Welt. Oder bist du etwa nicht neugierig, wie de Sena als ehemaliger Wall-Street-Börsenmakler auf die Idee kam, ein Unternehmen zu gründen, das mittlerweile zum weltweit größten Anbieter von Hindernisparcours aufgestiegen ist?

Oder schau dir Popstars wie die Singer-Songwriterin Maggie Rogers an, die von dem Film- und Musikproduzenten Pharell Williams in dessen Meisterklasse an der New York University entdeckt wurde. Ihre einzigartige Folk-Dance-Mischung brachte ihr eine Grammy-Nominierung ein.

Warum waren Maggie Rogers mit ihrer Musik, Joe de Sena mit seinem Unternehmen oder David Goggins mit seinem Lebenshilfebuch so erfolgreich? Weil ihre Aktivitäten eng mit ihrer Identität verknüpft sind.

Welche Ziele du auch anstrebst, sie müssen aus dir selbst heraus kommen. Wenn du dir Geschichten wie diese anschaust, verstehst du, warum diese Leute so gut sind in dem, was sie tun.

Identitätsbehauptung

Ich habe einen Freund aus Delaware. Er heißt Jimmie Allen und ist einer der wenigen Afroamerikaner, die Country und Western singen. Darius Rucker, vielleicht noch Aaron Neville, Cowboy Troy und natürlich Charley Pride.

Als ich Jimmie kennenlernte, waren in seiner Geschichte noch viele Heldenelemente zu erkennen. Ich war damals als Präsident der Alex and Ani Corporate University mit dem Aufbau des dortigen Aus- und Weiterbildungsinstituts betraut und beriet Führungskräfte beim Entwickeln ihrer Geschichte. Ich weiß noch, wie ich Jimmie bei einer Peace-Love-Charity-Veranstaltung auf die Bühne holte. Mittlerweile gilt er als einer der Topvertreter der New Country Music, und er hatte damals bereits eine Menge Lob für seinen Auftritt bei *American Idol* erhalten. Seine Single »Best Shot«, die ihm den Durchbruch brachte, war ein Superhit.

Es hat jedoch Zeiten gegeben, in denen Jimmie im Auto übernachtete und seine Mitgliedschaft in einem Fitnesscenter nutzte, um duschen zu können. Dann lernte er die Schmuckdesigner Alex und Ani kennen, und sie gaben ihm die Chance, in ihren Filialgeschäften aufzutreten. Irgendwann zog Jimmie dann nach Tennessee, wo er seinen Stil fand – Country, nicht Pop.

Auf einmal fügten sich alle Mosaiksteine zu einem Bild, und da war sie: seine Geschichte. Meine Tochter konnte kaum fassen, dass ich Jimmie persönlich kenne. Ich erklärte ihr: »Keiner fängt etwas an, weil alles so einfach wäre. Er musste früher mal im Auto übernachten.« »Soll das ein Witz sein? Hast du seinen Ford Pick-up gesehen? Der ist mega.« »Genau wie er«, erwiderte ich.

Stimmt. Jimmie kann sich heute einen Luxus-Pick-up leisten. Er steht mit Darius Rucker auf der Bühne. Und er hat viele coole Projekte am Laufen.

Jimmie ist ein phänomenaler Mensch. Aber was er heute ist, konnte er nur werden, weil er allen Widrigkeiten zum Trotz seinen eigenen Weg verfolgte. In der Geschichte, die er als Autor seines Lebens laufend fortschreibt, würdigt er die blauen Punkte, die er unterwegs sammelt. Und das, was er tut, entspricht ihm haargenau, so wie er heute ist.

EINEN LEBENDIGEN ZUGANG FINDEN

Jimmie Allens Geschichte ist ein anschauliches Beispiel dafür, was passiert, wenn jemand einen lebendigen Zugang zu seiner PeakStory findet.

Du kannst es bestätigen, weil genau das bei dir eingetreten ist: Du hast einen lebendigen Zugang zu deiner Geschichte gefunden. Du hast ganz bestimmte Momente ausgewählt, weil du weißt, dass sie in der Zusammenschau zeigen, welche Qualitäten und Fähigkeiten in dir stecken – ob bei der Arbeit, die du verrichtest, in dem Leben, das du führst, oder bei der Veränderung, die du dir in welchem Bereich auch immer wünschst.

Du bist dazu berufen, deine Geschichte zu erzählen. Während ich dies schreibe, denke ich an das Manifest, das ich vor vielen Jahren in einem TEDxPublicStreetTalk vorgetragen habe. Es trug den Titel *Story Like You Mean It* – »Erzähl mal, wer du bist«.

Das war der Zeitpunkt, als ich entdeckte, welche Geschichte ich für mich schreiben und wo sie mich hinführen musste. Jetzt, wo du um die Macht des Erzählens aus eigener Erfahrung weißt, möge dir dieses Manifest helfen, auch dein nächstes Kapitel zu schreiben.

In diesem Sinne: *Erzähl mal, wer du bist.*

Dies ist deine GESCHICHTE.

Erzähl mal, wer du bist.

Bewegst du dich außerhalb deines Plots, SPRING HINEIN.

Dass du hier bist, hat einen Grund.

Es entspricht dem göttlichen Plan.

Folge deiner BERUFUNG. Handle zielstrebig in ihrem Sinn.

LIEBE ist in jedem von uns; zeige uns die deine.

Deine Arbeit ist DEINE GESCHICHTE(+).

Übe, anderen etwas zurückzugeben. Baue Brücken.

Geschichtenerzählen ist menschlich.

Suche bewusst nach Kollaboration.

Urteile weniger. Beziehe andere mehr ein. Lebe in Frieden.

Du bist GESEGNET.

Erzähl mit LIEBE von der MACHT der Geschichten.

Mach deinen TRAUM zu deiner Geschichte.

Möge deine Seele zur RUHE kommen.

GEH mit gutem Beispiel VORAN.

ÜBUNG: DEINE PEAKSTORY ALS LEBENSBEGLEITER

Denk noch einmal daran zurück, wie du am Anfang dieses Buchs begonnen hast, auf die Storys anderer zu achten. Lass noch einmal all die Geschichten Revue passieren, die du gehört hast – die Flops wie die Tops.

Jetzt bist du an der Reihe. Bühne frei.

Du hast das Recht, deine Geschichte zu erzählen. Du hast den Plan. Du kennst den Prozess.

Du hast einen lebendigen Zugang zum Erzählen gefunden.

Jetzt kommt es darauf an, deine Geschichte zu pflegen und lebendig zu halten. Und dazu musst du sie immer wieder unter die Leute bringen. Halte stets nach Chancen Ausschau, sie vorzutragen, denn das Erzählen ist ein Muskel, der trainiert sein will.

Jetzt weißt du, wie das Ganze funktioniert und wie du andere von deinen Qualitäten und Fähigkeiten überzeugen kannst. Du kannst in deinem Narrativ jeden Winkel, jedes Detail, jede Gabelung beleuchten. Wo geht es weiter? Hier? Oder dort? Du weißt, wann du die Scheinwerfer einschalten und worauf du den Fokus richten solltest, damit die Leute sehen, was du an Wertvollem beizutragen vermagst.

Bei welcher Gelegenheit willst du deine Geschichte vortragen, um Brücken zu bauen oder Netze zu knüpfen?

Schau dir deinen Kalender für die kommende Woche, den kommenden Monat an. Wo ergeben sich Chancen? Jetzt, wo du in und mit deiner Geschichte lebst, kannst du dich jederzeit auf sie beziehen, um darauf hinzuweisen, was genau du den Leuten, mit denen du zusammenarbeitest, zu geben vermagst.

Beim Erzählen gelten viele ethische Grundsätze. Halte dich vor allem an diese: Lüge nicht. Benutze deine Geschichte nicht, um andere zu täuschen oder über den Tisch zu ziehen. Respektiere dich selbst und andere.

Du wirst beim Erzählen deiner Story nicht mehr aus dem Konzept geraten und nicht mehr schlafwandlerisch in einen Raum oder ein Meeting gehen. Konferenzen, Vorstellungsgespräche, Verkaufsveranstaltungen – du siehst sie mit ganz neuen Augen. Und du wirst feststellen, dass die Leute anders auf dich reagieren als früher. Die Veränderungen sind real, denn du hast dein Gehirn neu verdrahtet und vielleicht auch das der anderen. Du allein hast diesen sozialen und neurologischen Wandel bewirkt. Eine ganz schöne Leistung, finde ich.

Du bist wieder zum Autor deines Lebens geworden und hast dabei wahrscheinlich einiges an zusätzlichen Kompetenzen erworben. Du weißt jetzt um die Macht des Erzählens.

FAZIT

ERZÄHL MAL, WER DU BIST

In diesem Buch hast du eine Methode kennengelernt, mit deren Hilfe du dich anderen so präsentieren kannst, wie du wirklich bist. Doch nicht nur das. Sie schenkt dir zudem eine Identität, die genau auf dich zugeschnitten ist, dort, wo du in deiner Entwicklung gerade stehst, auf dem Weg hin zu der Arbeit oder dem Leben, das du dir wünschst.

Wenn du meinst, dass es beim PeakStorytelling darum geht, anderen zu zeigen, was in dir steckt, deine Qualitäten hervorzuheben und dich aus einer falschen Schublade zu befreien, in die man dich möglicherweise gesteckt hat – dann hast du recht. Auch geht es darum, wieder miteinander ins Gespräch zu kommen, was in unserer heutigen Welt viel zu selten geschieht. Das PeakStorytelling trägt dazu bei, uns aus der Technologie auszuklinken und stattdessen in den Genuss des größten Geschenks zu kommen, das es gibt: Präsenz.

Inzwischen kennst du die Komponenten deiner Erzählung: die Helden-, kollaborativen und virtuosen Momente in deinem

Leben. Sie gehören in deine Geschichte, weil jeder sie aus eigenem Erleben kennt, ganz gleich, was sie oder er beruflich macht: Ob Handelsvertreter oder Chirurgin, jeder hat schon einmal ein Hindernis überwunden und dabei Heldenmut bewiesen. Jeder hat schon einmal versucht, mit anderen zusammenzuarbeiten, mit mehr oder weniger Erfolg. Und jeder macht Dinge, die er liebt, oder wünscht sich zumindest, es zu tun, und kommt dabei in Kontakt mit der eigenen Virtuosität.

Wenn du alle drei Komponenten in deiner Geschichte vereinst, entsteht ein spannendes, mitreißendes Narrativ – die Story deines Lebens. Sie weist über die Gegenwart hinaus in die unmittelbare und die ferne, mögliche Zukunft. Dass sie andere anspricht, ist ihr in die DNA geschrieben, denn jeder erkennt sich wieder in den drei Ebenen und ihren blauen Punkten. Auch wenn nicht jeder bei sich selbst auf Anhieb den Finger darauf zu legen vermag, sind sie dennoch vorhanden. Wer dir zuhört, kann sich mit deinem Narrativ identifizieren, denn auch er hat schon Hürden genommen und gemeinsam mit anderen etwas auf die Beine gestellt; und wie jeder wünscht auch er sich eine sinnvolle Aufgabe im Leben.

Sprichst du deine Zuhörenden auf diese Weise im Innersten an, fällt das auf fruchtbaren Boden. Und mit jeder Reaktion, die du auf deine PeakStory erhältst, kommt die Energie mehr und mehr ins Fließen. Es ist, als würden zwei Musikerinnen ihre Instrumente fein aufeinander abstimmen, um gemeinsam auf den Gipfel ihrer Kunst zu gelangen. Du hast dich selbst so intensiv reflektiert und die einzelnen Aspekte deiner Identität derart durchdrungen und miteinander verknüpft, dass du damit im Kreis von anderen jetzt frei improvisieren kannst. Aber der Chef im Ensemble, das bist du. Du gibst den Ton an, der dem Spiel die Dynamik verleiht.

Wer dich kennt, wird dir eher vertrauen. Das ist in der Natur des Menschen begründet. Und wenn die Menschen dir vertrauen und deine Geschichte einen soliden Kern hat, kannst du bei ihnen Punkte sammeln. Dann brennen sie auf einmal darauf, dich zu unterstützen, dich weiterzuempfehlen, dich einzustellen, Zeit mit dir zu verbringen. Keiner umgibt sich gern mit Leuten, die schlechte Stimmung verbreiten.

Erinnerst du dich, was wir über Energie gesagt haben? Es gibt Leute, die geben dir welche, und es gibt Leute, die ziehen dir welche ab.

Ich bin eher von der gebenden Sorte. Ich hoffe, dass ich dir den Impuls vermitteln konnte, dich auf die Reise der Selbsterforschung zu begeben. Wie ich an anderer Stelle schon geschrieben habe: Die Suche nach dir selbst ist die lohnendste Suche. Du weißt jetzt, dass es stimmt. Der Beweis ist erbracht.

Du kannst dir dieses Buch zum ständigen Begleiter machen. Schlag es immer wieder auf. Egal, was deine Mutter dir früher gepredigt hat: Es macht nichts, wenn die Seiten einreißen, verknittern oder Eselsohren bekommen. Betrachte das Buch als deinen Werkzeugkasten. Nimm es überallhin mit. Wenn du außerdem ein Tagebuch führst, umso besser. Aber mach dir ruhig auch im Buch selbst Notizen. Zeichne deine Fortschritte auf. Am Ende sieht es vielleicht wie eines dieser Logbücher aus, die Forschungsreisende in längst vergangenen Tagen auf ihren Expeditionen erstellten.

Wir sind mittels PeakStorytelling auf Reisen gegangen, haben uns mental in die Vergangenheit zurückbegeben und nach einer Zwischenlandung im Hier und Jetzt eine mögliche Route für die Zukunft entworfen. Wenn du dich ändern willst, ändere den Verlauf deiner Geschichte; dadurch verändert sich dein Gehirn, und diese Veränderung schreibt sich in deine Geschichte ein. Genau das ist, was Abraham Maslow als Psychohygiene bezeichnet. Du räumst etwas von dem Gestrüpp beiseite, das dir den Weg versperrt, und auf einmal hast du freie Bahn.

Du wirst auch weiterhin blaue Punkte sammeln. Du wirst immer neue virtuose Momente erleben. Und dein Weg schraubt sich weiter dem Gipfel entgegen.

In der physischen Welt üben Berggipfel auf den Menschen eine große Anziehungskraft aus. (Ich schreibe diese Zeilen am Fuß des Mount Greylock, des höchsten Punkts von Massachusetts.) Bei der alljährlichen Gala der National Braille Press in Boston habe ich mich länger mit einem Mann unterhalten, dessen große Leidenschaft das Bergsteigen ist. Erik Weihenmayer hat als Blinder alle wichtigen Gipfel der Welt bezwungen, den Mount Everest eingeschlossen. Er ist ein erstklassiger Redner, der viel Spannendes zu erzählen hat, von seinen Klettertouren und anderen Abenteuern wie dem Wildwasser-Rafting auf dem Colorado River, aber manche der Momente, von denen er berichtet, sind besonders einprägsam.

Das gilt für jeden von uns. Diese Momente – das sind die blauen Punkte in unserer Story, die den Augenblick des Erzählens überdauern. Man erinnert sich an sie, noch lange nachdem die Geschichte oder der Vortrag beendet ist, längst nachdem der Zirkus die Stadt verlassen hat.

Es ist erstaunlich, wie lange manche Geschichten noch nachhallen können. Es ist, als stünden sie unter einem besonderen Stern, sodass sie im Gedächtnis der Zuhörenden haften und auf diese Weise in ihm lebendig bleiben. Sie greifen ein klein wenig in deren Neurologie ein, sodass sie sich nicht nur auf die anwesenden Menschen auswirken, sondern auf den Raum insgesamt. Ja, ganze Karrieren, unser privates Umfeld und unsere Beziehungen zu anderen können unter ihren Einfluss geraten.

Unser Gehirn scheint es zu genießen, wenn jemand eine spannende Geschichte erzählt.

Jedes Mal, wenn du dich mit deiner Geschichte befasst, dich zu ihr bekennst und sie erzählst, denk an das Zitat von einem anderen Erik. Der deutsch-amerikanische Psychoanalytiker Erik Erikson, der mit seinem Stufenmodell der psychosozialen Entwicklung bekannt wurde, hat einmal gesagt:»Ich bin, was von mir überlebt.«

Wenn du eine starke Geschichte zu erzählen hast, wird sie den Zuhörenden im Gedächtnis bleiben. Dabei spielt es keine Rolle, ob du erzählst, wie du aus Kambodscha eingewandert bist, einem Rüpel die Stirn geboten hast, dich getraut hast, einmal ganz du selbst zu sein, oder deine … nun ja, du wirst dein Thema schon finden (oder vielmehr: Du hast es bereits gefunden, denn du kennst ja deine blauen Punkte).

Was immer du erzählst, es bleibt ein Nachhall im Raum. Es ist jetzt allen klar, wer du bist und welche Qualitäten und Fähigkeiten du einbringst. Du schilderst lebendig, welchen Weg du gegangen bist, womit du dich beruflich beschäftigst, wo du arbeitest oder dich um einen Studienplatz bemühst, welche Dinge du verändern möchtest oder welche Veränderungen du bereits erfolgreich angestoßen hast.

Wie Erikson sagt: Wir sind das, was von uns überlebt. Und genau darin liegt der Wert unserer Geschichte. Sie ist das, was von uns bleibt.

QUELLEN

Anderson, C. und A. Shirako. »Are Individuals' Reputations Related to Their History of Behavior?« *Journal of Personality and Social Psychology*, 94, Nr. 1 (2008), S. 320–333.

Aron, A., E. N. Aron uand D. Smollan. »Inclusion of Other In the Self-Scale and the Structure of Interpersonal Closeness.« *Journal of Personality and Social Psychology*, 63, Nr. 4 (1992), S. 596–612. http://dx.doi.org/10.1037/0022-3514.63.4.596.

Ashforth, B. E. *Role Transitions In Organizational Life: Anti-Identity-Based Perspective*. Mahwah, NJ: Lawrence Erlbaum 2001.

Ashforth, B. E. und F. Mael. »Social Identity Theory and the Organization.« *Academy of Management Review*, 14 (1989), S. 20–39, doi:10.5465/AMR.1989.4278999.

Bailey, F. G. »Gifts and Poison«, in F. G. Bailey (Ed.), *Gifts and Poison: The Politics of Reputation*. Oxford, Großbritannien: Blackwell 1971, S. 1–25.

Bakhtin, M. M. *Speech Genres and Other Late Essays* (V. W. McGee, Trans.) Austin: University of Texas Press 1996.

Banathy, B. und P. Jenlink. *Dialogue As a Means of Collective Communication*. New York, NY: Kluwer Academic/Plenum 2005.

Bass, B. M. »Two Decades of Research and Development In Transformational Leadership.« *European Journal of Work and Organizational Psychology*, 8, Nr. 1 (1999), S. 9–32.

Bateson, M. C. *Willing to Learn: Passages of Personal Discovery*. Hanover, NH: Steerforth Press 2004.

Becker, H. und J. Carper. »The Elements of Identification with an Occupation«. *American Sociological Review*, 21 (1956), S. 341–348.

Bennis, W. *On Becoming a Leader* (überarb. Aufl.). New York, NY: Basic Books 2003.

Billett, S. »Relational Independence Between Social and Individual Agency In Work and Working Life.« *Mind, Culture and Activity*, 13, Nr. 1 (2006), S. 53–69, doi:10.1207/s15327884mca1301_5.

Blau, P. M. *Exchange and Power In Social Life*. London, Großbritannien: Wiley 1964.

Block, P. *Community: The Structure of Belonging*. San Francisco, CA: Berett-Koehler 2009.

Boje, D. M. *Narrative Methods for Organizational Communication Research*. London, Großbritannien: Sage 2002.

Boje, D. M. »Using Narrative and Telling Stories.« In D. Holman and R. Thorpes (Hrsg.), *Management and Language: The Manager As a Practical Author*. Thousand Oaks, CA: Sage 2002, S. 41–53.

Boycee, M. E. »Organizational Story and Storytelling: A Critical Review.« *Journal of Organizational Change Management*, 9, Nr. 5 (1996), S. 5–26.

Brett, J. M. »Job Transitions and Personal and Role Development.« *Research in Personnel and Human Resources Management*, 2, Nr. 1 (1984), S. 155–183.

Brewer, M. B. und W. Gardner. »Who Is This ›We‹? Levels of Collective Identity and Self-Representations.« *Journal of Personal and Social Psychology*, 71, Nr. 1 (1996), S. 83–93.

Bromley, D. B. *Reputation, Image and Impression Management*. New York, NY: Wiley 1993.

Bruner, J. *Acts of Meaning*. Cambridge, MA: Harvard University Press 1990.

Bugenthal, J. F. T. »Objectives Outlined.« *Phoenix: Newsletter of the American Association for Humanistic Psychology*, 1, Nr. 1 (1964), S. 1.

Burger, P. L. und T. Luckman. *The Social Construction of Reality: A Treatise In the Sociology of Knowledge*. New York, NY: Random House 1966.

Burke, P. J. »Identities and Social Structure: The 2003 Cooley-Mead Award Address.« *Social Psychology Quarterly*, 67, Nr. 1 (2004), S. 5–15.

Burnier, D. »Other Voices/Other Rooms: Towards a Care Centered Public Administration.« *Administrative Theory and Praxis*, 25, Nr. 4 (2003), S. 529–544.

Burt, R. S. *Brokerage and Closure: An Introduction to Social Capital*. New York, NY: Oxford University Press 2005.

Butler, J. K. »Toward Understanding and Measuring Conditions of Trust: Evolution of Conditions of Trust Inventory.« *Journal of Management*, 17 (1991), S. 643–663, doi:10.1177/014920639101700307.

Cairns, F. »An Approach to Husserlian Phenomenology.« In F. Kersten and F. Zaner, (Hrsg.), *Phenomenology: Continuation and Criticism*. The Hague: Martinus Nijhoff, 1973, S. 223–238.

Campbell, J. *The Hero with One Thousand Faces*. New York, NY: Pantheon Books, 1949. Auf Deutsch erschienen unter dem Titel *Der Heros in tausend Gestalten*, Berlin: Insel Verlag 2011.

Campbell, S. M., et al. »Relational Ties That Bind: Leader-Follower Relationship Dimensions and Charismatic Attribution.« *Leadership Quarterly*, 19, Nr. 5 (2008), S. 556–568.

Carroll, B., L. Levy und D. Richmond. »Leadership As Practice: Challenging the Competency Paradigm.« *Leadership*, 4, Nr. 4 (2008), S. 363–379, doi: 10.1177/1742715008095186.

Cavallo, K., et al. »A Practitioner's Research Agenda: Exploring Real World Applications and Issues.« In V. U. Druskat, F. Sala und G. Mount (Hrsg.), *Linking Emotional Intelligence and Performance at Work: Current Research with Individuals and Groups*. Newark, NJ: Lawrence Erlbaum 2006, S. 245–266.

Chalofsky, N. »An Emerging Construct for Meaningful Work.« *Human Resource Development International*, 6 (2003), S. 69–83.

Clark, E. »It's Time for Storytelling: A Proven Management Communication Tool« (2005). Abgerufen von http://www.corpstory. com/blog/articles/story-telling-a-proven- technique/.

Cohen, L. und M. Mallon. »My Brilliant Career? Using Stories as a Methodological Research Tool In Careers Research.« *International Studies of Management and Organization*, 31, Nr. 3, (2001), S. 48–68.

Cohen, P. »Autobiography and the Hidden Curriculum Vitae.« (2006). Abgerufen von http://www.uel.ac.uk/cnr/cohen.doc.

Colbry, S. »Dynamic Resolve Model: An Interpersonal Resilience Construct.« *International Journal of Entrepreneurship and Small Business*, Inderscience Enterprises Ltd, 36, Nr. 4 (2019), S.408–429.

Conforti, M. *Threshold Experiences: The Archetype of Beginnings*. Brattleboro, VT: Assisi Institute Press 2008.

Conley, C. *Peak: Why Great Companies Get Their Mojo from Maslow*. San Francisco, CA: Jossey-Bass 2007.

Cooley, C. H. *Human Nature and the Social Order*. New York, NY: Scribner 1902.

Cortazzi, M. *Narrative Analysis*. London, Großbritannien: Falmer 1993.

Cottingham, J. (Ed.). *Descartes: Meditations on First Philosophy*. Cambridge, Großbritannien: Cambridge University Press 1996.

Coutu, D. L. »How Resilience Works.« *Harvard Business Review*, 80, Nr. 5 (2002), S. 46–51.

Cunliffe, A. L. »Managers as practical authors: Reconstructing our understanding of management practice.« *Journal of Management Studies*, 38, Nr. 3 (2001), S. 351–371.

Cunliffe, A. und M. Eriksen. »Relational Leadership.« *Human Relations*, 64, Nr. 1 (2011) S. 1425–1449.

Daft, R. *The Leadership Experience* (3. Aufl.). Mason, OH: Thomson 2005.

D'Aveni, R. *Hypercompetition: Managing the Dynamics of Strategic Maneuvering.* New York, NY: The Free Press 1994.

Davis, M. »Touchscreen« (2011). Abgerufen von: https://genius.com/Marshall-davis-jones-touchscreen-annotated.

Deci, E. und R. Ryan. »The Support of Autonomy and the Control of Behavior« [Sonderausg]. *Journal of Personality and Social Psychology*, 53, Nr. 6 (1987), S. 1024–1037.

Denning, S. *A leader's guide to storytelling* (überarb. Aufl.). San Francisco, CA: Jossey-Bass 2011.

Dowling, G. R. »Reputation risk: It is the board's ultimate responsibility.« *Journal of Business Strategy*, 27(2) (2006), S. 59–68.

Duhigg, C. The power of habit: Why we do what we do in life and in business (Neuaufl.). New York, NY: Random House 2014.

Dutton, J. E., L. M. Roberts und J. Bednar. »Pathways for Positive Identity Construction at Work: Four Types of Positive Identity and the Building of Social Resources.« *Academy of Management Review*, 35, Nr. 2 (2010), S. 265–293.

Dweck, C. *Mindset: The New Psychology of Success.* New York, NY: Ballantine Books 2006.

Eagleman, M. *Livewired: The Inside Story of Our Changing Brains.* New York, NY: Pantheon Books 2020.

Ehrich, L. »Revisiting Phenomenology: Its Potential for Management Research.« In *Proceedings: Challenges or Organisations in Global Markets.* Oxford, Großbritannien: British Academy of Management Conference 2005, S. 1–12.

Emerson, R. M. »Power-Dependence Relations.« *American Sociological Review*, 27 (1962). S. 31–41.

Erikson, E. H. und J.M. Erikson. *The Life Cycle Completed.* New York, NY: W. W. Norton 1996.

Eteläpelto, A., et al. »Students' Accounts of Their Participation in an Intensive Long-Term Learning Community.« *International Journal of Educa-*

tional Research, 43, Nr. 3 (2005), S. 183–207, http://dx.doi.org/10.1016/j.ijer.2006.06.011.

Fairhurst, G. T. *The Power of Framing: Creating the Language of Leadership.* San Francisco, CA: Jossey-Bass 2010.

Fairhurst, G. T. und R. Sarr. *The Art of Framing, Managing the Language of Leadership.* San Francisco, CA: Jossey-Bass 1996.

Ferrin, D. L., et al. »Can I Trust You to Trust Me? A Theory Of Trust, Monitoring, Cooperation, and Intergroup Relationships.« *Group and Organizational Management*, 32 (2007), S 465–499.

Flum, H. »Dialogue and Challenges: The Interface Between Work and Relationships in Transition.« *Counseling Psychologist*, 29, Nr. 1 (2001), S. 259–270.

Ford, J. D. »Organizational Change as Shifting Conversations.« *Journal of Organizational Change Management*, 12, Nr. 1 (1999), S. 480–500.

Fredrickson, B. »The Role of Positive Emotions in Positive Psychology: The Broaden-and-Build Theory of Positive Emotions.« *American Psychologist*, 56, Nr. 1 (2003), S. 218–226.

Fukuyama, F. *Trust: The Social Virtues and the Creation of Prosperity.* New York, NY: Simon & Schuster 2005.

Gallup Engagement Survey. »Employee Engagement on the Rise in the US« (2018). Abgerufen von: https://news.gallup.com/poll/241649/employee-engagement-rise.aspx.

Gardner, H. *Changing Minds: The Art & Science of Changing Our Own Minds and Others.* Boston, MA: Harvard Business Press 2004.

Gardner, H. *Five Minds for the Future.* Boston, MA: Harvard Business Press 2007.

Gargiulo, T. L. *Making Stories: A Practical Guide for Organizational Leaders and Human Resource Specialists.* Westport, CT: Quorum 2002.

Gargiulo, T. L. *The Strategic Use of Stories in Organizational Communication and Learning.* Armonk, NY: M. E. Sharpe 2005.

Gecas, V. »The Self Concept.« *Annual Review of Psychology*, 8 (1982), S. 1–33.

Gergen, K. J. *Realities and Relationships: Soundings in Social Construction.* Cambridge, MA: Harvard University Press 1994.

Gergen, K. J. *The Saturated Self: Dilemmas of Identity in Contemporary Life.* New York, NY: Basic Books 1994.

Gergen, K. J. *An Invitation to Social Construction.* London, Großbritannien: Sage 1999.

Gergen, K. J. *Relational Being: Beyond Self and Community.* Oxford, Großbritannien: Oxford University Press 2009.

Gibbons, D. E. »Friendship and Advice Networks in the Context of Changing Professional Values.« *Administrative Science Quarterly,* 49, Nr. 1 (2004), S. 238–262.

Gibson, P. »Where to from Here? A Narrative Approach to Career Counseling.« *Career Development International,* 9, Nr. 2 (2004), S. 176–189.

Giddens, A. *Modernity & Self-Identity: Self and Society in the Late Modern Age.* Stanford, CA: Stanford University Press, 1991.

Giorgi, A. *The Descriptive Phenomenological Method in Psychology: A Modified Husserlian Approach.* Pittsburgh, PA: Duquesne University Press 2009.

Gladwell, M. *Blink! The Power of Thinking without Thinking.* New York, NY: Little, Brown 2005.

Gold, J. »Telling Stories to Find the Future.« *Career Development International,* 1, Nr. 4 (1996), S. 33–37.

Graen, G. »Post Simon, March, Weick, and Graen: New Leadership Sharing as a Key to Understanding Organizations.« In G. Graen und A. J. Graen (Hrsg.), *Sharing Network Leadership,* Bd. 4. Greenwich, CT: Information Age 2006, S. 269–279.

Graen, G. B. und M. Uhl-Bien. »Relationship-Based Approach to Leadership: Development of Leader-Member Exchange (LMX) Theory of Leadership Over 25 Years: Applying a Multilevel Multidomain Perspective.« *Leadership Quarterly,* 6 (1995), S. 219–247.

Grutter, J. »Developmental Career Counseling.« In J. M. Kummerow (Hrsg.), *New Directions in Career Planning and the Workplace* (2. Aufl.). Palo Alto, CA: Davies-Black 2000, S. 273–306.

Gubrium, J. F. und J.A. Holstein (Eds.). *Handbook of Constructionist Research.* New York, NY: Guilford Press 2008.

Habermas, T. und S. Bluck. »Getting a Life: The Emergence of the Life Story in Adolescence.« *Journal of Personality*, 72 (2000), S. 508–539.

Hall, D. T. *Career In and Out of Organizations.* Thousand Oaks, CA: Sage 2002.

Harley, K. und E. Reese. »Origins of Biographical Memory.« *Developmental Psychology*, 35 (1999), S. 1338–1348.

Hatch, M. J. und M. Schulz. »Building from Theory to Practice.« *Strategic Organization*, 3, Nr. 3 (2004), S. 337–348.

Heil, G., W. Bennis und D. Stephens. *Douglas Mcgregor, Revisited: Managing the Human Side of Enterprise.* New York, NY: Wiley 2000.

Hein, S. F. und W. J. Austin. »Empirical and Hermeneutic Approaches to Phenomenological Research in Psychology: A Comparison.« *Psychological Methods*, 6, Nr. 1 (2001), S. 3–17, doi:10.1037/1082-989X.6.1.3.

Hermans, H. J., H. Kempen und R. J. P. Van Loon. »The Dialogical Self: Beyond Individualism and Rationalism.« *American Psychologist*, 47, Nr. 1 (1992), S. 23–33.

Hollander, E. »Leadership and Social Exchange Processes,« in K. J. Gergen, M. S. Greenber und R. H. Willis (Eds.), *Social Exchange: Advances in Theory and Research.* New York, NY: Plenum 1980, S. 595–629.

Hooker, K. und D. P. McAdams. »Personality Reconsidered: A New Agenda for Aging Research.« *Journals of Gerontology: Psychological Sciences*, 58, Nr. 1 (2003), S. 296–304.

Horan, R. »The Integral Psychological Profile: A Psychometric Anomaly Based on Ancient Chinese Wisdom.« (2001). Abgerufen von: https://www.academia.edu/32375275/The_Integral_Psychological_Profile_a_Psychometric_Anomaly_based_on_Ancient_Chinese_Wisdom.

Hosking, D. M. »Not Leaders, Not Followers. A Post-Modern Discourse of Leadership Processes.« In B. Shamir et al (Hrsg.), *Follower-Centered Perspectives on Leadership: A Tribute to the Memory of Meindl.* Greenwich, CT: Information Age 2007, S. 243–263.

Hosking, D. M. und I. E. Morely. *A Social Psychology of Organizing.* Chichester, Großbritannien: Harvester Wheatsheaf 1991.

Hoyt, T. und M. Pasupathi. »Blogging about Trauma: Linguistic Markers of Apparent Recovery.« *Electronic Journal of Applied Psychology,* 4, Nr. 2 (2008), S. 56−62, http://dx.doi.org/10.7790/ejap.v4i2.106.

Hseih, T. *Delivering Happiness: A Path to Profits, Passion, and Purpose.* New York, NY: Hatchette Books 2010.

Husserl, E. »Consciousness As Intentional Experience.« In D. Moran und E. Husserl (Hrsg., F. Kersten Übers.), *Ideas Pertaining to a Pure Phenomenology and to a Phenomenological Philosophy.* The Hague, The Netherlands: Martinus Nijhoff 1983, S. 51−81. (Neuaufl. von *General Introduction to a Pure Phenomenology,* Dordrecht, Netherlands: Kluwer 1913, S. 33−34.)

Ibarra, H. »Provisional Selves: Experimenting with Image and Identity in Professional Adaptation.« *Administrative Science Quarterly,* 44, Nr. 1 (1999), S. 764−791.

Ibarra, H. *Working Identity: Unconventional Strategies for Reinventing Your Career.* Cambridge, MA: Harvard University Press 2003.

Ibarra, H. und R. Barbulescu. »Identity as Narrative: Prevalence, Effectiveness, and Consequences of Narrative Identity Work in Macro Work Role Transitions.« *Academy of Management Review,* 35, Nr. 1 (2010), S. 134−154.

Ibarra, H. und K. Lineback. »What's Your Story?« *Harvard Business Review,* 83, Nr. 1 (2005), S. 64−71.

Ibarra, H. und J. Petriglieri. »Identity Work and Play.« *Journal of Organizational Change Management,* 23, Nr. 1 (2010), S. 10−25.

Ibarra, H. »Provisional Selves: Experimenting with Image and Identity in Professional Adaptation.« *Administrative Science Quarterly,* 44, Nr. 1 (1999), S. 764−791.

Ibarra, H. *Working Identity: Unconventional Strategies for Reinventing Your Career.* Cambridge, MA: Harvard University Press 2003.

Janson, A. »Extracting Leadership Knowledge from Formation Experiences.« *Leadership,* 4, Nr. 1 (2008), S. 73−94.

Jefferson, G. »A Case of Precision Timing in Ordinary Conversation.« *Semiotica*, 9, Nr. 1 (1973), S. 47–96.

Johnson, M. G. und T. B. Henley. *Reflections on the Principles Of Psychology: William James after a Century*. Hillsdale, NJ: Erlbaum 1990.

Jones, R., J. Latham und M. Betta. »Narrative Constructions of the Social Entrepreneurial Identity.« *International Journal of Entrepreneurship*, 14 (2008), S. 330–345.

Kaye, B. und B. Jacobson. »True Tales and Tall Tales: The Power of Organizational Storytelling.« *Training & Development*, 53, Nr. 3 (1999), S. 45–50.

Kegan, R. *The Evolving Self: Problem and Process in Human Development*. Cambridge, MA: Harvard University Press 1982.

Kim, D. H. *Introduction to Systems Thinking*. Waltham, MA: Pegasus 1999.

Kreiner, G. E., E. C. Hollensbe und M. L. Sheep. »Where Is the Me Among We? Identity Work and the Search for Ultimate Balance.« *Academy of Management Journal*, 49, Nr. 1 (2006), S. 1031–1057.

Kroger, J. »Identity Development During Adolescence.« In G. R. Adams and M. D. Beronksy (Hrsg.), *Blackwell Handbook of Adolescence*. Malden, MA: Blackwell 2003, S. 205–226.

Kyratezis, A. »Language & Culture: Socialization through Personal Storytelling Practices.« *Human Development*, 48 (2005), S. 146–158.

Leary, M. R. *Self-Presentation: Impression Management and Interpersonal Behaviors*. Madison, WI: Brown and Benchmark 1996.

Levinas, E. *Basic Philosophical Writings*. Bloomington: Indiana University Press 1996.

Levi, R. »An Inquiry into a Phenomenon of Collective Resonance.« Unveröffentlichter Artikel, 2001.

Linde, C. *Life Stories: The Creation of Coherence*. New York, NY: Oxford University Press 1993.

Louis, M. R. »Surprise and Sense Making: What Newcomers Experience in Entering Unfamiliar Organizational Settings.« *Administrative Science Quarterly*, 25, Nr. 1 (1980), S. 226–252.

Maslow, A. *Self-Actualization and Beyond.* Brookline, MA: Center for the Study of Liberal Education for Adults 1965. Abgerufen von: Eric database. (ED 012056).

Maslow, A. *Maslow on Management.* New York, NY: John Wiley & Sons 1998.

May, R. *Man's Search for Himself.* London, Großbritannien: W. W. Norton 1953.

May, R. *Love and Will.* New York, NY: W. W. Norton 1969.

May, R. *Courage to Create.* New York: NY: W. W. Norton 1975.

McLean, K. C. und A. Thorne. »Identity Light: Entertainment Stories as a Vehicle for Self-Development.« In D. McAdams, R. Josselson und A. Lieblich (Hrsg.), *Identity and Story: Creating Self in Narrative.* Washington, DC: American Psychological Association, 2006, S. 111–128, http://dx.doi.org/10.1037/11414-005.

Mead, G. H. *Mind, Self and Society,* Chicago, IL: University of Chicago Press 1934.

Merleau-Ponty, M. *Phenomenology of Perception* (C. Smith, Übers.). New York, NY: Routledge 1995. (Originalarbeit veröffentlicht 1962.)

Miller, P. J. »Personal Storytelling in Everyday Life: Social and Cultural Perspectives,« In R. S. Wyer (Hrsg.), *Knowledge and Memory: The Real Story.* Hillsdale, NJ: Lawrence Erlbaum 1995, S. 177–184.

Miller, R. L. *Researching Life Stories & Family Histories.* Thousand Oaks, CA: Sage 2000.

Mitroff, I. und R. Kilman. »Stories Managers Tell: A New Tool for Organizational Problem Solving,« *Management Review,* 64, Nr. 7 (1975), S. 18–28.

Parker, M. »Dividing organizations and multiplying identities.« In K. Hetherington und R. Munro (Hrg.), *Ideas of Difference: Social Spaces and the Labour of Division.* Malden, MA: Blackwell, Oxford 1997, S. 114–138.

Pasupathi, M. »The Social Construction of the Personal Past and ist Implications for Adult Development.« *Psychological Bulletin,* 127, Nr. 1 (2007), S. 651–672.

Pasupathi, M., E. Mansour und J. Brubaker. »Developing a Life Story: Constructing Relations Between Self and Experience in Autobiographical

Narratives.« *Human Development*, 50, (2007), S. 85–110, doi:10.1159/ 000100939.

Pearson, C. *Awakening the Heroes Within: Twelve Archetypes to Help Us Find Ourselves and Transform Our World.* San Francisco, CA: Harper 1991.

Pentland, B. T. »Building Process Theory with Narrative: From Description to Explanation.«*Academy of Management Review*, 24, Nr. 1 (1999), S. 711–724.

Polkinghorne, D. E. »Narrative and the Self-Concept.« *Journal of Narrative and Life History*, 1, Nr. 1 (1991), S. 135–153.

Rebelo, D. »Phenomenological Storytelling: How Identity-Based Leadership Stories Serve as an Approach to Integrate Self and Work-Place Narratives.« Doktorarbeit von 2015. Abgerufen von Dissertations and Theses database. (3711821).

Seligman, M. *Authentic Happiness: Using the New Psychology to Realize Your Potential for Long Lasting Fulfillment.* New York, NY: ATRIA 2002.

Seligman, M. *Flourish: A Visionary New Understanding of Happiness and Well Being.* New York, NY: Free Press 2012.

Simmons, A. *The Story Factor: Inspiration, Influence, and Persuasion through Storytelling.* Cambridge, MA: Basic Books 2006.

Sluss, D. M. und B. E. Ashforth. »Relational Identity and Identification: Defining Ourselves through Our Work Relationships.« *Academy of Management Review*, 32, Nr. 1 (2007), S. 9–32.

Staik, A. »The Neuroscience of Changing Toxic Patterns.« Blog post. 2011. Abgerufen von: http://integral-options.blogspot.com/2011/11/athena-staik-phd-neuroscience-of.html.

Stryker, S. *Symbolic Interactionism.* Caldwell, NJ: Blackburn Press 1980.

Stryker, S. und R.T. Serpe. »Commitment, Identity Salience, and Role Behavior: A Theory and Research Example.« In W. Ickes und E. S. Knowles (Hrsg.), *Personality, Roles and Social Behavior.* New York, NY: Random House 1982, S. 199–218.

Towers Perrin. »Understanding What Drives Employee Engagement,« 2003.

The 2003 Towers and Perrin Talent Report. Abgerufen von: http://www. keepem.com/doc_files/Towers_Perrin_Talent_2003(TheFinal).pdf.

Towers Watson. »Tracking People Priorities and Trends in High-Performance Companies: Five-Year Employee Opinion Trends in High-Performance Organizations«, (Februar 2014). Abgerufen von: http://www.towerswatson.com/en-US/Insights/IC-Types/Ad-hoc-Point-of-View/Perspectives/2014/tracking-people-prioritiesand-trends-in-high-performance-companies.

Turkle, S. *Alone Together.* New York, NY: Basic Books 2011.

Turkle, S. *Reclaiming Conversation: The Power of Talk in a Digital Age.* New York, NY: Penguin Books 2015.

Van Maanen, J. *Identity Work: Notes on the Personal Identity of Police Officers.* Vortrag gehalten beim Annual Meeting of the Academy of Management, San Diego 1998.

Van Maanen, J. und E. Schein. »Toward a Theory of Organizational Socialization.« *Research in Organizational Behavior,* 1 (1979), S. 209–264.

Wocher, D. *Making the Invisible Visible: Organization Development Practitioners' Interactive Drama in Forming a Sense of Professional Identity.* Doktorarbeit 2012. Abgerufen von Dissertations and Theses database. (3432491).

Wong, S. S. und W. F. Boh. »Leveraging The Ties Of Others To Build A Reputation For Trustworthiness Among Peers.« *Academy of Management Journal,* 53, Nr. 1 (2010), S. 129–148.

Wrzesniewski, A., J. E. Dutton und G. Debebe. »Interpersonal Sensemaking and the Meaning of Work.« *Research in Organizational Behavior,* 25, Nr. 1 (2003), S. 93–135, doi:10.1016/S0191-3085(03)25003-6.

Zahavi, D. *Subjectivity and Self-Hood: Investigating The First Person Perspective.* Cambridge, MA: The MIT Press 2005.

DANKSAGUNG

FAMILIE

Ich danke meiner Weggefährtin, meiner Frau Shannon, die mir in jeder Phase des Schreibprozesses als objektives Soundboard diente. Meinen Kindern Alex und Abby für ihre Bereitschaft, das PeakStorytelling als Kompass auf dem Weg durch ihr eigenes Leben zu nutzen. Meinen Eltern, die zugeschaut haben, wie ich mir meinen eigenen Reim auf das Leben machte, und mir schon als Kind die Freiheit gaben, die Dinge auf meine Weise zu tun. Des Weiteren Jay und Sandy Ryan für ihre positive Einstellung und die Neugierde, mit der sie die einzelnen Schritte im Entstehungsprozess vom Manuskript zum gedruckten Buch verfolgten. Und nicht zuletzt meiner Großmutter Maria Alice, die noch heute ihre Geschichten mit mir teilt.

BILDUNGSINSTITUTIONEN

Mein Dank geht an die University of Rochester, an meine Fakultät, die Mitarbeitenden, meine Kommilitoninnen und Kommilitonen sowie Lambda Eta Friends; dort lernte ich erstmals, tiefgründiger über die Welt nachzudenken. An Raymond Murphy und Barbara Ilardi, die mich zu vielschichtigen Gesprächen, Recherchen und gemeinsamen Unternehmungen einluden, und an Ed Deci, der mich durch seine Lehrveranstaltungen mit den Kernelementen der Selbstbestimmungstheorie bekannt machte. An die Saint Raphael Academy, die mir eine geschützte und fördernde Umgebung bot, in der sich mein Verständnis des Identitätskonzepts zu entwickeln begann.

An die Duquesne University, die die Phänomenologie in mein Leben brachte.

An die Saybrook University und an Thomas Greening, der mich durch seine spontan erzählte Geschichte von seiner Zeit mit Abraham Maslow und Rollo May ermutigte. An Amedeo Giorgi, der mich dazu brachte, mich in meinen Recherchen der Methode der deskriptiven Phänomenologie zu bedienen. Ich fühle mich geehrt, dass ich während dieser Forschungsreise auf seine Erkenntnisse und sein Feedback zugreifen durfte. An Dennis Jaffe, JoAnn McAllister, Nancy Southern und Chip Conley, die ich während meiner Zeit an der Saybrook University kennenlernte und mit denen ich noch heute in lebhaftem Austausch stehe.

An alle Mitglieder der International Human Science Research Conference (IHSRC), ob aus Forschung, Lehre oder Praxis, und alle Freunde aus diesem Kreis. An Scott Churchill, Rebecca Lloyd und Celeste Snowbar, die mich im IHSRC-Netzwerk der University of Ottawa willkommen hießen.

An meine früheren und derzeitigen Kolleginnen und Kollegen an der Roger Williams University. An Gena Bianco und Jamie Scurry, die dafür sorgten, dass alle Bereiche meiner Arbeit ihren Niederschlag in den Lehrplänen des University College gefunden haben. An Ame Lambert für die Einladung zur Teilnahme an den DEI-Initiativen, und an Wanda Heading-Grant, meine hochgeschätzte Kollegin und Fürsprecherin, die verschiedene Diversitätsinitiativen an der University of Vermont leitet. An Ioannis Miaolas, den Präsidenten der Roger Williams University, und an Verwaltungsdirektorin Margaret Everett: Vielen Dank für die Unterstützung und das Interesse an meiner Arbeit.

KOLLEGEN- UND KLIENTENKREIS

Mein Dank geht an James Lawrence für seine unverbrüchliche Freundschaft, Beratung und Fürsprache.

An alle, die mir ihr Vertrauen schenkten und mich an ihren Bemühungen um eine angemessene Work-Life-Balance teilhaben ließen; die Zusammenarbeit mit euch gab mir die Kraft, bis zu Ende durchzuhalten: Joe de Sena, Barnaby Bullard, Kristen Schreer, James Haught, Joe DiStefano, Tony Collins, Kimberley Kleiman-Lee, Elizabeth Shanley, Serge Bouyssou, Christopher Lisanti, Taino Palermo, André Davis, Margaret McKenzie (MD), Scott Pyle, Joe Wein, Justin Thomas und Candice Nonas.

An die Teilnehmenden des CVS Diversity Suppliers Executive Learning Series Program, die ihre Geschichten mit mir teilten und dadurch die meine bereicherten.

An Michael Tannenbaum und Paul DePodesta, die mich in die Welt der NFL und des MLB einluden, und an Rob Elwood für seine unermüdliche Mitarbeit am Sports-Mind-Institute-Projekt.

An meine Vegas-Crew: Amanda Slavin, Arlene Samen, Tony Hseih, Terra Naomi, David Gould, Rich Roll und Robin Arzón. Ich bin zutiefst dankbar für die transformative Herausforderung, die wir im Rahmen der Initiative in Downtown Las Vegas zu bestehen hatten.

An meine New Yorker Foodie-Crew: Bari Musacchio und Küchenchef Al di Meglio dafür, dass ihr eure Geschichte lebt. Und ganz besonders an den unvergessenen AJ Pappalardo, der uns jeden Tag fehlt.

An meine Berkshire-Crew: Deb und Devon Raber, Josh Mendel, Barbara Malkas und Kimberly Roberts-Morandi für eure Innovationsfreudigkeit und die Bereitschaft, StoryPathing™ als Bestandteil der Studienberatung an der North Adams University in Massachusetts einzuführen. An die Familie Sprague, Cynthia Sprague und den Charisma Fund für die Unterstützung unserer Studierenden und Trainer und Trainerinnen in der Region.

An Darrin Gray, Tyrone Keys und Chris Draft, mit denen ich über meine Arbeit reden durfte und die mir Einblicke in ihre gemeinnützigen Aktivitäten gaben. Die Macht unserer göttlichen Geschichten ist spürbar.

An die StoryPathing™-Pioniere und zertifizierten Coaches, Instruktoren und Berater: Deeanna Burleson, Adam Latts, Barnaby Bullard, James Monteiro, Nia Monteiro, Joshua Mendel und Jamie Hamilton.

Und an die Teams von Lioncrest Publishing und Scribe Media: Kacy Wren, Christina Ricci, Rachel Brandemberg und insbesondere Tim Cooke für sein offenes Ohr und die einfühlsame Begleitung dabei, in diesem Buch alles auf den Punkt zu bringen.

DEIN MASS-GESCHNEIDERTER WEG ZU ERFOLG UND ERFÜLLUNG

Trittst du gerade im Beruf auf der Stelle? Hast du das Gefühl, dass sich alles irgendwie falsch anfühlt, obwohl es dir weder an einer fundierten Ausbildung noch an Selbstoptimierungskursen und Fortbildungen fehlt? Dann ist Human Design genau das Richtige für dich. Diese faszinierende Methode verbindet moderne wissenschaftliche Erkenntnisse aus der Quantenphysik mit vier großen Weisheitssystemen der Menschheit: der westlichen Astrologie, dem chinesischen I Ging, der jüdischen Kabbala und der fernöstlichen Chakrenlehre.

Anhand deiner Geburtsdaten erhältst du über den QR-Code im Buch deine persönliche Chart, die all deine Stärken, deine innere Magie und das, wofür du brennst, abbildet. So bist du plötzlich in der Lage zu unterscheiden, was deinem wahren Wesen entspricht und was lediglich eine Konditionierung darstellt, die dich am Durchstarten hindert. Dieses Buch erteilt keine »one size fits all«-Ratschläge, sondern bietet auf dich zugeschnittene Informationen und Umsetzungsstrategien. So gelingt es dir, dein individuelles Potenzial wie einen Schatz zu heben, und es werden geradezu magische Veränderungen möglich!

Mit kostenlosem Online-Bonusprogramm, das dich dabei unterstützt, deine neuen Erkenntnisse auch in die Tat umzusetzen.

Die englische Originalausgabe ist 2021 unter dem Titel *Story Like You Mean It. How to Build and Use Your Personal Narrative to Illustrate Who You Really Are* bei Scribe Media, 507 Calles St, Suite #107, Austin TX 78702, USA, erschienen.

Hinweis: Die in diesem Buch verwendeten Personenbezeichnungen beziehen sich immer gleichermaßen auf weibliche und männliche Personen. Auf eine Doppelnennung und gegenderte Bezeichnungen wird zugunsten einer besseren Lesbarkeit verzichtet.

Der Umwelt zuliebe
• produzieren wir zu über 90% in Deutschland
• achten wir auf kurze Transportwege
• drucken wir auf Papier aus nachhaltiger Waldwirtschaft und anderen kontrollierten Quellen

MIX
Papier | Fördert gute Waldnutzung
FSC® C083411

© der deutschsprachigen Ausgabe 2023 Scorpio Verlag,
ein Imprint der Europa Verlage GmbH, München
Umschlaggestaltung: Hauptmann & Kompanie Werbeagentur, Zürich
Redaktion: Ulla Rahn-Huber, Mainz
Layout und Satz: Margarita Maiseyeva
Druck und Bindung: CPI, Leck
ISBN: 978-3-95803-488-4
Alle Rechte vorbehalten.

Scorpio-Newsletter: Mehr zu unseren Büchern und Autoren
kostenlos per E-Mail!
www.scorpio-verlag.de